零点方案（Project Zero）
瑞吉欧儿童（Reggio Children）◎著　朱家雄　王　峥　等◎译

修订版

让儿童的学习看得见
个体学习与集体学习中的儿童

making learning visible
children as individual and group learners

华东师范大学出版社
·上海·

图书在版编目（CIP）数据

让儿童的学习看得见：个体学习与集体学习中的儿童/零点方案，瑞吉欧儿童著；朱家雄等译. —修订本. —上海：华东师范大学出版社，2021
 ISBN 978-7-5760-1666-6

Ⅰ.①让… Ⅱ.①零…②瑞…③朱… Ⅲ.①学前教育-教学研究 Ⅳ.①G612

中国版本图书馆CIP数据核字(2021)第108817号

让儿童的学习看得见：个体学习与集体学习中的儿童（修订版）

著　者	零点方案　瑞吉欧儿童
译　者	朱家雄　王　峥　等
责任编辑	孙　娟
责任校对	廖钰娴　时东明
装帧设计	卢晓红

出版发行	华东师范大学出版社
社　址	上海市中山北路3663号 邮编 200062
网　址	www.ecnupress.com.cn
电　话	021-60821666　行政传真 021-62572105
客服电话	021-62865537　门市（邮购）电话 021-62869887
地　址	上海市中山北路3663号华东师范大学校内先锋路口
网　店	http://hdsdcbs.tmall.com/

印刷者	上海邦达彩色包装印务有限公司
开　本	787×1092　16开
印　张	27
字　数	332千字
版　次	2022年2月第1版
印　次	2023年12月第2次
书　号	ISBN 978-7-5760-1666-6
定　价	98.00元

出版人　王　焰

（如发现本版图书有印订质量问题，请寄回本社客服中心调换或电话021-62865537联系）

Making Learning Visible: Children as Individual and Group Learners
By Project Zero and Reggio Children

Project Zero
Harvard Graduate School of Education

Centro internazionale per la difesa e la promozione
dei diritti e delle potenzialità dei bambini e delle bambine
International centre for the defence and promotion
of the rights and potential of all children

Copyright © 2001 Reggio Children, The President and Fellows of the Harvard College, and The Municipality of Reggio Emilia, Italy

SCUOLE E NIDI D'INFANZIA
Istituzione del
Comune di Reggio Emilia
REGGIO EMILIA APPROACH®

Texts and images (photographs and drawings) of the children of the Municipal Infant-toddler Centers and Preschools of Reggio Emilia © 2001 Preschools and Infant-toddler Centers-Istituzione of the Municipality of Reggio Emilia
October 2011: new English edition

Photograph on page 352 © Ted Russell-Image Bank

The original language edition is published in English in Year 2001 / 2011 by Reggio Children S.r.l.-International Center for the defense and promotion of the rights and potential of all children.
Via Bligny, 1/A, 42124 Reggio Emilia, Italy
http://www.reggiochildren.it

Simplified Chinese Translation Copyright © 2007, 2021 by East China Normal University Press Ltd.

All rights reserved.

上海市版权局著作权合同登记 图字：09-2003-585号

《让儿童的学习看得见：个体学习与集体学习中的儿童》

主编	瑞吉欧儿童：克劳迪娅·米迪奇、卡拉·里纳尔迪
	零点方案：马拉·克雷切夫斯基
作者	瑞吉欧儿童：宝拉·巴奇、安吉拉·巴罗齐、宝拉·卡利亚里、蒂齐亚娜·菲利皮尼、阿米利亚·甘贝蒂、克劳迪娅·米迪奇、乔瓦尼·皮亚扎、卡拉·里纳尔迪、劳拉·鲁比齐、保拉·斯特罗齐、维卡·维奇
	零点方案：霍华德·加德纳、马拉·克雷切夫斯基、本·马德尔、史蒂夫·赛德尔
版式设计	伊莎贝拉·马力诺、维卡·维奇、乔瓦尼·皮亚扎
设计顾问	罗兰多·巴尔迪尼
排版	安娜玛丽亚·莫卡斯
摄影	瑞吉欧儿童：维卡·维奇、乔瓦尼·皮亚扎、米雷拉·罗齐、拉斐拉·波内蒂、朱利亚·坎帕尼、玛丽娜·卡斯蒂内蒂、玛丽娜·费拉里、毛罗·福吉耶里、伊莎贝拉·马力诺、斯特凡诺·斯特鲁罗尼
	零点方案：梅丽萨·里卡多、康士坦茨·沃尔夫
绘画	瑞吉欧·埃米利亚市婴儿—学步儿中心和幼儿园的孩子
英文版译者	杰奎琳·科斯塔、布里埃尔·格拉塞利、莱斯利·冒柔
印刷	贝塔尼、卡夫里亚戈
研究项目	让儿童的学习看得见：个体学习与集体学习中的儿童
项目协调人	瑞吉欧儿童：卡拉·里纳尔迪、阿米利亚·甘贝蒂、乔瓦尼·皮亚扎、维卡·维奇
	零点方案：马拉·克雷切夫斯基、霍华德·加德纳、史蒂夫·赛德尔
项目团队成员	瑞吉欧儿童：宝拉·巴奇、玛丽娜·卡斯特尼提、蒂齐亚娜·菲利皮尼、阿米利亚·甘贝蒂、克劳迪娅·朱迪奇、乔瓦尼·皮亚扎、伊芙琳娜·里斯伯里、卡拉·里纳尔迪、劳拉·鲁比齐、保拉·斯特罗齐、维卡·维奇
	零点方案：霍华德·加德纳、马拉·克雷切夫斯基、本·马德尔、珍妮特·斯托克
组织团队成员	瑞吉欧儿童：弗朗西丝卡·马拉斯托尼、克劳迪娅·米迪奇、弗朗西丝卡·达武里、宝拉·里科、路易莎·泽卡、伊曼纽尔·维尔塞里
	零点方案：萨拉·亨德仑、特里·特纳

让儿童的学习看得见项目是瑞吉欧·埃米利亚市婴儿—学步儿中心和幼儿园与零点方案合作的研究项目

译者序

多年前，作为高级访问学者，我再度在美国麻省大学访学，回国时，我以前的导师乔治·福门教授为我送行，他送给我的一件礼物是由加德纳领导的哈佛教育研究院零点方案研究小组与瑞吉欧合作撰写的一本著作——《让儿童的学习看得见》，那时，这本书刚出版。福门教授对我说，这是一本值得一读的书。

我曾将这本书用作研究生课程"专业外语"的教材。在与研究生们共同研读这本书的过程中，我们一开始不仅遇到了语言上的困难（带有意大利文化含义的英语），更遇到了在理解这本书意义上的问题。后来，对这本书的理解，不只是我多次阅读这本书的结果，也是我反复学习和理解瑞吉欧教育中的"纪录"(documentation)的结果，特别是研读福门参与编写的《儿童的一百种语言》的结果，更是我与学前教育实践工作者在实践第一线反复研究和推敲"纪录"的结果。

而今，"让儿童的学习看得见"已经成为了一个时髦的"口号"，被很多学前教育工作者挂在了口上，也被不少人解释成了"读懂孩子这本书"。其实，孩子是本读不懂的书，"让儿童的学习看得见"，其意义并非是要客观地、真实地去看清楚儿童在学些什么或者是如何在学习的。

"看得见"，当然需要去"看"，即去观察；"看得见"，还要将看见的记录下来，为的是不要忘记，还为的是让别人也知道。因此，"看得见"依赖于记录。但是，在这本书中，"记录"并非一段意义上的记录（record），即非看到什么记什么。这里的"记录"意味着作者对所记录的儿童的学习是经由了选择的过程，也经由了意义赋予的过程，记录就成了"纪录"（documentation）。

在这本书中，著者所选择的"儿童的学习"，指的是集体的学习和集体中个体的学习。著者给集体"儿童的学习"赋予的是这样的意义，即在学习集体中存在着一个将所有成员凝聚起来的行动目标，学习集体致力于共同解决问题；集体的成员除了孩子还包括成人，他们在学习过程中得到了经验分享和加深理解的机会；学习的内容不仅是认识方面的，而且是情感、美学等方面的；学习集体最终创造的是基于个体学习、但又超越个体学习的集体智慧；处在学习集体中的个体，会把集体作为一种源源不断的动力，推动个体的探索与发现，学习集体中的每一个人都各有特点，都能在与他人的对话中受益并获得价值。

本书的著者们认为纪录是一个理想的载体，通过这个载体，儿童学习的经历能得以阐述和重温，还能被用以诠释和反思，纪录不仅能帮助人们去回顾过去，更重要的是能帮助人们去创造未来的学习情境。具体地说，经由著者们选择和赋予意义的关于儿童学习的纪录，能让人们看到小组学习和个体学习之间的关系，即它们并不是对立的，甚或是不相容的，而是紧密关联的和互相依赖的，并保持着各自特性的；能帮助人们理解儿童发展人际关系和获得知识的过程与能力；能帮助人们把握与儿童相处和交流的艺术。

这本书与《儿童的一百种语言》有异曲同工之妙，再次为读者提供了如何运用纪录去解读儿童与儿童的学习的理论和案例，这对于学前教育工作者理解儿童、教育儿童以及促进自身的专业成长等都是很有裨益的。

朱家雄
2021.7.10

致谢

零点方案　以下人士在本项目的进行过程中对我们给予了帮助。

以下人士对研究团队早期的报告贡献了非常有见地的想法，他们是：罗恩·伯杰（Ron Berger）、贝拉·巴辛（Bela Bhasin）、蒂娜·布莱斯（Tna Blythe）、玛丽·艾森伯格（Mary Eisenberg）、西尔维亚·范伯格（Sylvia Feinburg）、汤姆·哈奇（Tom Hatch）、萨拉·亨德仑（Sara Hendren）、康妮·亨利（Connie Henry）、明迪·科尔纳（Mindy Kornhaber）、肯·林赛（Ken Lindsay）、马拉·马尔库斯（Ulla Malkus）、尼利·皮尔莫特尔（Nili Pearlmutter）、大卫·佩尔金斯（David Perkins）、米里亚姆·雷德尔－罗斯（Miriam Raider-Roth）、波利·史密斯（Polly Smith）、苏·斯坦西克（Sue Steinsieck）、莎莉·蒂什曼（Shari Tishman），以及在马塞诸塞州德福德的艾略特·皮尔森儿童学校的老师和管理者们。我们特别感谢蒂娜·格娄策（Tina Grotzer），她对提案提了很多详细的意见。

伊丽莎白·道林（Elizabeth Dowling）帮助我们开启了这个项目，并且在项目最开始的两年，她贡献了两个夏天的时间做志愿者。

我们真诚地感谢伊芙·克雷沃舍（Eve Crevoshay）、安妮·科恩布拉特（Anne Kornblatt）、史蒂文·科普威特（Steven Lipsitt）、利兹·梅里尔（Liz Merrill）、阿德里亚·斯坦伯格（Adria Steinberg）和杰西·温奇（Jesse Winch），他们在本书的准备过程中进行了非常有帮助的观察工作。

大卫·艾伦（David Allen）对于本书的内容和形式都给出了极有价值的且富有洞察力的建议。我们非常感谢他在整个写作过程中给予的智慧的忠告和支持。

梅丽萨·里卡多（Melissa Rivard）慷慨而熟练地帮助我们说明本书中关于美国教育实践的很多观念。

我们也非常感谢我们零点方案的很多同事，以及零点方案里的每月学习小组的参与者，他们倾听我们工作中的想法，提供了极多的鼓励和非常有帮助的批评反馈。

我们感谢萨拉·亨德仑和特里·特纳（Terri Turner）在项目进行的几年中的行政工作。我们特别感谢特里，她细心地审阅了这个修改了无数版的稿子。

最后，我们零点方案的研究团队感谢与我们合作的瑞吉欧·埃米利亚研究团队。有机会和他们一起探索问题和想法，和他们一起学习，体会他们的工作方式，非常有挑战性，而且回报颇丰。我们感谢他们所有人。

瑞吉欧·埃米利亚　　瑞吉欧·埃米利亚研究团队感谢市里多所婴儿—学步儿中心和幼儿园的所有儿童、家长、老师、员工和其他教育工作者们。

还要感谢瑞吉欧·埃米利亚市里多所婴儿—学步儿中心和幼儿园的行政工作人员与瑞吉欧儿童组织的员工们宝贵的合作。

零点方案和瑞吉欧·埃米利亚　　零点方案和瑞吉欧·埃米利亚研究团队特别感谢莱斯利·冒柔（Leslie Morrow）和加布里埃尔·格拉塞利（Gabriella Grasselli）的贡献。他们在我们会议上的专业的翻译和对我们两个团队的许多文件的翻译使我们受益良多。

我们感谢编辑维维安·唯勒（Vivian Wheeler）的专业化建议，她谨慎且富有批判性思维，对本书起着不可估量的作用。我们也感谢我们的校对者凯瑟琳·帕萨（Kathleen Pearsall）发现了文本中的不当之处。

目录

有感染力的实验
　　导读
　　引言　　　　　　　　　　　　　　　　　霍华德·加德纳

合适的手
　　幼儿中心和学前学校——文化的场所　　　卡拉·里纳尔迪
合适的价格
　　组织的性质　　　　　　　　　　　　　　蒂齐亚娜·菲利皮尼
　　学校的日常生活：从平常中看到不平常　　保拉·斯特罗齐
　　纪录和评估是怎样的关系？　　　　　　　卡拉·里纳尔迪
戏剧风格
　　纪录纪录者　　　　　　　　　　　　　　劳拉·鲁比齐
　　教师的集体交流　　　　　　　　　　　　阿米利亚·甘贝蒂
　　学校是家长集体学习的地方　　　　　　　宝拉·卡利亚里　克劳迪娅·朱迪奇
父母和机器人技术
　　乌托邦精神　　　　　　　　　　　　　　卡拉·里纳尔迪

　　近距离看小组：教育研究笔记
　　对理解的好奇　　　　　　　　　　　　　维卡·维奇
　　传真　　　　　　　　　　　　　　　　　乔瓦尼·皮亚扎　宝拉·巴奇
　　瑞吉欧·埃米利亚市　　　　　　　　　　乔瓦尼·皮亚扎　安吉拉·巴罗齐
　　学习小组的形式、功能与理解：来自瑞吉欧课堂的启示　马拉·克雷切夫斯基

一封来自小组的信
　　穿越大西洋　　　　　　　　　　　　　　本·马德尔
　　在小组中学习的四个特征　　　　　　　　马拉·克雷切夫斯基　本·马德尔

车轮和运动
　　在美国理解纪录开始（运动）　　　　　　史蒂夫·塞德尔
　　成为比自己大的整体的一部分　　　　　　史蒂夫·塞德尔
孩子们有关学习小组和小组学习的讨论
　　"等待不会给问题以满意答案"：教育研究的视角　史蒂夫·塞德尔

最后的反思
　　让我们的学习看得见
　　　　对话
附录
参考书目与注释

目录

1
7
13

26
30
42
46
52
73
87
91
121
146
154
160

166
170
233
250
270

302
308
316

331
339
350
364
372

381
382
387
391
404

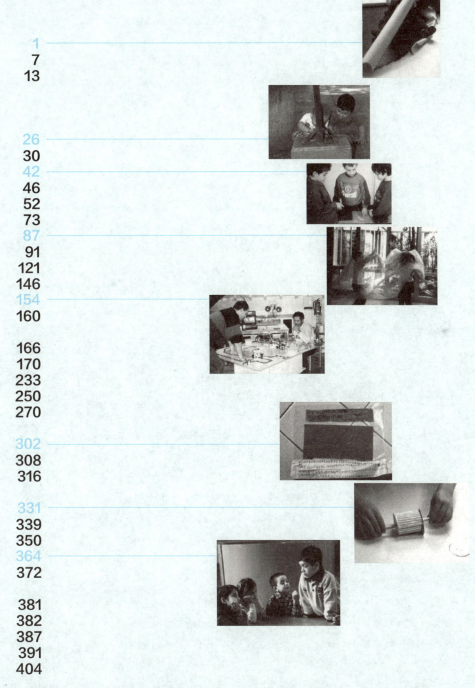

这本书中的一些"小故事"用蓝色的页码标示出来,这些故事描述了敏感、专业的老师所看到的孩子们的作品、学习过程,以及在这个过程中的惊奇和惊叹。

故事主角

艾丽卡（Erika），13个月
伊丽莎白（Elisabetta），11个月
马特奥（Matteo），10个月

教师
芭芭拉·法比（Barbara Fabbi）

婴幼中心
贝利利（Bellelli）

摄影
玛丽娜·费拉里（Marina Ferrari）
米雷拉·罗齐（Mirella Ruozzi）

文字
蒂齐亚娜·菲利皮尼（Tiziana Filippini）
克劳迪娅·朱迪奇（Claudia Giudici）

有感染力的实验

学习听、看、观察，解释孩子们的行为、思想与调查和建构的逻辑，帮助我们掌握与他们相处和交流的艺术，更好地理解他们发展人际关系和获得知识的过程与步骤。因此，教师的责任是筹划和构建情境，支持这些过程并且促进关系、能力调度、期望、模仿和"感染力"的发展。

婴幼儿中心的一间教室已经完全变了样：它会产生什么样的奇迹和机遇呢？

这里有一间"包了纸"的房子，它的地板上铺着大条幅的卷纸，这就是一天早晨老师们为孩子们准备的"令人迷惑"的背景。

马特奥、艾丽卡和伊丽莎白坐在他们教室地板所铺的纸上。马特奥抓着一支他之前从地板上拿起的记号笔（教师们放置了各种颜色的记号笔，这样一来孩子们如果愿意的话，就可以使用它们，在宽大的纸面上留下彩色的记号）。

但是现在意想不到的事情发生了。马特奥在伊丽莎白的帮助下拉拽纸的边缘直到扯下一片纸。被撕破的纸卷了起来……

形成了一个筒。游戏变得有趣了。马特奥手里抓着记号笔，专心致志地观察着这个新的"筒"，然后用另一只手抓住它……他好像在记号笔和纸筒之间发现了一种隐隐约约的联系。

马特奥的注意力和肌肉紧张度加强了；他抬起这个纸筒，让它稍微倾斜，盯着它的开口看，并且试图把记号笔滑进去。他的努力没有使纸筒足够倾斜，所以这一尝试没有成功。

然而在放弃努力以前，马特奥似乎想把纸筒的形状弄成他认为可能的样子，并试图把纸筒和记号笔"抱"在一起。

一直在远处看着他但显然不感兴趣的艾丽卡，现在移向马特奥。或许她能够理解马特奥这一"操作"的目的。

艾丽卡拿起纸筒和另一支记号笔，仔细地观察它们，并且下了决心将记号笔滑进纸筒。马特奥开始看别处，好像他感到失望或者转移了注意力。

艾丽卡却紧紧盯住纸筒的底部好像在等待什么事情发生，可能是等着记号笔出来，但是什么也没有！因为纸筒只是稍微倾斜，记号笔停在里面了。怎么办呢？放弃努力吗？过了一会儿……

在伊丽莎白专心和好奇的注视下，艾丽卡执着地抓起另一支记号笔并把它滑进纸筒。这一次，放入记号笔，将纸筒的倾斜度抬高了点儿……

  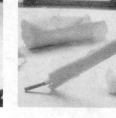

艾丽卡的满足感是巨大的，她的努力和执着得到了回报。

这一游戏在用其他记号笔重复持续着……

两支记号笔从底部鱼贯而出，证实了两个孩子最初的假设。这可能是艾丽卡和马特奥在以前的许多场合中喜爱的一个游戏：把一个小物体塞进一个较大的底部开口的物体里面并且看着它出来。难道是她的朋友们的在场和老师们鼓励性的关注使艾丽卡在她的行动中更加专注和自信吗？

这种渴望具有感染性……一直专心并好奇地关注艾丽卡实验的伊丽莎白现在过来并拿起了一支记号笔和纸筒。

她专心地观察并探索这只纸筒。或许她是想弄清楚纸筒里面是否有一个记号笔"工厂"？或者她想进行同一实验？这就意味着需要意识到运动的协调性与合适的纸筒倾斜度。这会儿伊丽莎白除了观察什么也没做，我们只能猜测她为什么不继续下去。我们可以推测所有这些孩子虽然采取的方式不同，但都会把这一情景贮存在他们的记忆中并在其他的场合中实践它。

时间是他们最好的盟友。停下来一会儿并且思考，这意味着提高所发生的学习和所形成的关系的质量。

导读

正如马特奥及其朋友们的故事所告诉我们的，小组会为学习提供一个有益的场景，甚至对于我们之中的幼小儿童也是如此。在大部分成人的知识领域情况正是如此，大多数学习活动发生在集体化设置中（想想科技图书馆、艺术团、企事业单位）。然而在美国的学校中，大多数课程和实际上所有的评估实践都聚焦于个体性表现与成绩。本书认为，系统并且有目的地纪录小组发展思想、理论和理解力的方式对于元认知活动来说是很重要的，元认知活动对于个体和小组的认知学习活动是同等重要的。因此，认真的调研是很有价值的。此处所报道的研究并非单纯聚焦于小组学习或纪录，而是关注两者交汇处发生了什么。

什么是学习小组呢？我们把它界定为"人们汇聚在一起，情感化地、理智地、审美地致力于解决问题，创造物品，寻求意义——在这一群体中个人在自主学习的同时借鉴他人学习的方式"。关于小组的形成和功能已经有大量的研究。这些研究注重小组学习的积极作用和"小组意识形态"可能在协作中隐藏内部动态的风险性。如果没有采取审慎负责的方式加以实施，小组合作可能会产生与预期目标相反的结果。比如，如果所有的孩子在小组中被认为是毫无差异的或者能够以同一种方式处理一件普通任务，那么他们可能不太愿意合作并且可能更愿意独自工作。另一方面，如果一个项目倾向于使群体成员已有的技能过于专门化，那么这些技能就固定下来，成员的发展就会受到限制。

我们的调研协作围绕着一系列问题展开，这一系列问题关涉小组学习的特性以及支持此类学习的纪录和评估的方式：什么时候一个小组成为学习小组呢？在学校谁是学习小组的一部分呢？个体学习与小组学习的关联是什么呢？在什么样的背景中，个体学习在小组中被提高或抑制？是否存在着文化上的盲点以至限制了我们去考察个体学习和小组学习的新的可能性和机会？关涉如何纪录孩子们学习过程的问题揭示了学习的重要性。我们的构想是纪录不仅可以使个体学习和小组学习的动态变得显而易见并以此可以了解和掌控它，而且纪录本身也是一个工具，它能在促进作为整体的小组学习的同时促进小组中个体的学习。这样看来，纪录使我们确信个体学习与小组学习是互相依赖并紧密关联的，与此同时还保持着各自的特性。当孩子们的学习过程被纪录后，他们就可以重温并阐释他们的学习经历，还可以思考怎样进一步拓展这些经验。阐释和反思成为纪录的两个重要方面，它们不只是回顾性的，而且指向对将来的学习情境的创造。纪录并非只限于使已存的事物显而易见，而且因为这种可见性和可能性使事物明确地存在。读者在此书中可以发现很多实例，它们关涉纪录是怎样揭示教师们为设计学习情境而做出选择（这在瑞吉欧·埃米利亚被称为项目式计划）*。

对于小组学习概念的形成我们确定了四个基本的特征：

1. 学习小组的成员不但有孩子而且包括成人；
2. 纪录儿童的学习过程使发生的学习变得可见，并且它塑造、影响着学习；
3. 学习小组的成员致力于学习活动的情感、美学和智力维度；
4. 在学习小组中学习的焦点超越了个体学习，创造出一种集体化的知识。

将学习小组与他类小组进行区分的另一种方式是考察意向的程度，也即是谁在这一小组中以及这个小组为什么而聚集。本文刚刚提及的定义已经说明，学习小组通常关注的是解决问题、创造产品、寻求意义。但是学习小组同样关注怎样在小组中学习和认识论意义上的思虑，诸如理解对他人的了解以及理解力怎样得到发展和变化。当个体参与到学习小组中时，他们开始把小组视为一种促进个体能力和发现的方式；他们发现每一个人的特性在与他人的对话中受益并获得价值。

此处提及的诸种想法、经验和反思对于教育者们是一个挑战；我们希望它们能引发关于纪录、理解的思考和实践，并对在小组中学习的个体提供支持。我们把教育者、研究者、家长们——以至任何有兴趣多了解孩子们（甚至我们所有人）怎样

---

* 在意大利语中，动词 progettare 有多种含义：计划、策划、谋划、设计（在技术工程意义上）。在教育情境中 progettazione 的名词用法，至少在瑞吉欧·埃米利亚是与 programmazione 相对立的，programmazione 意味着预先设定的课程、项目、阶段诸如此类。然而 progettazione 的概念意味着一个更为全球化的、弹性的方法，这一方法最初的构想是围绕教学活动产生的（同时也关涉全体成员的发展和与父母的关系），但是这些构想要服从于实际工作进展方向的更改和变化。

在小组中学习的人都视为此书的读者，虽然我们的分析和反思是基于瑞吉欧·埃米利亚学校的理论和实践以及美国的教育情境，但是任何国籍的读者都可能对此处论及的问题产生兴趣。

鸵鸟

本书描述了在"零点方案"这样一个哈佛教育学院的独立研究群体与市婴幼儿中心和意大利瑞吉欧·埃米利亚幼儿园之间的协作。1997年，基于希望共同探索小组中学习的特性和纪录如何使学习看得见，我们组合到了一起。这两所机构拥有超过六十年的教育实践、研究，并且受到孩子们的喜爱。这一协作的最终目的是帮助教师和他人理解、支持、纪录、评估个体和小组学习。

此书准备做到如下几点：

1. 提出一个概念性的构架以期对将来有关小组学习的研究和实践有所帮助；

2. 确认七组关于学习小组如何在幼年时期形成、发挥作用，并展示理解力的课题；

3. 对小组中的个体学习提供纪录实例；

4. 近距离观察在学习小组中作为孩子们学习过程的纪录者与本身作为学习者的成人(教师和家长)；

5. 在瑞吉欧·埃米利亚和"零点方案"中进行研究以进一步反思一些问题，诸如情境与小组学习之间的关系，在教学和学习中研究与纪录的角色，在不同的机构和年龄群中学习小组之间的关联；

6. 审视在瑞吉欧·埃米利亚和美国支持这些想法发展的文化情境，并确认我们称之为文化节点的东西——假设、价值观、信仰，它们构架了我们对于小组中个体的理解和个体的形象——它们可能成为创造学习小组的障碍物。

本书的结构并非线性的，我们尝试通过运用多重声音、观点和"语言"以激发读者的思考。*由瑞吉欧团队承担的部分，在运用口头语言的同时注重运用视觉形象，由此尝试创造一种新的语言，它更不寻常而且在传达思想和行动的程序时尤其有效。另一方面，"零点方案"的贡献主要是用语言表达，虽然我们在不同的章节中写明了个体或群体作者，但此处描述的所有想法都产生于我们合作研究的背景。读者们会发现，贯穿这些章节的是一系列由形象和散文组成的小故事。这些就为孩子们作主角的个体和小组学习提供了纪录，当我们在工作中共享观点和经验并互相理解时，一种普通的"线"将两种研究结合起来。

本书以各个组织的领导者霍华德·加德纳（Howard Gardner）和卡拉·里纳尔迪（Carla Rinaldi）的介绍开篇，讲述了这次协作研究的一些历史和动机。接着是三个主要部分。首先，我们探讨了关于小组学习和纪录瑞吉欧的教育者们多种看法的问题，这些教育者是：教育学合作者、教师和工作室的教师。在题为"幼儿中心和学前学校——文化场所"一文中，卡拉·里纳尔迪探讨了早期儿童服务不应该被简单地视为文化倾销的场所，而是可以成为创造文化和建构公共价值之地的原因所在。蒂齐亚娜就瑞吉欧经验中组织的意义与价值进行了反思，并以此作为瑞吉欧的教师保拉·斯特罗齐（Paola Strozzi）所著文章的介绍。在"学校的日常生活：从平常中看到不平常"一文中，斯特罗齐通过描述她的教室中一天里最初的几个小时来提供促进个体和小组学习的日常生活情景。在"纪录和评估是怎样的关系？"一文中，卡拉·里纳尔迪（Carla Rinaldi）清晰地指出这两个因素在孩子们的学习过程中所担当的重要角色，并描绘出纪录怎样考虑到对于个体和小组学习过程的反思。在"纪录纪录者"一文中，瑞吉欧的教师劳拉·鲁比齐（Laura Rubizzi）通过一个关涉三个教育者的纪录过程的简洁然而详尽的"日记"，引领读者窥见了一些纪录的细微之处，这三个教师分别是：一个有经验的教师、一个有经验的工作室教师和一个年轻的工作室教师。在"教师的集体交流"一文中，阿米利亚·甘贝蒂（Amelia Gambetti）

---

* 瑞吉欧的教育者们采用"语言"这个术语来描述用不同的媒介和符号系统表达、交流、表现思想的不同方式。

强调了在瑞吉欧的教师们刚加入学习小组并致力于教育学研究时遭遇的一些艰辛困难。宝拉·卡利亚里（Paola Cagliari）和克劳迪娅·米迪奇（Claudia Giudici）在"学校是家长集体学习的地方"一文中，尝试简明地描述隐藏于学校—家庭关系中的理论和意义。这是瑞吉欧·埃米利亚早期儿童服务教育工程的一个重要特色，他们探讨了学校怎样通过给家长们提供广阔多样的情境、机遇和经验而成为他们学习和成长的特许场地。卡拉·里纳尔迪在"乌托邦精神"一文中，以一些关于学校的反思结束这一部分，在她的反思中学校是一个真正的研究场所，老师们和学生们同样每天反思他们的学习和建构知识的方式。

　　本书的第二部分，我们以基于瑞吉欧经验的，关涉学前学习小组的一系列主张、建议表达了我们联合研究的最初发现。在关于教育学研究方法论的一个介绍性注释之后，我们开始用视觉和文字纪录下黛安娜（Diana）和维莱塔（Villetta）幼儿园里的课堂经历。由工作室教师维卡·维奇（Vea Vecchi）完成的"对理解的好奇"以及由工作室教师乔瓦尼·皮亚扎（Giovanni Piazza）和宝拉·巴奇（Paola Barchi）、安吉拉·巴罗齐（Angela Barozzi）这些教师们完成的"传真"和"瑞吉欧·埃米利亚市"，提供了关于个体和小组学习的故事，强调了学习小组如何形成、发挥作用，并展现理解力的不同方面。我们希望读者们自己能够发现我们产生想法的情境，并且共享教师们反思的过程，以便产生自己的批评性观点。在"学习小组的形式、功能与理解：来自瑞吉欧课堂的启示"一文中，"零点方案"的研究者马拉·克雷切夫斯基（Mara Krechevsky）详尽描述了一系列基于瑞吉欧课堂的主张，这些主张用不同的事例加以说明。

　　在第三部分，我们横越大洋并强调了"零点方案"的研究者们对于小组学习和纪录的看法，这些看法是基于此团队对瑞吉欧·埃米利亚幼儿园的访问和对这些学校的教育性理论与实践的研究，并以美国的情境为参照的。在本·马德尔（Ben Mardell）的"穿越大西洋"中，对于尝试将这些想法移植到美国大地上，作者提出要考虑一些文化上的因素。"在小组中学习的四个特征"一文中，克雷切夫斯基和马德尔提出了学习小组的定义并详论了小组学习的四个特征。在随后的两节，"在美国理解纪录开始（运动）"和"成为比自己大的整体的一部分"，史蒂夫·塞德尔（Steve Seidel）在美国的教育情境中表达了对于纪录、评估以及小组角色的反思，他指出了使美国式的纪录和小组学习的方法复杂化的传统和信仰，而且在美国和瑞吉欧的理论与实践之间发现了意义重大的关联，在瑞吉欧经验的启发下重新观照美国的信仰和传统暗示了个体与小组学习的新的理解和形象的可能性。在"等待不会给问题以满意答案"一文中，塞德尔在本书中提出的教学与学习的概念中反思研究的角色。我们以霍华德·加德纳和卡拉·里纳尔迪对于我们共同承担的这一研究的意义"最后的反思"作结。

附录为读者们提供了关于这两个研究团队"零点方案"和瑞吉欧儿童的附加信息，并进一步关注地方婴幼儿中心和瑞吉欧·埃米利亚幼儿园的某些方面，这就可以帮助读者更好地理解本书中的相关文章。最后是参考书目与注释。与瑞吉欧·埃米利亚文章相关的参考书被认为是一系列的"文化风景"，因为它并没有为单个文本中的引用或提及之处提供精确的参照。相反，有关"零点方案"引用的部分则给出了所有引文所参照的书目。

本书通过把学校视为纪录人类学习和发展的场所来挑战研究的传统概念。此处提供的多种观点为我们理解那些不能被一种观点或一种语言充分表达的想法提供了多种方式。因此，这本书的策划反映了我们调研的实质。我们的研究基于这样的概念，即理论可以来源于课堂实践，并为课堂实践作出贡献。而且正如多种观点和语言的重要性一样，关于学习过程的纪录对这项研究事业是很重要的。我们尝试提供的并非命令而是一系列教育性的参照或导向。通过使个体和小组的学习变得可见，我们希望对教学和学习的集体研究和卡拉·里纳尔迪创造的术语"研究的文化"作出贡献。

鸵鸟

引 言

从整个历史来看，只有为数不多的学校具有传奇般的品质。在这些学校中，有柏拉图学院，康特·里昂·托尔斯特伯爵（Count Leo Tolstoy）在他的资产上建立的亚斯那亚·波兰尼（Yasnanya Polanyi）学校，由约翰·杜威（John Dewey）和爱丽丝·杜威（Alice Dewey）主持的位于芝加哥大学的实验学校，以及受玛丽亚·蒙台梭利（Maria Montessori）、鲁道夫·斯坦纳（Rudolf Steiner）和让·皮亚杰（Jean Piaget）的著作和事例启发的当代的一些学校。在这个类别中，我会毫不犹豫地加上瑞吉欧·埃米利亚当地的婴幼儿中心和幼儿园，它们受到了劳瑞兹·马拉古奇（Loris Malaguzzi）工作的启发，在一群合作者与同事的努力下这几年颇为时兴，本书对其中的几个工作者就有介绍。

霍华德·加德纳

世界各地的教育者们在20世纪的后四分之一的时间里，聚到那里的为早期儿童们发展的精妙的机构中，观察第一手的材料。毋庸置疑，受到吸引的部分原因包括：这些学校位于的地点是可爱的——埃米利亚这个地区不仅是真正文明社会的代表，同时也以它发达的文化、可口的食物和极为有效的社区组织而著名。[1]但是最主要的吸引还是来自于瑞吉欧·埃米利亚这些学校本身，在这些学校中，幼儿的心智、身体和灵性受到最大程度的尊重和严肃对待。同时，幼儿经历着快乐、有趣、美好和有深度的学习。

我最初认识这些学校是在20世纪80年代早期，我和妻子艾伦·温诺（Ellen Winner）受到优待，参观了学校，然后和劳瑞兹·马拉古奇、卡拉·里纳尔迪、维卡·维奇、阿米利亚·甘贝蒂、蒂齐亚娜·菲利皮尼、莱拉·甘迪尼（Lella Gandini）

音符

一起度过了难忘的几天。从那以后，我和这些学校保持着联系，不时参与博物馆展览并试图把学校的"天才"介绍给他人的写作。我很清楚，尽管我对这些学校极为欣赏，实际上我对于它们是如何运作和为什么这样运作还停留在一个新手的水平上。

感谢一位希望匿名的资助人的慷慨，零点方案中的我和我的同事能有机会改善条件。在过去的三年中，我有三次去瑞吉欧的简短旅程经历，我对自己的经历作了很多审视和反思，我的同事马拉·克雷切夫斯基和她的团队作了更多次去瑞吉欧的深入的访问，瑞吉欧团队的成员也来美国作了多次互访交流。我们当然不是专家水平——研究告诉我们那需要十年的每日的实践，但我相信无论在个人还是集体方面，我们都超越了新手水平！

为了给读者提供一个本书的背景，让我来介绍一下零点方案的背景。我们的组织是于1967年由著名的哲学家纳尔逊·古德曼（Nelson Goodman）创立的。那时，是在苏联发射人造地球卫星的十年以后，美国大量的资金花在提高科学、数学和技术教育上。一位资助人联系了哈佛教育研究院，以看看在与之相比显然是小得多的对艺术教育的研究是否能取得效果。西奥多·赛泽（Theodore Sizer）院长英明地邀请古德曼作为此项目的领导，古德曼以辛辣的个性命名这个新诞生的项目为零点方案，"因为对于艺术教育还没有任何系统的知识"。

在后来的34年中，零点项目成了美国最大的和最长寿的做认知、学习、教学基础研究的机构之一，持续地特别关注于艺术。在这期间，一百多位研究者在这个大主题下进行了成百上千项研究项目工作。我们所熟知的项目有：在委内瑞拉进行的"智力方案"中的领导能力研究；与教育测试服务部协作的"艺术驱力"研究；为期三年的在中国和美国进行的艺术教育合作研究；致力于发展早期儿童课程和评估的为期十年的"光谱方案"研究；以及美国在20世纪90年代发起的、现在世界好多地方已进行实施的"为了理解而教"的长期研究。

20世纪80年代早期，我个人把发展心理学和神经心理学的经验结合在一起，发展出了"多元智能理论"，并在我的书《心灵的框架》[2]中加以介绍（碰巧的是，马拉·克雷切夫作为一个年轻的研究者在零点项目中的第一个工作就是帮助校对这本书）。在这本薄薄的书中，多元智能理论声明：所有人有至少八或九种不同的智能，从已经被深入研究的语言和逻辑数理智能，到还没有被很好地理解的智能形式如音乐智能、人际智能和自然智能。尽管我们与生俱来都享有这些智能，但是我们每个人却很不同——基因和环境的原因——在每时每刻我们智能的特定状况都不同。事实上，我们有着不同的智能范围，它们既不能被忽视，也不能被过度运用。多元智能理论激发了很多教育上的努力，来研究多元智能怎样能更多促进个体化的课程、教学和评估。[3]

在发展了"多元智能理论"之后，我在零点方案研究组的教育工作在两个主要的方向上进行。一部分工作是聚焦于怎样能最好地评估学生的学习，对可被观察到的多元智能进行特别的关注。"光谱方案"和"艺术驱力"代表了这个视角上进行的努力。另一部分工作聚焦于怎样更好地理解各个学科。我们对理解的观点远远超越了把简单的记忆事实和概念变成新情境中的知识的合适运用。在我们的观点中，理解是一项操作，它运用一系列智能，就像一个人能运用一切他所学到的东西。我们在"为了理解而教"方面的工作成为了主要的领域，在这个平台上这些思想得以发展。

我提到这三条工作线——多元智能、新的评估形式、为了理解而教育——不是仅为了提供个人的简历，而是暗示了零点项目工作的领域重合着对瑞吉欧·埃米利亚的长期关注。正如后面的书中显明的那样，我们在瑞吉欧的同事敏锐地意识到了早期儿童从经验中组织和获得常识的多种方法——不是严格限于八种或九种表现方式，它们使用的是"儿童的一百种语言"。瑞吉欧·埃米利亚的教育者们从来不满足于机械的学习方式。基于对儿童极大理解和认知能力与动机的自信，他们帮助儿童深入探索引起他们兴趣的领域。在这个过程中，他们唤起了宏大的理解的过程——真正扩展儿童所能完成的对世界的理解。最后，作为瑞吉欧方案不可分割的一部分的对学生学习的详尽的纪录，包含着激动人心的评估形式，它将向世界其他地方展示其潜在的重要性。

　　本书的题目"让学习看得见"是个三关语。首先，它强调了在世界的视野中瑞吉欧的强大影响——人们看到了什么、理解到了什么、怎样用图画的形式传达给他人。第二，它反映了纪录作为一种强大的交流途径，让各涉及方在有意义的经验中学习。最后，我个人认为，它代表了我们的努力，指我们从这次合作中所学到的东西。我和我零点方案的同事们，可以非常高兴地说，我们学到了很多而且我们希望学到更多。我们希望我们的这些学习在后面的书中看得见、听得见、摸得到。

> 我们来自于文化,我们浸润在历史、信条、经济、科学中,时刻都开放地投入于人类的事务中,在困难和辛勤的谈判和拼搏过程中生存。
>
> ——劳瑞兹·马拉古奇

我相信劳瑞兹·马拉古奇的这些话。瑞吉欧·埃米利亚婴儿中心和幼儿园经验的哲学家、缔造者和指导者,提供了最重要的解释的线索来理解这种经验,而且为那些被号召来继续这些经验的人提供了基本的指示。

卡拉·里纳尔迪

我也相信他的关于历史、政治、社会和文化现实的谈判的概念,它反映了作为学校身份特征的基本活动。对我们来说,这是并且持续是一项日常的任务:一项困难的任务。它需要我们密切并持续地注意影响学校和社会的那些现象,不管是在意大利以内还是以外。

我们感到并且知道,学校的首要目标,包括早期儿童的学校,不再是教育国家和城市的被界定好了身份的公民,而是教育"世界的公民",他们能意识到自己的根,同时又开放无碍地有着文化和地理的广阔视野。学校的一个根本变革,在上述所指的方向上,仅在下述情况下才能发生,即学校所强调的基本范式使个体能解释和运用范式的内容,能力和个体化的理解将伴随个体的公民生涯或职业生涯。这样,每位个体不仅能学到怎样学习,也能意识到学习作为生活本身的一种质量的价值所在,以组织和增加学习机会同时也享受学习并从与他人共同学习中找到乐趣。每位个体须能接受并保卫这种价值,在公民生活和职业生活的所有情境中为他/她自己或别人而自觉需要学习。尽管在瑞吉欧我们知道我们这些年的努力一直是朝这个方向的，在我们历史的某个点上我们仍然觉得需要做得更深入一些。

我们感到，并且仍然感到，需要更多理解学术环境中（和其他地方）学习的本质，以找到建构个人身份和人际关系之间更近的相关性。我们强烈认为主体和主体间性不是对立的，而是互补的。然而，我们不能用足够的证据来灵敏地、可见地、清楚地展示并支持我们的这种信念。我们感到我们手上有一种策略，即纪录，它可以帮助我们确认我们的声明，深化我们的理解。纪录本身也能成为新的学习途径的一部分。我们知道，与他人共同学习的问题，不仅在教育学、心理学和认识论的研究中是个重要的议题，更重要的是它在文化和政治上的意义。

知道怎样在小组中工作——欣赏它的内在品质和价值，理解他的动力、复杂性和益处——形成了对它的意识水平，这种意识对那些想参与的人们来说，在个人和职业水平上，对他们促进改变和造就未来是不可缺少的。

我们的思考和对这些问题的检视到达了这个阶段，这时，我们接到了霍华德·加德纳的提议——来和零点项目组共同进行研究。我们欣然接受了邀请。由于我们和他们已经有着长期的接触，我们知道合作意味着什么。我们知道霍华德·加德纳和零点方案有二十年了，从一开始，出于很多方面，我们就对他们满怀尊重，在以后的时间里我们也更能理解这些理由。

我仍然记得当加德纳博士接受了我们的邀请在80年代早期来瑞吉欧讲演他的著作《心灵的框架》时我们的喜悦之情，那时该书还没有在意大利出版。我们已经从我们亲爱的朋友和同事莱拉·甘迪尼那里听说过这本书有一段时间了，莱拉·甘迪尼是在我们与美国的交流中给与我们巨大帮助的"先锋"

之一。

我们非常熟悉来自美国的大多数心理学和教育学的作品。这个领域的一些巨人的作品，如约翰·杜威、杰罗姆·布鲁纳（Jerome Bruner）、大卫·霍金斯（David hawkins），他们对整个世界的教育学和心理学研究的影响是关键性的，对劳瑞兹·马拉古奇和瑞吉欧教育者的思想有很重要的影响。我们也熟悉纳尔逊·古德曼的一些作品和零点方案名义后面的激进观点，它们给人的印象是高深莫测的。

霍华德·加德纳对瑞吉欧的访问给了我们第一次机会，通过与作为作者和行动者之一的人的讨论来加深我们对这个项目的理解。最重要的是，这是一个机会来更好地理解他"多元智能理论"的基本原则。这次会面，不像是一个初次的会晤，倒像是旅行的伙伴在长途之后的重聚，双方尽管存在着差异，却表现出很多令人惊讶的共同之处。

那段时间，在80年代早期，劳瑞兹·马拉古奇正在发展和精炼能代表瑞吉欧学前机构经验特点的理论："百种语言"理论。和马拉古奇一道，我们那时正在设计和准备以此名字命名的展览。我们惊讶地同时也是欣喜激动地发现，另一个国家，另一种文化，另一个作者发展了这种理论"多元"。

不再是一种语言（口语），马拉古奇说，而是一百种语言。

不再是一种智能，加德纳说，而是七种。撇开具体的数字，重要的元素是这些概念：多元、可能、丰富、扩展、对话。

至于我们对儿童的观点？又一次地，我们的思想走在了同一条线上：儿童是有能力的，我们必须为儿童提供很多机会，这样每个儿童能找到他／她作为个体的机会，使主体性得以表达、丰富和发展。

学校，则是非常重要的场所，决定性的场所，提供给相关的人可能性，使他们成为他们自己，保持每个个体的丰富创造性和整体性。

　　瑞吉欧和零点方案之间也有很多不同，但这些同样是丰富和富有启发的，更加刺激我们的思想，因为它们鼓励我们继续对话，比较不同之处，使它们更加引人入胜。接着我们与零点方案的研究组相遇了：马拉·克雷切夫、史蒂夫·塞德尔、珍妮特·斯托克（Janet Stork）、本·马德尔及其他人。

　　我很幸运地参与了零点方案的夏季协会并扩展我对该小组理论的理解，特别是见证了他们成员在职业和政治上的献身精神。

　　我被他们关于艺术（艺术驱力研究）和评估的讨论所吸引，并完全赞成他们极为大胆和有争议的分析和立场。关于改变这个国家（像很多国家一样）对艺术特别是对评估的方式，改变那种测验四处盛行，而艺术只作为补充的情况（很不幸，意大利也是如此），这可能是我在美国的环境中听到的最明了和有效的政治声明之一。

　　我和同事们经常讨论这些问题，所以当向教育合作组提议进行共同研究时，获得了一致性的同意。在选择参与该项目的学校，黛安娜和维莱塔学校时也是同样的情况。对那些每天和儿童在一起、想和其他的观点对话的工作者来说，他们不仅要理解发生了什么而且想寻求新的事情发生，他们知道自己的职业关键在于交流和对话，这样的机会是他们热切寻求的，所以他们张开双臂，热烈欢迎。

　　当马拉·克雷切夫第一次来到瑞吉欧，界定研究的细节时，我们发现我们非常容易在"要做什么"上达成一致。我们开始看到一种"小组认知"的可能性正在形成：这个小组可能是（将是）一种"学习系统"，它的元素互相联结运动着。感谢纪录材料带来的灵感和反思。

这是具有挑战性经历的开始，经常需要我们转换自己的立场，身体的和心理的、文化的立场，但它确实在某种程度上丰富了我们所有人的经历，回头看来，这段经历的确是非同寻常的。

我们希望这种情感和激情能被读者感受到，并分享我们作为"学习团体"的经历和成果。

RE
PZ

故事主角
洛伦佐（Lorenzo），19 个月
马蒂尔德（Matilde），20 个月
婴幼中心
贝利利
教师
达尼埃拉·基耶西（Daniela Chiesi）
摄影
拉斐拉·波内蒂（Raffaella Bonetti）
文字
蒂齐亚娜·菲利皮尼

合 适 的 手

马蒂尔德和洛伦佐在校外与朋友们一起玩耍。他俩一起上托幼中心有 10 个月了。

我们幸运地捕捉和纪录了一个片段，要不然它很可能被融合在托幼中心日常生活的普通情景中而不被注意。

我们把它看作是重要的一幕，我们看到它削弱了偏见或陈腐的观念，即拒绝承认幼儿的能力，包括在非常年幼的年纪便拥有对情景、事物和技能做出评估的毋庸置疑的潜在能力。

此处所描述的一连串的事件，展示了幼儿能怎样地理解和掌握所面临的难题，做出假设和猜测，特别是在试图寻找一致性的解决方法时是怎样地组织起来的。

即使是一个小难题，可以与小伙伴一起快乐地解决，这种面对难题做出恰当决定的能力，向我们证明，幼儿不仅能评估事物间的关系，同时也有一种与同伴建立具有意义关系的能力。

 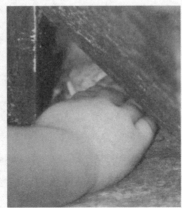 

小石头、宝贵的小石头，它是马蒂尔德的小伙伴，马蒂尔德正在玩耍和发掘，但无意间，在窄小地方卡住了，再把小手伸入小空间内找回它是不可能的事。

像马蒂尔德这样丰满的小手是不可能做到。她很快评估并做出假设。

另一小孩，一个较小的朋友或许帮得上忙。
看来，洛伦佐正是合适的一位，说服他应该不难。拥抱一下就够了吧？

是的，看来就是他。洛伦佐去做就对了，我们试试。洛伦佐，跟着他的朋友。他们曾一起分享过很多游戏和探险的活动，现在，他们一起重新评估了这个问题。在马蒂尔德的全神贯注、充满感谢的注视下，洛伦佐将小手滑入小缺口。

马蒂尔德的估计是正确的，洛伦佐的手就是比她的小得多。马蒂尔德清楚得很，那是友善的、熟悉的手。她掌握了这个差异，并且知道由谁以及何时要求协助来解决难题。

他办到了！小石头在这儿。多令人满意，洛伦佐骄傲地向马蒂尔德展示取回的石头，并对自己能完成她的期望感到快乐。还有马蒂尔德……

尽管相信洛伦佐的能力，但也不能忽视再次仔细的检查，这样做似乎可以增加这些努力的价值。

是的，就是这颗石头，但事情怎么发生的?

在这么狭窄的空间……

这个宝贝石头的命运看来并不特别重要。互握着手,马蒂尔德和洛伦佐朝向新挑战,这将让他们更加感受到相互尊重、合作和友谊。

幼儿中心和学前学校——文化的场所

卡拉·里纳尔迪

开始我要声明比理解该本文更基本、更重要的东西,这声明是:学校,包括年幼儿童的学校,是一个教育的场所,一个作为教育的地方,一个我们教育和被教育的地方,一个价值观和知识传递的地方,最重要的是,它们是价值观和知识被建构的地方。学校是文化的地方——这是个人和集体文化发展的场所,影响社会、政治和价值观背景,并且,也在深刻和真实互动的关系中受这个背景的影响。

认为学校是一个教育的场所,这种选择成为瑞吉欧·埃米利亚经验的特征,这项选择在当前有关学校角色的争议——学校是作为教育场所还是"塑造"*场所——中成为重要的议题。

现今意大利,有种普遍趋势,偏好使用塑造这个词(和概念)。这原因很难理解。我们猜测塑造一词被单独挑选出来,是因为它有效地解释教育主体性和自我建构性的方面,或者正像其他人主张的那样,因为它更接近专业和职业训练的概念,这的确是学术经验的重要成分,但却不是唯一的,或者塑造这个词看起来更中立一点,可以从教育的议题中和有关价值观区分开来,而这正是我们当今时代迫切的主题。

简言之,个体是被"塑造"的,然后延着个体自身的方向选择价值观,这种价值观在个体生命中,撑起各种关系并与自身所在的社会和谐共处。

我个人希望争论持续下去,但重要的是用教育这个词表达的概念继续与学校的概念和身份紧密相联。

在我们看来,学校不是指导或塑造的场所(在职业的和专业的意义上),而是教育的场所,但这是何意呢?学校对我们而言,首先而且最重要的是价值观被传递、讨论、建构的场所,

---

* 在意大利语中,教育领域中的"formazione"一词,当用于个人"塑造"与职业或专业培训时具有更一般的意义。

教育这个词是与价值观的概念紧密相联的,"教育"同时意味着——考虑其基本意义——培养个体和各个文化的内在价值观,以便使这些价值观外显、可见、可被意识到和可分享。

价值是什么?价值这个词当然是一词多义,如同教育,塑造和主体性一样是与背景相连的词语:这就是说,它们仅能从文化、政治和历史背景中被说明。

一个考虑是,价值似乎不是来自哲学范围,而是来自经济和文化范围。可以这么定义:"价值观是一个人追求个人生命的理想。"这些价值观作为我们判断事物和我们行为的参考点,在这个基础上我们形成(或不形成)我们的关系网——涉及有关社会群体(社区、社会、文化)。价值观界定着文化,并且是建立社会的基础之一。

其他人或许将价值观定义为"什么使人更具有人性"。

这些是诱人的定义——直观上诱人。但什么是以及谁是一个更具有人性的人呢?在这个假设前的另个问题是:人是谁?

在瑞吉欧,这是我们相当熟悉的问题,因为我们把它置于教学行动的核心(虽然通过已经修正的形式),我们问自己:"什么是我们人类观和儿童观?"

价值观,因此,是相对性的,是与他们所属的文化相关联的:他们决定文化,也被文化所决定。

这个表面看起来是题外的话,但实际上是教育机构根本的课题,就是希望对教育本身下定义。确实地,当我们论及评价时,我们所反映和讨论主题都回到价值观问题上。

我想提出的是,建构我们经验的价值观,同时也被我们的经验来解释和更新。

首先，我们依据完整性和统一性来看待主体性的价值（整体的价值观）。我从其他词中（如人、个体）选出主体性，是因为我认为它更清楚地强调个体主体建构中的相关性和反思性。每个主体是一种建构产物（自我建构和社会建构），这些都在特定的背景和文化中被界定。

大量大脑研究证明，个体和作为主体的个人其建构有独特性和不可重复性。众所周知，个体发展和环境有相关性，相互作用的特性强烈影响我们每个人的命运，特别在生命早期。

主体性价值的方法学意义在瑞吉欧学校里的日常策略中随处可见：观察和纪录，小组工作，空间安排，小型工作坊的存在*及其他。

我想再强调我们所描述的方式,这种主体性价值的重要性。我的看法：主体性的主体间的关系是根本，不仅在认知（和心理教学）水平上，最重要是在政治和文化水平上。

我相信这个问题是关于人类本身未来不可少的重要问题。

存在于个人和他人之间、自我本身和他人本身之间的关系，是我们未来的关键问题，无论个体建构是独立于他人、与他人一起或通过他人建构，都意味着所要解决的不仅是传统的教学与心理学的争论，同时也是关于对人类和人性的不同想法。这是政治和经济选择的问题，这影响整个教育系统和社会系统。

变化了的剪刀

此处我们可以清楚地看见科学以及重要的教育学都不是中性的，反倒是"有偏见的"，以及在瑞吉欧·埃米利亚中的教学法也是一种偏见的教学论：它持有特定的价值观。

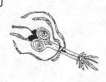

---

* 小型工作坊是一个与各个教室都相连的小型工作空间。

主体性价值，关于断定个体的独特性和不可重复性，**与差异价值有强烈相关**，差异在于性别、种族、文化和宗教。有差异是因为我们都是个体，事实上，我们所有人都是不同的。

然而，差异本身不是价值。但它可成为一种价值，如果我们创造一个不同的背景、文化、策略以及学校。

解决差异是困难的，需要长期不懈的努力和辛勤的耕耘。

面临差异，我们面对他人，同时也面对"外界者"。差异是有些痛苦，却永远是挑战，我们倾向于被相同的思想所吸引，这使我们变成一样，这是个大危机。因而接下来的问题极为重要：

- 面对差异我们做些什么？
- 我们如何避免统一性和标准化的风险？
- 所有差异都可被接受吗？如果不，哪些不被接受？
- 试图对差异持开放态度的教育方案的目标是什么？是把它们标准化吗？
- 我们正发展的关于平等的概念是什么？
- 所谓目标是使每个人相同，或给予每个人机会经由和他人相互作用来发展他或她独自的主体性（也因此产生差异），既包括共同元素又包括不同元素？

这些问题都在教学和政治层面上有着重要性。这个潜在的危机包含的不仅是教育，也是西方共有的文化，这种文化正经历着大量人口、种族、文化和宗教的移入移出。

全球化，透过特别的通信系统（如电视和因特网），产生一体化的普及现象，并且鼓励文化单一性的形成，然而，学校也可以做同样巨大的伤害性影响，借由支持"常态文化"方式，给"常态"，给"规范"，给"标准"的需要提供能量，这在当今非常普遍。

我的看法是，可以把差异代入价值观的唯一视角是整合，整合并不是意味着原教主义。我们不能朝向一个世界大同，如果它的含义是单一视野，单一想法，同种同质，没有质疑或困惑的一种强大强制力量。整合是置于多样性的基础上，我们不能期望没有对立和矛盾的单一现实生活，而对立和矛盾是以不同想法呈现在现实生活中的。

我们所冒风险，在意大利及其他地方，就是一种原教主义和极端主义。

在我们生命中，本能地，不在教育的灌输下，我们开始认识到他人。不久，和有些他人相比较，一些人成为"较远的他人"，然后我们开始发展"他人"的概念，谁是"较近的他人"。我们所有人都潜在地持这个态度，甚至那些自以为"无可指摘"的人们。

整合这个词有许多含义，通常使用的有一个含义和方针，很接近遵奉主义一词（如基于平等的准则或价值要求所有儿童做同样事情）。

为了教育我们自己，我们必须理解差异，不能自欺欺人地消除他们。这个意思就是根据个人背景和历史，以高度敏感性接近每个个体。就是"聆听"不同差异（我们谈论"聆听教学"），但同时也聆听和接受存在我们之中所发生的改变，这种改变是借由我们的人际关系，特别是经由与他人互动而产生的。就是说把任何我们认为是绝对的真理搁一旁，开放性地面对质疑，认为商议作为"可能性的策略"是有价值的。

这意味着，或者说可能意味着，对我们来说更多的可能性去改变，而不需有分裂的感觉。

在差异价值的定义中，我们发现一个更丰富和更新潮的定义是**参与的价值，或者，参与作为一种价值**，在瑞吉欧教育经验里，我们始终持续着那种不拘限于家庭的参与（一种归属感和参与感），虽然家庭参与是绝对重要的，这是整个学校的价值和特性所在，这表示说，提供空间、语言及组织的方法和策略使这种参与成为可能，我们一直试图这样做。也就是说，教育和教学的目标必需清楚地陈述出来，与此同时，参与需要一种不确定感和充分空间的可能性。

这些反思导出对另一种价值的肯定，那就是我们经验的一部分：**民主的价值**，这是根植于参与的观念。

再一次，存在于个体和她或他所居住的社区之间的关系，可被规定或归于这样的方式，即主动地参与或受委托而参与。这争论正影响我们国家及我们每个人。

这真是重要的课题，这至少值得简要提及，因为我们不应忘记学校与所属的社会是如何紧密相连的，一个重复的问题是，是否学校仅限于文化的传递，或者可以是一个场所，在那里文化被建构，民主得以深入实践，正如我们在瑞吉欧·埃米利亚努力朝往的方向。

我同时想提及另一个价值，**学习的价值**，虽然一些人对学习的概念作为一种价值存有质疑，但我觉得以我们的经验而言它是重要的，在特定意义上是根本原则。

学习是，也可以是一种价值，如果我们意识到学习——被个人的时间和不可设定的方式所决定——是一个"关系的地方"，这使我们反思教育本身的意义以及引导我们在教育中和在个人专业形成中找出新的途径。

在教育实践中,这意味着开放地面对复杂冲突和人类学习不可预知的特性,无论它发生在与教育和塑造有直接关系的机构背景以内还是以外。今日整个意大利学校系统——以巨大的努力、许多的自相矛盾和风险——进入到从教的学校到学的学校的进化过程中。

进而学习出现了,而以前它并没有浮现出来。这是对自身的寻求,也是对围绕每个个体的人和人们的寻求。

由于学习,教育因此被修正,它意味着将世界展现在我们面前,创造事件,生活在各种不同情景中,它意味着教育我们自身。

当我们参与到教育过程中,事实上,我们带着自身的成长和发展进入角色,我们根据自己的期望来实践和设计。存在于教育和被教育以及教导和被教导之间的人们有一种恒常的互惠关系。这里有参与、激情、同情、感情。正如格雷戈里·贝特森(Gregory Bateson)所描述的,这里有美。有一种美学关系:美学作为知识建构的特性(美学作为一种价值),而且,我们或许可以加上变化的价值、合适的价值,等等。

然后有了**游戏、乐趣、情感、情绪的价值**,这些我们视为真实的认知和教育过程的重要因素。

学习成为一种价值,由于它有个体和个体环境之间的合成能力,学习者和被学习者间的温暖关系,一种充满着情感、好奇和幽默的关系。

对我们每一个人而言,认知行为变成创造行为,涉及承担责任感,自主自治和自由。

知识,或者更好的表达——主观的理解,成为个人责任,为了充分实现，需要有乐观和预见性。

然而，作为教师，是什么塑造了我们？很简单，就是学习，教师的工作就是学习，因为他们是教师，也就是说与任何超越了平衡的东西保持距离，与那些已决定的、预先组成的或已认定的东西保持距离。也就是说要接近事物和思想、操作和反思、理论和实践、情感和知识的交织点。

我们的任务，或许，是寻求一种介于固有规则和约束（有些是不可少的）以及学习中真实情感和热情之间的一种经常性的（尽管不必如此）平衡。

我们谈到教师和儿童形成的相似点，拒绝"模式"塑造的观念，应该作为一种状态到另一种状态，从各种不同的"生活方式"到另一个"生活方式"的途径。这类构成的目标是思想和行为，并与改变和成为的过程有相关性。这是持续的活动，永恒的过程，这种特性必需充满学术机构和学校，同样，必须给予所有相关的主体。

形成以改变为方向，形成即为改变。

所有这些是借由共同努力的结果，是每个人的参与，是对教育机构本身的约束和局限性（日程表、空间和资源的约束）的充分认识的结果，并以长期努力不懈的方式进行塑造，不假手于他人。最为重要的是，在自我建构和集体建构上不懈努力。

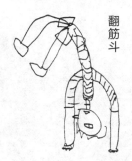

翻筋斗

学术机构因此被视为一个教育上的特权场所——不是唯一的一个，却是特殊的一个。学校必须克服介于期望和渴望归属（归属感）以及我们每个人经历的自主性和自我肯定需要之间的冲突。

这两方面，看来矛盾和暧昧不明，但极具普遍性。塑造，对教师而言（如每周职工发展会议）可以是一个背景，其中其他观点可能代表机会和潜在风险，但沟通与合作可成为最终的结果。

为了这理由，瑞吉欧·埃米利亚专业发展的基本背景是在学校本身内部或专业发展方案的系统中，不把"背景"作为简单向他人描述个人已学习的东西，而是作为我们可以反映学校内部（以及外部）已发生什么变化的场所，以便自我评估和评估学习机会的质与量，这种学习机会是我们提供给儿童、家庭以及教师本身——学习和分享价值观的机会。

我们应该建立什么样的文化？

这是决定性的问题，特别对教育工作者。

- 未来在哪里？
- "新"的事物该置于何处？
- 什么样的未来我们可以共同建构？

由于我们处于全球化阶段，信息泛滥，我们同跨越整个星球的事件同步进行。我们是观众，不是非凡技术、科学的创造者，这个革命正改变人类关系的特性，个人身份的定义和认知过程的建构。关于隐私、伦理、空间和时间相关概念的新事物必定会浮现出来。

因此，在媒体爆炸时代，"新"事件会被发掘吗？我不认为，或者至少不会"单单"在于此，媒体革命仅是未来可能性的其中之一，要是我们有能力产生另一个"革命"的话；所谓另一个"革命"，就是新事物将从个人推翻每一座文化的、等级的、种族群体的和财富的坚硬壁垒中被发掘出来。

我们会找到新的未来的场所，那里，人类尝试共存、参与和共同参与，混合生成符号和情。新的语言将产生：星际语言。

今日的年轻人已着手在做。年轻人是伟大的先锋和混合物的创造者，在音乐、服装、设计、创造新形式和新自由。年轻人对于不同思维的万物具有高度的能力和敏感性来找出它们的同根性。

我们必须学习多样性中的统一性及其中的多样性。

在多元文化中，我们需要参与各个差异：文化和语言的多元化。

现在比起以前任何时候，"儿童的一百种语言"概念似乎更加是非凡的直觉，同时对我们所有人而言也是个责任。

我们如何环绕我们周围的文化多元性，在"联盟方案"中使百种语言得以实现？可以帮助我们的是，我们对每种传统和每个人的未完善的本性的成熟认识（未完成性的价值）。

自我的、个体的建构，更多地被定义为一个交叉点和多种身份。还有，个体将表达一种跨文化的、主体间性的特性。因此，个人的遭遇和经验其质与量将更加重要。

跨文化教育因此成为代表我们未来质量的重要准则之一，也代表文化间的互动不仅是政治问题，更重要是一种文化和认知问题。

文化教育既不是一门分裂学科，也不是一个国家的风俗习惯和宗教的直接展示，更多的是，它根本上是教育与关系的思维方式。

这是我们所谓"以方案为基点的思维"。一种思维方式：开放性地面对他人，面对质疑，面对意识，接受错误及不确定

侧手翻

性。它交织着多元文化符号、多种语言、"传染"、混合。它利用边界，不是边陲地带（中心对边界），作为产生新事物的场所，来孕育文化传播和交流。

因此，新事物似乎是依据人性尊严、参与和自由的价值悄然地促进教育的过程。

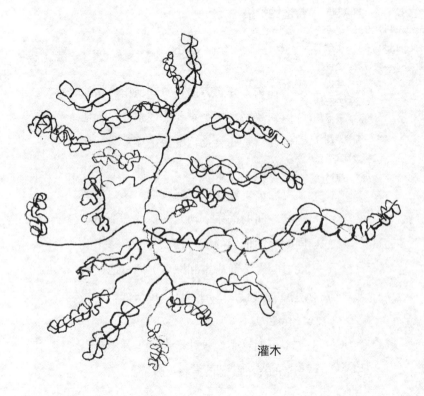
灌木

故事主角
亚历山德罗（Alessandro），5岁8个月
里卡多（Riccardo），5岁6个月
西尔维亚（Silvia），5岁4个月
学校
黛安娜
教师
保拉·斯特罗齐
摄影与文字
维卡·维奇

合适的价格

在买方和卖方的钱货交换中，幼儿认识到数字是一个重要的因素，尽管他们也许只是凭直觉理解数字在数量、代码和价值中的常规意义。玩商店游戏让儿童们形象地理解这些常规意义，考虑事物之间的关系。幼儿交换钱和商品，同时也用他们的能力相互交流。每个游戏参与者（商店主和顾客）慷慨地向别人提供他们自己的财富，包括硬币、想法和能力。

下面这个纪录片段展示了其中一个儿童的多种智慧的学习策略。

之前孩子们已经定好了这些商品的价格,他们把价格印在标签上,并把标签贴在商品上面。

参加这个游戏的三个孩子在数运算能力方面有着不同的水平。里卡多能非常熟练地进行数运算,尤其是在换算方面几乎没有什么障碍。亚历山德罗则有一些困难。而对西尔维亚来说,他对数是怎么分解的又是怎么合成的还不是非常清楚。

里卡多,也就是店主,为了知道西尔维亚和亚历山德罗各自在买完东西后应总共付给自己多少钱,就用了一种方法把那些数字加了起来,而这种方法让都在专注地看着他的亚历山德罗和西尔维亚非常迷惑不解。

里卡多用食指在每个商品上轻轻地点击着,商品的销售价格是多少,他就在这个商品上点多少次,与此同时他还大声地数着。

就像这张照片所显示的,这件物品的价格是3,里卡多就在它上面轻轻地点3次,同时大声数着:1,2,3;在价格是4的物品上点4次:4,5,6,7;对所有卖出去的物品他都这样处理。然后他说:你应该付给我12块钱。

对西尔维亚来说,付12块钱并不是一件简单的事。她需要使用她钱包里的硬币来算总额。里卡多、亚历山德罗和老师试图帮助她,但西尔维亚似乎还是不能理解要怎么算。

这时西尔维亚发现了一个能帮助她克服计算混乱的策略。她开始运用她所看见的里卡多的做法,她左手在钱上轻轻地点着,同时右手也来帮忙,也就是扳着右手手指数数。通过使用这种方法,她成功地付了正确的总额12。

每个人都感到很开心,因为在这个与数相关的困境中,西尔维亚最终是一个胜利者。

现在亚历山德罗和里卡多已经厌倦了这个游戏,他们想接下来做其他的事情。但是西尔维亚不想放弃轮到她做店主的机会,也不想放弃试用她新获得的技能的机会,于是她劝服了另外一位朋友过来当顾客。

在各种各样的付款阶段,西尔维亚多次运用了她新发展的技巧。她对这个技巧满怀信心,甚至试图借用那位顾客的手指把这个技巧解释给她的这位朋友听。

之后,西尔维亚在和教师的谈论中说道:"今天我学到了……你知道是什么吗?我学到了那些数字必须得数。如果你数它们,你就能更好地理解它们,但是你还得扳着你另外一只手的手指数;否则你会出错。如果不用手指,那么计数对我来说会是很困难的。你知道我是怎么学会它的吗?正是我自己的脑袋瓜帮助我弄明白了它……还有里卡多也给了我一丁点儿想法。"

这个数数的策略最初是里卡多使用的,而后亚历山德罗和西尔维亚也运用了这个策略,接着在相当短的一段时间内,班上的其他孩子也相继采纳了这个策略。我们几乎可以确信,这个策略之所以能够有成效,不仅是由于手指运动产生的音乐性以及发出的声音给了它节奏性和可视性,而且是因为它与儿童的发展进程是相协调的。

儿童在进行选择时经常会涉及审美因素。美观和愉悦被儿童强有力地整合进了知识建构的过程中。

组织的性质

蒂齐亚娜·菲利皮尼

在瑞吉欧的经验中，组织一直被认为是学校身份的组成部分，是与教育方案的价值和选择有关的一个方面。因此，我们提供有关组织的一个基本讨论，以作为下一章"学校的日常生活"的一个引言。我们将要检查这样一些组织的选择，体现我们教育方案的特征，这些选择对于我们理解孕育个体和小组学习的广阔背景特别重要。

学习的质量，特别是在小组中学会学习的质量，看上去是和分享、参与学校每日生活机会的质量密切相关的。建立并保持关系是伴随幼儿日常生活的不同时间、空间和活动的引线。这是幼儿的主要工作，他们从出生起就为此贡献精力和热情。另一方面，学校却过于频繁地首先把精力放在课程和说教上，忽视了作为教育过程的一个部分的广泛的关系和交流网络，由此把这种关系的组织放在次要的地位。

教育的"场所"在组织的性质和作用上从来没有取得共识。传统上，学校通过割裂背景、分离知识的科目和知识领域、拒绝接受任何含糊和不确定来建构身份与客体。组织，作为个体和社会生活如此重要的一个部分，通常被贬低为仅仅是功能上的次要角色，而很少承认它的道德和教育上的价值。

我们相信组织对学校内部关系的质量要付大部分责任，因此，对教育方案本身也是如此。组织不仅仅包含学校的结构。构成组织的是学校主体所赋予的意义以及所归功于结构中的价值。组织包括工作条件、进度表、场所和决策过程，所有这些都形成于机构内并

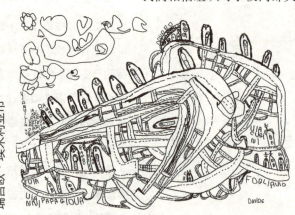

瑞吉欧·埃米利亚市

形成机构内的价值和关系。在这一点上，组织详细说明了学校的各种现实与可能。

这样就很明确为什么我们从来不能授权关于组织的选择，因为这些选择涉及管理者、教育协调员、教师、职员和家长，尽管他们具备不同的能力和承担不同的角色。

我们的经验总是对理论与实践间的持续相互影响特别敏感，我们确信在理论系统和实践的组织系统间的紧密联盟并不简单地在于正确地应用理论，而更在于一种能力，体验联盟作为动力关系，其中的理论和实践互相影响。不是首先考虑"执行"智力，而是首先考虑创造的智力——试图建构、保持和更新这种交互、循环关系的智力。

我们努力直面分离和二元的文化，从我们的儿童观开始，儿童观总是被强调，而不是被分割，还包括我们对学校的系统观点。把学校看作一个交流的系统，关系是初始的选择，接着我们致力于重视并应用个体和知识的对话特性。

在这种认为每部分都包含了与他人的相互作用的系统观下，组织被认为是这些关系的项目式计划，也就是说如果一所学校被称作一个大生命有机体，其每部分（幼儿、成人、进度表、空间等）都与整体有关，那不仅是因为有机体包含了这些部分，我们希望也是因为一种结合，它体现在共同的归属感、共享经验的建构及相连的命运中。在我们的经验中，组织的目标是创造一种相互依赖的结合体，这些相互依赖的结合体使每个个体和他人的存在具有意义。

我们试图找到一种组织类型，它是可接受的、有支持力的，也是能产生联系的。个别部分的观点只有在联结与结合点上才能互相充实，因此，我们试图创造出一种不同观点参与的网络。

我们特别关注价值和目标如何与工作、进度表、场所、学校环境、活动、员工发展、家庭参与及城市关系等的设计和组织联系起来。这是为了认可一种相互依赖、交流与合作的持续关系的价值，这些关系在学校的主人翁中发展起来，这些主人翁在整合他们的知识并把这些知识放在背景中考虑。

另一个主要的选择是创造出一种政治、管理和教育学领域的对话，认为这种交互作用将为实现如此复杂的任务提供必要的一致性。这种选择在文化层面上是重要的，因为学校员工发展了一种更加宽广的视野，不仅包括幼儿，通常也包括世界事件。它也形成了这样一种认识：幼儿和幼儿期的问题是不能脱离于妇女、男性、家庭和社会问题而单独看待的。

我们对关系的投入和关注进一步使我们注意，寻求对"可能维度"的研究，这种"可能维度"体现了成长和教育历程的特征。我们感到关注"生成"的过程是非常有收获的，因为它为了解教育方案也为持续学习提供了确实的条件。当然，还为逐渐获得解释经验的必要结构提供了条件。

还能够获得与我们教育者责任有关的一个不小收获，在思想和实践交互的自觉建构中，体现了真实生命跳动的不可预测性和不确定性，我们需要不断的做出决策，需要重新安排在持续创新中我们和他人的经验成分。

所有这些都被认为是促成一个教育方案的建构，局部的自由选择和改变既被允许又被支持，我们可以清晰地看到小组中观点、期望和解释的多元性怎样成为影响"现实"的资源。这产生了新的意想不到的元素，帮助我们不断重新考虑工作背景的局限性和可能性。是我们的行动产生了差异，这也暗示了我们的责任不是解说者，而是建构者。

　　宣称意义和知识被建构，它们不存在于我们之外，孩子与成人一样不是他们生活的旁观者而是其中的角色，这导致了一种概念的、文化和认识论上的颠覆，颠覆了我们看待教育和学校教师角色的方式。要使学校和教师成为真正有效的学习资源需要时间和特别的工作环境。在我们持续和永恒的员工发展中，我们把着重点放在提升持续学习和研究的态度上，放在一种开放地对待变化和多元观点的讨论中。因此，工作的组织必须能够成为一种交流的动力并支持它，综合个体和集体的思想，使我们实验"可能世界"的存在和建构新意义（共同的意义更好）成为可能。

　　在学校中我们选择进入一个工作小组，工作小组中的合作与关系被认为是学校身份的质量特征。工作的分配，不仅仅是功能的选择，也是设计，以便每个人（不管他们是何角色）都能感受到被包括在认识经验的一个活跃团体中。这些选择是假设又是条件，它们孕育了所承担的责任及重新确定自己和学校角色的持续协调。员工之间关系并不被看作是理所当然的，它在职业发展的初始就必须被支持，也需要在工作进度中确立次数和机会。

　　在瑞吉欧,能够对行动进行反思已经成为研究发展的关键。重温和反思我们的行动，我们给予职业发展以优先地位，并通过纪录的过程来帮助它，这能够使我们的经验及理解得到持续的储备和密切的检查。反思使我们从自我中抽身，与事件保持一定的距离，因此，也就增加了对所学的及可能维度的理解——可能知道和可能达到的。这种现象同样存在于成人和幼儿中。

学校的反思过程越是一种共同的努力（感谢工作进度的组织使我们和同事、家长分享想法），对话深入的可能性就越大。这能够帮助我们理解存在于组织中的意图、价值和意义。

所有这些都把我们日常生活中的精髓和意义赋予到一种思想中：每一个感悟的行为都是一个创造的行为，它既需要了解作为可能世界的一个建构者的责任，也需要了解它只是众多看法中的一个，加强了向他人寻求完整的欲望，正如开始马拉古奇所说，幼儿寻找完整，他们认识到这不仅仅可以通过内部对话得到，也可以通过与他人对话得到。这对于我们来说同样正确。

对艺术工作室和艺术教师的倡导被确认为是瑞吉欧经验特征的另一项决定性的措施。它的益处不仅仅在于特殊的艺术教育领域，也在于多种语言表达的创造性过程，用一种原始的方式构思并发展了一种教育方案。从一种语言到另一种语言帮助我们从复制品的束缚中解放出来，我们发现自己总是能够遇到新探究点，因此也就会产生新的变更。

我们有这样一种意识，当处理一个迅速、复杂，同时交互作用的有机体时，我们不可能对它实施完全的控制；但是，我们可以负起这样的责任：付出最大的努力，因此，设计出我们希望产生的复合的质量。

每个教室有两位合作教师的决定并不是希望在诸如道德、文化和教育学方面取得巨大的成效，由一人到两人的转变能创造出一个基本的社会行为核心，"成对"产生了思想、行为的相互依存和相互作用。由赞同、反对和协调而作出的选择成为公众行为。此外，这种安排消除了教室里教师的隔绝，产生了一种社会性的核心，随着班级数量和员工数量的增多，形成了一个小组或者我们可以称产生了一种人际关系的背景。

为了完成我们把组织作为一种关系的项目式计划的讨论，我们也应该提到为环境、建筑上和功能上的设计、配备提供一种相互作用、联系的系统；小组工作也是作为最有成效的组织类型，提高了相互作用和学习的质量；班级小组的关联；学校每日、每年的时间安排；还有读者在本书其他章节会遇到的其他方面。

总之，我们相信教育过程需要思考，才能发现更广阔多样的相互作用。因此，调整一种组织方法并使它系统化是必要的，这能够使我们抓住通常互相独立的事物的整体特征。因此，我们的职业发展方案已注重支持教师的求知欲和产生对我们教育学方法文化背景拓展了解的乐趣。在这种教育方案的生态学视野中，我们试图在教育问题和人际关系的普遍需求间，在人类与知识间，在人类与世界间创造出一种密切的关联。我们的目标是建立哲学的和价值观的标准，它与正在形成的文化紧密相关。这里的交互学科方法不仅被认为是不同学科人们的对话，也被认为是一定知识和理解的交换与合作，它体现并发展了一种生态的、多元学科的方法，它既有认识的也有道德的特点。这是一种共同生活和思考的方式，直接深入地包含了文化和教育的内容。

跳高

学校的日常生活：从平常中看到不平常

保拉·斯特罗齐

方案提供者
玛丽娜·莫里（Marina Mori）
保拉·斯特罗齐
维卡·维奇
学校
黛安娜
摄影
维卡·维奇

在教育领域中，我们所指的情境意味着什么？能不能给这个词下个完整而清晰的定义呢？

今天，许多关注个体和小组学习的认知研究，把个体和情境的关系放在中心位置。根据这些理论，知识作为活动的产物而出现，这些活动遍布于包括和联结个体、物质、文化工具和符号系统的情境中，并被人们所分享。

用更宽的范围来重新定义情境，包括物质、文化和社会环境，它就不再被认为仅仅是促进或阻碍个体行为和思想的一组外部物质变量。相反，根据这些研究，环境应该被看作我们每个人的学习和知识的不可缺少的一部分。

因此，正在与他人共同建构知识的个体和他们周围的物质及文化环境的互动，使学习和获取知识成为可能，但也是有条件的。个体和环境就是这样存在。它们互相定义，相互依存。

在学校里，学校情境连同生活在这个情境中的个体共同赋予全部经历以意义。所以，有些事情，例如，早上等待一个特殊的朋友（知道你正在等待），找点时间独处，和一群朋友"秘密"地进行一个项目，谈论校园往事，与成人进行交流，声音，味道，气味，所有这些都是个体和情境相互作用的表现，而情境使个体和世界的关系有意义。

很多年以前，马拉古奇引导我们把学校看作是探寻生活以及未来意义的场所之一。在这个意义上，我相信，他指的是"友好的学校"，"即把学校办成使儿童、老师和家庭都感到快乐的学校（勤奋努力的，有创造力的，适于生活的，可纪录和可交流的，一个调查研究、学习、认识和思考的地方），是我们的目标"。第一次进入市婴幼儿中心和瑞吉欧·埃米利亚幼儿园的参观者经常因为这些学校对环境的关心和关注而感到吃惊，这种环境创造了一种和谐与交流的气氛。

也许我们可以这样说，关注情境意味着"经历一种氛围"，使通常看不见的东西清楚地被感知到，例如，快乐、好奇、兴趣、感情、自律、可能性、责任感、要求、期望、宁静、满足、亲密、个性、属性。这些方面变得可见，不是因为我在这里列举它们，而是因为在日常生活中我们重视它们并付诸实践。

意大利的学校组织（环境、人力资源管理、教育计划）经常表现出没有意义的重复、极为有限的洞察力，以及许多如"创造性"或学术自由之类的偶然事情一闪而过。我们知道孩子想和其他的孩子在一起，但这个事实却令我们忽视了另一些问题，即孩子们怎样"生活"在一起，他们的兴趣是什么，还有这些兴趣是怎样交流和协商一致的。

孩子完成手工制品中有一个很重要的过程。在过去的很多年里，我们已经学会了发现这些过程。我们已经尽了最大的努力使这些过程可见，并且也已经变得能正确认识它们。然而，构成我们生活的很多事情，也都有一个相似的"过程"特性。我们试图探索这些过程，因为我们认为很重要的对意义的探索，就是在其中完成的。不管我们是否意识到，我们的教育观念每天都在转化，转化为姿势、行动、单词和模仿，就像我们的教育思想和理论在日常实践过程中转化了一样。这不仅是我们的愿望，同时也是我们的职责。

马拉古奇非常清楚地意识到理论陈述和日常实践两者的统一及协同作用。通常，他极力主张我们要留意这两个环节并且要保持一致。

有些新的哲学观点和科学理论坚持整体的每一部分即使是最小的部分，也可以代表一个整体。这种理论可以被表达出来，例如，通过数学结构来表达，或运用全息图片来表示。我们相信一个行之有效的教育体系必然和上述这些系统结构具有同样的特征：每一个很小的部分应该反映也应产生整个系统的思想和选择，并且最为重要的是，应该使整个系统运行正常。

然而，学校是一个非常复杂并且容易改变的机体。它由个体、空间、节律、需要、期望和情绪所组成，对于像学校生活这样复杂的事物保持高水平的认识是很困难的。同时，我们不能把所有的事情都寄希望于观察，因为观察是随机的，或者说是远不够及时的。如果我们依赖它，我们就会冒着一种危险，即把学校办成毫无意义的体系，或自私的官僚主义机构，或者使学校成为儿童花费了更多或更少的时间，却不是"生活"在其中的地方。

在意大利，职业的发展通常把理论和实际的工作体系分开，这样创立一个学校特别容易有高风险，正如贝特森（Bateson）所说的那样，"……虚伪的多于真实的，因为生活的脉动被去掉了"。这就是为什么我们必须通过批判性的和留意的倾听，经常性地评估我们的日常生活。

关于教学活动之外的学校日常生活的纪录极少，然而我们仍确信寻常时刻是一位"特殊的老师"。我们通常把注意力集中在孩子们做了什么。有时候，我们调查活动项目本身，却很少分析过程，即使分析，也只是口头上的。这就是为什么我们选择在黛安娜学校的某一天早上，进入五岁儿童的班级，用照相机纪录下典型的一天，以此来"重新解读"我们自己和我们的工作。

在这里，我们仅呈现五岁孩子的"活动报道"的一些片断，用照片纪录：从 7:30 学校开门到 9:00，所有的孩子们都到了，然后一起决定将怎样度过这天的余下时间。"早会"，孩子和老师讨论他们一天的安排，我们许多人认为这是重要的时刻。也许是这样，但有时，人们容易忽视在它之前发生的所有事情，而以前发生的事是真正的经验和可能性的缩影。确实，在可以看到的传统的每日学校生活开始之前的这一个半小时里，我们能够发现许多我们关于教育意义的论点。

　　我相信，通过重新认识日常生活的细小环节的意义，我们可看到一些重要概念的可见性和深度，例如，环境的作用，儿童观，老师们的合作和责任，与家庭的关系等。我们希望我们的日常生活被视为一种"全面柔和"的环境，这是米兰的"瑞吉欧儿童"和"道莫斯学会"研究团体在他们的《孩子、空间、关系——幼儿成长环境的后续研究》一书中定义的。"一个全面柔和的情境意味着一个多样化的，有启发性的和受欢迎的生态系统，在这个系统中，每一个人都是集体的一部分，但也有私人的空间，可以在共同的节律中得到休整。系统中有对他人的尊重、倾听——'注意的策略'。这是一个宁静、友善，适合生活的地方。"

等候中的学校

上午7:30

　　学校在等待着孩子、家长和老师们，它用清晨的灯光向大家致意，灯光穿过大窗户，从里面的两个庭院照进来，在这种环境下，自然的光线与各种颜色及表面交相辉映，透明的色调显示出里面和外面的关系以及信息的交流，例如，季节、天气和在一天中不同时候的光线。物质环境是友好的，房间的装饰向孩子们和家长们预示着美好的故事将出现或继续。

解说

整个学校的墙壁上贴满了纪录板,很像是墙壁的第二层皮肤,纪录板使你感觉到自己曾经是,或正在成为以往经历和往事的一部分,这也意味着将来的经历也会受到重视。这些纪录板证实了以往记忆的价值,上面的叙述则成为教育环境的一个重要特征。

孩子们开始到达，有一个教师在三岁孩子班级的教室里欢迎他们。选择这个地方是因为这里是最靠近入口的教室，从它的窗户可以看到前门，所以已到了的孩子们可以看到那些正在到达的孩子们，只有很少一些孩子 8:00 到达。（为了更好地理解学校的组织结构，请参见附件 D 中的注解。）

到校

上午 7:30

道别

孩子们和他们的父母说再见是一个非常美妙的时刻，虽然这个时刻很短暂，但充满亲情和富有意义，并且对孩子和他们的父母体会到的幸福感是有影响的。

老师间的交流　　每个班上的老师在8：00到达，她们迅速地互致问候并且交换教具。

欢迎　　我们和玛丽娜一起进入五岁班级的教室里，这时孩子和家长们还在继续到达，在我们教育圈子里，我们认为欢迎孩子们的时刻是很重要的，"欢迎"意味着倾听、敞开思想和认同。

孩子们、家长以及任何在学校工作的人一定能够感到自己被热情等待和欢迎的幸福。学校不是为没有个性的客户准备的，而是为了一群人在一起度过生命中的一部分。马可（Marco）已经缺席了一段时间，当他返回学校时，他的一些朋友会为他庆祝。

秘密　　那些想谈谈个人秘密的孩子可以到教室外面的另一个房间并且关上门。我们尊重他们的隐私，没有进去。

等待

与此同时，在 piazza（学校里很大的一个中心场所），埃莱奥诺拉（Eleonora）正在等待她目前最亲密的朋友们……

孩子间的交流

当她们到达后，女孩子聚在一起，谈论那些看起来非常重要的事情。孩子们充满自信地和自由地在校园内走动，几乎占满了校园的所有空间。

要紧的事

从一开始，大家都有一种可以体会得到的交谈、分享和制订一天计划的紧迫感。孩子们自发地形成小组。女孩子们看来更喜欢三个人一组，男孩子们则喜欢在一个大组里。在安排活动时，这是一个需要加以考虑的、很重要的信息。这些小组并不是很稳定，它们不断变动，规模时而扩大，时而缩小，它们的兴趣点和参与者也一直在变化。

暂停

有时候，孩子们喜欢独自待一会儿，就像现在琪亚拉（Chiara）在小画室一样。这个小画室远离教室，和在学校里其他地方设立的小空间一样，允许孩子们独处或很小的小组使用。一些时候，小空间存在的重要性被发现，孩子们和大人都很喜欢这种方式。

玛丽娜开始看一些今天将要进行的活动的便条，两个孩子也在一起表达他们自己的观点，在一些非正式的时候，孩子们经常这样。大人们的行为会让孩子们感到他们及他们的工作受到了重视，孩子总是迫切地观察大人们的行为以及他们之间的关系。

反思

主题活动假设

瑞吉欧·埃米利亚的老师们在学校里用不同的教具来协助自己的工作，作为一个基本的规则，他们根据新的或正在进行中的活动来制订每月或每周的活动预告，这些预告不仅和孩子们有关，也和家长、老师们有关。

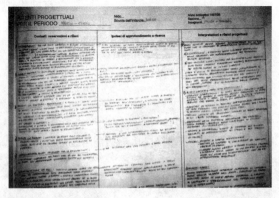

在婴幼儿中心和幼儿园里，没有现成的、标准化的教具。每年，每所学校的老师都愿意讨论我们所使用的教具的有效性。如果有需要，我们会设计新教具，在某些特殊的活动中，这些新教具功能更多，更符合老师们的想法。

准备

根据每周的预告，在一些孩子们的帮助下，老师开始准备在上午的教学中最可能用得着的资料。老师和学生在一起准备资料不仅仅是一种实践，同时也是教学计划本身的一部分。和老师一起准备资料激发了孩子们的期待、好奇和希望，也扩大了活动预告的范围，增加了教具的来源。孩子们能够认识到，这也能表达他们参与的兴趣。

有智慧的材料

我们所处的环境就像各种各样的可能性和很多建议组成的一道风景线。整个学校都在培养孩子们之间以及孩子们与教具之间的和谐关系。我们必须保证我们提供的教具能够引导他们的兴趣和愿望。例如，如果我们让孩子们使用一次投影仪，他们必须得寻找和使用透明的、不透明的、有色的与无色的材料，这意味着教具没有强加给孩子们一个方向，但提出了很多的问题，并且引出孩子们很多的猜测和进行实验的愿望。

归属

上午8:30

当教室的其他老师到达时，一些孩子们会献上一束鲜花，并送上问候，所有的学校员工都喜欢这个美好的时刻。关注你所处的环境有助于产生一种归属感和对那里的人的尊敬，这是教育过程不可缺少的一部分。

关注和照顾

有些事孩子得轮流做，比如照顾花草，在厨房帮忙。有时候，这些活动适合于安排在早上做。

共同责任

为了使孩子和大人们在学校里感到快乐，也是为了保证老师们教学水平的提高，在20世纪70年代中期，有了一个具有战略意义的决定，让一个班级配备两名教师共同对班上的孩子们负责。在那个时候，消除单个老师的所谓教育自由的刻板印象是非常困难的，这种所谓的教育自由通常会导致个人和文化上的孤立。老师之间的互相讨论，共同负责，一起协同工作本身就是一个对孩子们很重要的社会学习的范例，这种社会学习对孩子们和他们的家庭来说都是有益的。两位教师从每天8:30到2:00一直在一起，在早上的这段时间里，两个老师的出现意味着……

交流

老师有时候在教室外碰到其他班级的老师，可以互相交流体会，交换信息，或决定由谁来处理紧急事情。五岁班级的老师相对轻松一些，因为这个年龄的孩子们已经习惯并且能够在各个小组里组织好自己的活动。

资源运转　　孩子们可以把学校的玩具带回家，也可以把家里的玩具带到学校。毕竟，玩具是孩子们的兴趣和生活的一部分，这再清楚不过地表明了学校和家庭是密切相关的，它也表明了学校不是片面地对学生进行考试的地方，而是一个和家庭进行讨论、资源共享和协商一致的地方。

每个孩子都有一个印有学校标记的背包，这种学校和家庭之间的交流是得到鼓励和支持的。允许孩子们带他们感兴趣的任何东西。从家里带来的玩具，玩的时间、方法、机会都由小组中的个体协商决定。

私人空间　　每一个孩子都有一个地方可以存放他们的私人物品，其他的私人空间包括留言箱、放置图画和二维手工制品的图夹，一个收信和存放其他物品的储藏箱。每个孩子都有一个带有他/她照片和名字的抽屉，管理这些私人物品很困难，但沟通和协调是处理复杂关系的一个很重要的因素。尽管它很复杂，但只有这样我们才能有所收获。老师和孩子们感到他们参与了这种交流，这种感觉和孩子们纯真、纷繁的兴趣一样真实。

到现在为止,几乎所有的孩子们都到了,他们的兴趣点在不停地变化,这个小组在下棋,那些在旁边观看的也积极地提出建议,必要的时候,帮助计算点数或出主意。很快地,很多小组都开始活动了,孩子们从一个活动的参与者变成了另一个活动的旁观者,旁观者和参与者之间互相学习,互相帮助,因此,旁观者也变成了"很有竞争力的参与者"。

团队自治组织

上午8:45

团队自我组织

有时候,我们老师也只是偶然发现孩子们在自己组织活动。琪亚拉和她的两个朋友告诉我们在远处左边的那幅精美的图画来自于她们写的一本书,书名为"生活、死亡和出生"。她们告诉我们她们每天都为完成那本书而努力,画图,然后再粘贴到前一页上。打开"关于生活"这一章,我们发现一幅两个女人在锻炼的图片,并有文字说明,"你必须锻炼,才能避免发胖"。

从每天早上开始,更衣区里总是有很多的活动,孩子们在这里玩耍,构筑或真实或虚幻的场所。仅仅几个简单的道具孩子们就可以模仿一些情节和场景,感觉像在模仿别人。

转变

冲突　　事情并不总是很顺利,孩子们有时也打架,经常争论不休,直到最终有人哭了。在这种情况下,老师被看作仲裁者。我们不想逃避这个责任,并试图帮助孩子们讨论他们之间的问题,解决他们之间的争端。五岁大的男孩儿们有时也用拳头打架,虽然没有他们在三岁时那么频繁和粗暴。我们的教育体系鼓励互相交流观点,融入集体,不要被排除或觉得被排除在集体之外,能够被其他的孩子们和老师所接受。这种集体的归属感可以降低和减少互相敌视的行为。

混合

孩子们喜欢到其他的教室去玩,右图中的情形是,两个大些的孩子进入了三岁班级的教室,帮助老师准备好马上要进行的活动的教具后,他们自愿地指导更小的孩子。

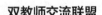
双教师交流联盟

当孩子们在参与活动的时候,他们的老师会抽出一些宝贵而有限的时间,一起审查一天的活动情况。如有必要,老师们会根据前一天的活动情况,到校的人数,早上孩子们表现出来的兴趣等来调整活动的安排。

灵活的时间安排
上午9:00

现在,所有的孩子们都到齐了,很有必要整理一下教室,把用过的教具拿走。同时对孩子们正在进行中的活动表示尊重。学校每天的不同时间段不是用铃声或钟来区分的,那些结束了一个活动的孩子们可以作出自由选择,一旦结束,他们将自由地加入其他一些小组。

集体场面
上午9:15

所有的人都到了,大家聚在一起开个会,看看谁到了,吃点水果,谈论一些有趣的事情,决定下一步做什么。然而这些并不是固定的规则。有时,如果大家对我们将进行的活动都很清楚的话,我们马上分成一些小组或者一直聚在一起,或分成两个小组。我们需要规则,但有时我们也需要打破常规。

兴趣和愿望 我们今天进行的一些活动不都是新的，有些几天前或几周前开始的活动也将继续进行，或还是原来的参加者，或是由其他参加者参与。我们的教育体系决不允许呆板的教条或事先确定好的方向。一旦整个时间框架确定下来（9：00到达，12：00午餐，15：30点心，16：00或18：30离开），活动的开始和结束主要由孩子的兴趣和愿望来决定。

集会 在会议上，我们必须从被建议的活动中作出选择，决定谁分在哪个小组，孩子们也有机会提出其他的活动，有些活动是很难一下子说清楚的，有时，在老师发现孩子表达有困难时，就鼓励孩子们之间互相讨论。

观点的协商

这个重要的讨论机会给了孩子们一个很强的平等参与感，使他们共同参与。"于是很多主意产生了，四处碰壁、累积、升华、慢慢分析或传播，直到最后其中一个占据主导，具有很大的影响力，并且征服了全组的孩子们"（马拉古奇语）。

团队的确定

形成一个个小组是很重要的，小组里每个人的性格决定了一个活动能否顺利进行。本书的另外一个章节将详细地探讨这个方面。

工作坊

现在大约9:30，就像大家在会上都同意的那样，孩子们分成不同的小组开始用不同的教具，做不同的题目。今天，有一个小组学习给收件人发送消息。有些小组将继续探索光、阴影和气味的特性。

一个小组即将完成一些雕塑，将用来装饰庭院的墙壁，孩子们说他们正在使墙壁更漂亮。

孩子们在学校的经历和时间以一种互相渗透的关系交织在一起。这一天的每一时刻都很重要，没有重要性的区别，也没有主要和次要之分，所有的这些活动都来源于以往的经验并且将产生以后的经历。

我们将继续探寻在其他环境及在其他时刻，个人和小组是怎样学习的。但是，所有这些都应生机勃勃。"重要的是不要对此产生反感。我们可以按自己的方式来完成，但先决条件是，这种方式不使别人感到厌烦，因为学校不是为生活做准备的，它是生活的一部分，成为人去真实生活的一种方式。"（罗杰姆·布鲁纳，摘自1999年7月和一些老师在瑞吉欧·埃米利亚的谈话笔录）

纪录是用于描述事实或者论证一个观点的集合，历史上这一概念是与科学思维的产生、发展以及把知识的概念看作是客观的、可论证的实体相联系的。所以，它和特定的历史时期相联系，有着深刻的文化、社会、政治原因，在此我不作阐述。

然而，我发现强调纪录这一概念如何发生了很大程度上的修改，不同于其原初定义，这非常有趣。纪录最近被引入了学术领域中，特别是引入到教育教学领域。在这样的背景下，纪录因其可以作为帮助重温、反思的工具而被诠释和使用。

学校的教学路线和学习途径假定：如果学校中的主体（教师和学生）可以适当地回忆、重新审查、加以分析并重构教学和学习的过程，那么教学和学习的意义是最充分的。通过深入地对活动情况进行纪录，使用语言、图片、学校里常见的视听技术和其他纪录设施，教育过程成为具体可见的。

我特别想强调的一点是使用纪录的方式，也就是说，资料应该在过程中收集，但是在最后进行阅读和解释。因此，阅读和回忆是发生在事实之后的。纪录的资料（录像和录音资料、笔记等）被收集起来，有时会被分类，并在对经验的重新阅读、重温和重构过程中加以回忆。教师事先预定的教学过程中的重要时刻可以通过纪录而加以重温、解释和重新解释，从而使教学达成预定的目标成为可能。简言之，根据概念上对这一方法的认识和教学实践，纪录是在教学过程之后而不是教学过程中使用的。这些纪录（以及反思和教师与学生的解释）不是以会对学习过程产生影响和导向的方式而介入学习途径和学习过程。

这里存在着本质的不同。在瑞吉欧·埃米利亚，我们花了好多年时间来探索这一方法，我们强调把纪录作为促进学习和改进学—教关系过程

纪录和评估是怎样的关系？

卡拉·里纳尔迪

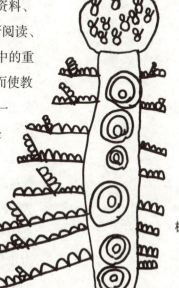

树

中的一个有机组成部分。

为了进一步澄清我的意思，我想陈述一些假设，尽管这些假设乍一看远离我们现在讨论的主题，但是，它们有助于理解我们的选择和实践既非随心所欲，亦非无关紧要。事实上，我相信纪录是能表现我们教学目标的重要组成部分：探寻意义——发现学校的意义，或者把学校作为儿童和我们探寻意义的过程中起重要作用的场所，建构其意义。

在这种情况下，首先向我们这些教师和教育者提出的问题是：我们怎样才能帮助儿童发现他们所做的、所面对的、所经历的事情的意义？就我们自己而言，如何做到这一点？这些是意义以及探寻意义（为什么？怎么样？是什么？）的问题。我认为不论是在校内还是在校外，这些都是儿童不断地向自己提出的重要问题。

这是一项非常艰难的研究和一项艰巨的任务，尤其是对现代社会里活动领域众多的儿童而言：他们的家庭、电视以及在家庭和学校之外经常出入的社会场所。这一任务需要儿童在不同的事件之间建立联系，赋予这些事件一定的意义，在众多从不同经历中获得的零散经验之间建立联系和意义。

儿童以他们的坚韧和努力从事着这项研究，虽然有时他们会犯一些错误，但他们独立地进行研究。没有意义，我们将无法生活；没有意义，我们将没有任何认同感、任何希望和任何前途。儿童知道这一点，因此，从他们降生之初就开始主动地探寻意义。他们作为人类种族的一分子，作为一个个体，作为人，深深地知道这一点。探寻生命的意义以及生命中自我的意义随着儿童的诞生而产生并为儿童所期望。正因如此，我们认为儿童有能力、有力量、有权利持有希望，有权利被珍视，而不是被看作预先确定的虚弱的、贫乏的、无能的人。我们以一种不同的方式来思考和了解儿童，我们把儿童看作是一个积极地与我们一起探索世界的主体，一天天不断地尝试着理解一些事情，发现生活中的意义和一些事件。

对我们而言，这些意义和解释性的理论对于揭示儿童的思维方式、提问方式，解释周围世界及他们与周围世界以及与我们之间的关系都是极其重要而且强有力的。

"关系和倾听的教育学"这一隐喻，也正是体现瑞吉欧·埃米利亚特点的教育哲学之一。

和儿童一样，理解对成人而言也意味着要提出一个解释性的"理论"，作出一个说明，赋予事件和事物以意义。我们的理论是临时的，提供了一个可以被不断地修正的相对满意的解释；但是这些理论不仅仅是一个或者一组简单的观点，这些理论必须使我们感到满意而且能够说服我们，必须是有用的，可以满足我们智力的、情感的以及审美的需要（美学知识）。在表现世界的同时，这些理论也表现着我们自己。

如果有可能的话，我们的理论还必须使其他人感到满意并对他们产生吸引力。我们的理论需要别人的倾听。向别人表达我们的理论可以使一个本身并不属于我们的世界转化为一个共享的世界。理论的共享是对不确定性的反应。

因此，这也正是为什么任何理论，从最简单的到最精炼的，为了存在必须加以表达、进行交流、必须得到倾听的原因所在。也正因如此，我们意识到了"倾听教育学"的价值和基础性意义。

倾听的教育学

我们如何才能界定倾听这一术语呢？

倾听是对相互联系的模式的敏感性，包括把我们与别人联系起来的模式，让我们确信我们的理解和我们的存在是广泛的、

声音的轨迹

整合的知识中的一部分，但仅仅是一小部分，这些知识使整个宇宙整合为一体。

倾听也是开放地、敏感地聆听别人的一个隐喻——倾听不仅仅使用我们的耳朵，而且要使用我们所有的感官（视、触、闻、尝、方向感觉）。

倾听，我们用来表达思想和交流时使用的一百种、一千种语言、符号、信号，生活就是用这些来表现着它自己，并与那些懂得如何聆听的人们交流着。

倾听，像时间一样，倾听的时间，它超越了时间的流逝，是一段充满寂静，充满长长的停顿，充满心灵交流的时间。心灵的倾听，倾听我们自己，一个短暂的停顿，是一个元素，让我们聆听他人。同样，也产生于别人对我们的聆听。倾听的背后总是隐藏着好奇、期望、疑虑和兴趣，也总是伴着一种情感。

倾听是一种情感，它产生于情感又激发情感。别人的情感通过交流主体之间有力的、直接而非通过中介的内在的互动过程影响着我们。

倾听是对差异的欢迎和开放，倾听意味着认识到别人的观点和别人的解释的价值。

倾听是一个积极的动词，包括了诠释，对别人提供信息赋予意义，珍视提供信息的人。

倾听不产生答案，但却可以引发问题：倾听来自疑虑和不确定性，倾听并非不安全的，相反，只有我们意识到真理的局限性和可能存在的错误，每个真理才是安全的。

倾听不是一件容易的事情。它要深刻的、清醒的意识，同时要求我们暂时悬置我们自己的判断，并排除我们的偏见；它要求我们具有对变化的开放性。它要求我们在心中清晰地意识未知事物的价值，而且能够在确定性受到质疑的时候克服无知

感和不稳定感。

倾听使每一个体不再是一个无名小卒，它给了我们权利，使我们每个人都可以被看见，使倾听的人和提供信息的人都更加充实与丰富。

倾听是任何学习关系建立的前提——学习是"学习主体"决定的，是通过行为和反思而在内部发生的变化，通过表现与交流而成为知识或技能。

因此，倾听也指"倾听的情境"，在情境中，一个人可以学会聆听和讲述，在这里每一个体都感觉到自己有权利表达自己的理论并提供自己对特定问题的解释。在表达我们自己的理论的时候，我们"重新了解"或者"重新认识"它们，也使想象和直觉的更加可见成为可能，并通过行为、情感、表达和标记以及象征性表现（一百种语言）得到发展。

通过分享和对话可以产生理解与共识。

我们通过心理表征世界，这种表征是对心理解释世界的方式以及他人的表征方式的敏感性的结果。至此，倾听的敏感性被强调；由于这种敏感性，我们不仅通过对事件作出反应（自我建构）形成了关于世界的表征并与别人进行交流，也通过与别人的相互交流学习关于世界的知识。

转换的能力（从一种智能到另一种智能，从一种语言到另一种语言）不仅是个体内部的心理潜能，也包括在多种心理能力之间的转换（相互作用）的倾向。正是有了这种欢迎其他人的表征和理论的素质——倾听别人并向别人开放，我们的知识和我们的主体性才得以丰富。

倾听的能力与相互期待是心理和智能的特性，尤其是对幼儿而言，它们使交流和对话成为可能。这也是一种要求被理解和支持的特性。

事实上，从某种象征意义上说，儿童是他们周围现实中最出色的倾听者。他们拥有倾听的时间，倾听的时间不仅仅是用来听的，也包括重新提炼、培养好奇心、暂时悬置（问题），是一段充裕的时间——充满等待和期待的时间。

儿童倾听生活中的所有形态和颜色，他们也倾听其他人（成人和同伴）。他们能迅速地察觉为什么倾听（观察、触摸、闻、尝、探究）对于交流非常重要。儿童从出生起就处在交流的环境中，在关系中生存，在关系中生活。

因此，倾听是儿童从出生起就伴随的先天素质，帮助他们适应新的文化习俗。倾听是先天能力的这一思想看起来有点自相矛盾，但在事实上，适应新的文化习俗的过程必须具备先天的动机和能力倾向。新生儿快乐而富于表情地降生到这个世界，他们时刻准备着进行实验和探索。也恰恰是从出生起，儿童就对其周围的环境表现出惊人的丰富性、创造性和发明能力以及自发的、一贯的思想意识。

在生命的早期，儿童就证明他们是有声音的，但更重要的是他们知道如何倾听以及如何让别人倾听自己。儿童不是后天才形成社会性的，他们本身就是社会性的存在。我们的任务就是支持他们并和他们一起培育他们的社会性，这是我们的文化所产生的社会特性。儿童被我们的文化产生方式以及文化产生的语言强烈地吸引着，也被其他人所吸引（成人和其他儿童）。

倾听是一条艰难的道路，它需要努力、能量、艰苦的工作，有时还会遭遇困难，但它也能给我们以奇迹、惊喜、热情和激情。它是一条需要花费时间的道路，儿童有这样的时间，成人却没有这样的时间甚至不想有这样的时间。因此，学校，首先而且最重要的，应该是一个由多元倾听构成的情境。这一多元倾听的情境包括教师也包括由几个儿童组成的小组以及单个的儿童，他们都能倾听其他人以及他们自己，这一情境彻底改变了教学的关系。这一彻底的转变聚焦于学习，也就是说，集中关注儿童的自我学习以及与小组儿童和成人一起进行的学习。

当儿童向他人展示自己的心智形象时，他们也向自己展示了自己的心智形象，从而发展了一种更清晰的内部自我意识（内部倾听）。从一种语言到另一种语言，从一个领域的经验到另一个领域的经验，并对这些转换以及别人的转换进行反思，儿童就是这样修正并丰富着自己的理论和内部概念的地图。但是这只有在儿童有机会在集体的背景下进行转化时才可能实现，也就是说，儿童必须在别人中并与别人一起实现转化，而且要有机会倾听别人并被别人倾听，从而表达自己的不同意见并接受他人的不同意见。

教育工作者的任务不仅仅是允许差异性被表达出来，而且要使这些差异通过思想的交流与比较而得以妥协和培养。我们既讨论个体间的差异也讨论语言之间的差异（口语的、图片的、造型语言的、音乐的、手势的等），因为这是一种语言向另一种语言的转化，也包括两者之间的相互作用，（这种转化）可以使概念与概念地图得以创新和巩固。

不仅个体儿童学会了如何学习，小组（集体）也意识到它自身是一个"教学场所"，这里不仅可以丰富、增加、提炼并产生多种的语言，而且可以使不同的语言相互碰撞、相互渗透、相互结合，并被更新。

"鹰架"的概念集中体现了教师的作用，也有新的、不同的方法和意义。背景及相互期待（而不仅仅是教师的期待）构成的网络支持着个体和集体的发展。教师知道如何进行观察、纪录并解释儿童自发的学习过程，他们除了提供支持和文化中介（主题，设施等）之外，还可以在这一背景中以最大的潜力实现如何教。

因此，纪录被视为可以看得见的倾听过程，被视为学习过程（通过笔记、幻灯片、录像等）的建构，这不仅表明了儿童的学习方法和学习过程，而且使这些成为可能，因为它们是可见的。因为这一过程成为可以看得见的。对我们而言，这意味着关系是建构知识的砖块，我们可以使它看得见，而且这也是可能的。

纪录

保证倾听和被倾听是纪录（产生使个体和集体的学习方式看得见的踪迹／纪录）的首要任务，同时也要保证小组和每一个体的儿童在他们学习的时候（学习过程中和学习结束后）都有机会从一个外部视角观察他们自己。

在过程中（也就是经验过程中）广泛使用纪录（录像、录音、做笔记等）可以产生以下优点：

· 纪录使学习过程的本质和每个儿童使用的学习策略看得见（尽管是局部的），并使主体的过程和主体间的过程合二为一。

· 纪录使解读、重温和评估可以随时随地进行，这些行为成为知识建构过程中的有机组成部分。

纪录可以从认识论的视角下学习（使认识论的评估和自我评估成为可能，成为学习过程的有机组成部分，因为它可以指导学习过程并对其产生导向作用）。

· 纪录对元认知过程以及理解儿童和成人非常重要。

近来的研究逐渐证实了记忆在学习和自我认同形成过程中的作用，我们假设通过图像（照片和摄影）、声音和笔记等形

云

式可以使记忆得到显著的加强和巩固。同样地，反省（通过对已发现的结果的再认知而得以培养）、集中注意力的能力和做出解释的能力可以通过记忆强化材料来加强。虽然这仅仅是一个假设，但在我看来，这是一个值得面对和讨论的问题。

我想把这项运动定义为和观察、解释与纪录交织在一起的螺旋，我们可以清楚地看到为什么所有这些行为不可与其他行为分割或分离。任何分割都是人为的，而且仅仅是为了讨论的方便。我要谈论的是在成人水平上的意识水平以及相应的行为表现所占的决定性地位。事实上，如果没有观察和解释，就不可能进行纪录。

通过纪录的手段，纪录者的思维和解释变成了资料，也就是说材料可以被明确地加以解释。笔记、录音、幻灯片和照片等可以呈现记忆的片段，因此变得具有"客观性"。尽管每一片段都渗透着纪录者的主观性，但是当这些片段被其他可以做出解释的主体了解或重新了解、创造或再创造的时候，这本身也就是一个集体的知识建构过程。

建构的结果是知识在许多人的贡献下变得更加广泛而丰富。纪录的片段（图像、文字、符号和绘画）中既有已经发生了的过去，也有将来（或者是：如果……还会发生什么？）。

我们正在关注一个教学法的新概念——参与性教学法，这种教学法是可以交流和分享的一个程序和过程。可见性、可理解性和可分享性是支撑参与性教学法的核心，因为这些是交流和教学产生高效力的基础。因此，参与性教学法更像是交流的科学，而不像传统的教育学科。

至此，一个独特的方面浮现出来，即教学关系的结构，而且这一结构在这种背景下更加可见，更加清晰。在纪录（观察和解释)的时候,评估的成分迅速进入画面,也就是说,评估在特定的背景下产生,在活动发生的过程中产生。在纪录真正开始之前,用一个概括的预言确定哪些要素对于学习的发生具有显著的必要价值,这是不够的。有必要与行为本身互动,与那些随着活动的展开被揭示出来、被定义、被认为真正具有重要意义的行为互动。

应当有准备且迅速地抓住预测与真实事件之间(固有的意义与儿童的行为产生的意义之间)的任何距离。成人期待的图式不是规定性的而是导向性的。情境中充满着疑问和不确定性,它们构成了"纪录者的背景"中的一部分。这里有着真正的教学自由,儿童是自由的,教师是自由的。这种自由存在于可预见的和没料想到的之间的空间,在这里儿童和教师之间的交流性关系得以建构。在这样的空间里,同事之间的质疑、对话、比较想法得以存在,在这里可以讨论"该做什么"并进行过程性评估(决定什么是有价值的)。

因此,问题的关键在于要把儿童放在他或她与其他人所处的背景中考虑,并把学习看作一个通过"受教育的主体"和"教育客体"(包括知识、社会情感以及不同价值的行为模式)之间相互作用而建构的过程。

这意味着不是把教育客体看作一个客体,而是把它看作一个"理性的场所"。我要通过这个词强调教师选择和提议知识建构法(假定所有人都承担责任)。它是由主体和客体之间的好奇心而引发的关系的建构。这种好奇心由某个促使主体和客体"彼此面对"的问题所激发,表现了儿童所知道的东西(对理论的理解和知识的渴求)以及文化认同性决定的关于客体的知识。这种认同性并不局限于那些可以立即感知的要素,而且还包括那些围绕它产生的文化细节,而所有的这些都可以在新的探寻知识的关系中产生。这种对客体的重新了解并不仅仅是"历史"的,而且是再生产关于客体知识的文化属性(比如,树在不同领域中有不同的解释:生物学的、建筑学的、诗歌的等)。这种再认识带着生机、活力与不可预测性走进了生活,在此过程中,儿童赋予客体以新的身份,为客体和他们自己创造出同样具有比喻意义的、诗意的新关系。

纪录是这样的过程,这个过程是辩证的,以情感为纽带,也是富有诗意的,纪录不仅伴随着知识建构的过程,而且在一定意义上也孕育了知识建构。

纪录不仅用来帮助解释,其自身也被解释着,纪录是一种叙述形式,既是个人内部的交流,也是人际之间的交流,因为纪录为纪录者和阅读纪录的人提供了反思与学习的机会。读者可能是一个同事、一组同事、一个儿童、许多儿童、家长,读者是任何一个参与了或者想参与这一过程的人。纪录资料是开放的、可得到的、可以使用的,因此,也是可以阅读的。现实中并非总是如此,上述过程即非自动完成,也并非那么容易。

云

有效的纪录需要有广泛的阅读纪录和做纪录的经验。

可读性

纪录是一种叙述的形式。它的吸引力在于所收集的信息之中的问题、疑问、反思,并把信息提供给同事和孩子们。

这些"作品"结合了不同的"语言"(图画的、视觉的、标记的),这就需要有他们自己的编码、他们自己的团体建构和使用的惯例,以保证交流的有效性,尽管这种有效是局部的。

所以,这些文章必须有"可读性",能和那些没有在情境中的人们交流,也应该包括纪录者感知到的"生成的东西"。

它们是三维的作品，目标并不是事件的客观性，而是要表达对意义的生成所做的努力，也就是说要指出意义，指出每个作者所纪录的意义，他或她在特定事件中所察觉到的问题和疑问。这些作品和作者的个性不无关系，因此，我们会意识到他们的偏见，但这是纪录本质的一部分。

纪录者以个人的观点看待并理解事件，同时寻求通畅的交流。在纪录中传达未完成感和期望是可能的（尽管好像有些矛盾），当你在传递给他人一些你并不知道的但存在于你的知识边界的一些东西时，就有可能发生这一情况；这就是你的局限，对客体的叙述是研究的过程和途径。

评估：一种视角——给予价值

我们为孩子行动的过程和步骤以及孩子与成人一起付诸行动的过程和步骤所提供的，是一种给予价值的观点。评价意味着对情况进行评估，暗示着某些因素被认为是有价值的。

在这里，我想，这正是评估的起源，因为它使纪录者纪录的价值元素明晰、可见、可分享。评估是纪录的一部分，也是整个项目式计划（progettazione）方法的一部分。实际上，这一方法已不仅仅是预先描述和预定规定的过程，也是价值元素组成的步骤，并且在过程中自己产生的。

这使得纪录对孩子来说有特别的价值，因为孩子们可以在描述的形式下，面对他们自己所做的一切，看到老师从他们的工作中提炼出的意义。在孩子的观点中，这就意味着他们所做的是有价值、有意义的。由此，他们从无名小卒不被察觉的状态走出，发现自己的"存在"，发现自己所说和所做的是重要的，被别人倾听和欣赏；这就是价值。

这就像是你和任何进入这类超文本中的人的接触。这里，文本作为动力、支持，是孩子个人精神世界的前言。

教师的能力

很明显，在这种背景下，合格教师的能力和角色与传统教育环境下教师的能力和角色是不同的，那时把教师的工作简单地定义为以传统的方式传授学科知识。

纪录的任务并不是找到（或教）一系列特殊的规则，或是提供一定的命题，组合在公式中，可以容易地被他人学习，或者传授一种不加修改就可以重复使用的方法。

教师的能力被定义为一系列的理解而非纯粹的知识。这说明他要对重要的事实熟悉，这些对事实熟悉的人可以说什么是重要的，并且推断在每个情况下什么是适合的——对特定环境中的学习者来说，什么是有帮助的。

什么是秘诀？没有秘诀，没有钥匙，只有经常检查我们的理解、知识、直觉，并把我们这些与同事们的进行比较、分享。这并不是可以传授的"科学"，而是一种理解，是对知识的敏感。行动和行动的结果，是一些表面现象，是可见的。如果行动是成功的，则要归功于或者部分地归功于两个成功的因素——孩子和教师——他们对学习的过程负责，尽管是在不同的程度上有责任。

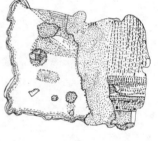

云

尝试和错误的过程并不降低教育的水平；而实际上，它提高了过程的水平（也就是就，过程和我们对它的认识），也提高了伦理道德的水平。

还有一个即兴因素，也就是"用直觉"，这就是积累在各种情境中的能力，知道什么时候继续，什么时候保持原样，这并无公式可言，也没有一般的处方，是不可替代的。

当然也有风险，事实上有很多风险：模糊和表面性可以导致一系列错误的印象，或者是写下的纪录并没有对观察的东西有清晰的认识，偏离了方向，而且没有意义。

现在该谈到的是教师的教育。教师的普通教育必须有广泛的基础，并且涉及多个知识领域，不只是心理学和教育学。一个有文化的教师不仅仅有多学科的教育背景，还应该对文化有研究，充满好奇心，能团体合作：基于方案教学的思考。最重要的是，我们需要的教师是他认为自己是真正属于并参与到这一过程的，他是个教师但更是个人。

马拉古奇将教学法和哲学思考渗透到瑞吉欧的经验中，他曾经说，我们需要这样的教师：有的时候是指导者，有的时候是设计者，有的时候是幕布和背景，有的时候是督促者。教师应该是既甜蜜又严格的，他是个电工，他分发颜料，他甚至是观众——有时观看，有时鼓掌，有的时候保持沉默，充满感情，有的时候提出质疑，有时热情鼓掌。

纪录和评估是怎样的关系？

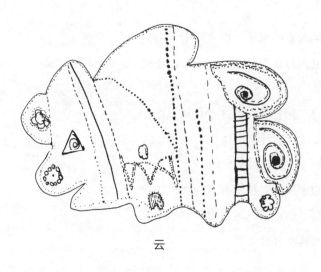

云

故事主角
凯瑟琳（Katherine），2岁8个月
玛里奥（Mario），2岁6个月
两到三岁的小朋友
婴幼中心
贝利利
教师
露西娅·科拉（Lucia Colla）
摄影
米雷拉·罗齐
玛丽娜·费拉里
文字
卡拉·里纳尔迪

戏剧风格

游戏能作为个人和小组学习的背景吗？当然可以。游戏能作为背景让十分年幼的儿童在背景中学习吗？模仿不仅仅是儿童玩的基础也是学习的基础吗？我们将根据下面的例子来说明这一点。

这些图片是托幼中心的老师进行的研究的一部分，他们对学习进行了广泛的研究，目标是试图验证一个假设，即年幼儿童能够产生和理解"戏剧的符号"，即戏剧中的典型习惯和手段。

主角是凯瑟琳、玛里奥和那些在托幼中心待了两年的小朋友。

凯瑟琳和玛里奥在手舞足蹈。他们身披宽大的、轻盈而透明的薄纱，随着他们身体的舞动呈现出不同的形状。事实上他们之间一直都能看见对方，于是他们之间的一场微妙的通过模仿彼此手势的对话就展开了，这种模仿看上去与其说是被动的重复，倒不如说是充满感情的表达。

他们相互之间的理解越来越清晰，甚至精确到了这样的程度……

在一个简单包裹他们的薄纱里，仅需一瞥就能行动一致，因此，创造了一系列的"彼此认同的活动"，那是他们所玩的游戏和相互理解的产物。

这个情形，或者更确切地说是这种愉快的情形，被那些在走廊上玩的小朋友们注意到了。他们被这个"表演"吸引了，对这个"壮观"的场景非常感兴趣，于是他们在空地上呈扇形排开，好像他们就是观众一样。

这两个孩子意识到有许多观众站成一排,于是他们转过身来。他们两个对观众的反应所具有的敏感性立即显露了出来。而观众们也越来越活跃地参与了进来,他们是如此投入,以至于……

这两个演员欢迎观众加入他们的游戏。于是一个小集体形成了,他们为游戏创造出了一种新的形式和一个新的方案。

尽管没说多少话,但他们之间的相互理解却是相当深刻的。由于加入了新的角色,这个游戏更加丰富和变化多样了。看上去所有的人好像都理解游戏的本质和规则:透明、看见和看不见、动作、伴随着动作的声音——或者更恰当地说,是他们的说话声。这很容易就创造了一种约定俗成。

过了几天以后，我们发现玛里奥和凯瑟琳（故事中的两个主角）隐藏在通往学校院子的一扇门的门帘后面。

这半透明的纺织品门帘深深地唤起了他们先前的经验：这两个孩子正重新创造一种他们先前游戏的场景。

这是一种模仿吗？这是一种再创造吗？这是在学习吗？也许是吧。至少对我们来说好像是的。事实上……

躲在门帘后面的凯瑟琳好像对这种可以重新开始她的游戏的情形非常高兴，尽管它的特征与以往有些不同。一切相关事物都在那儿：她的朋友，透明的织品，但……

有些却已经不在了，那就是观众，那些赋予她作为表演者、作为开创者的含义的观众。孩子致力于再创造一个与以往类似的场景，不仅表明了再创造一个成功的场景是令孩子喜悦的，也标志了表演者——观众这对概念以及构成剧院这个概念的基本要素在孩子头脑中已得到巩固。

在我们的研究中，有关学习过程的纪录关注点已经从儿童转向了教师。尽管这些过程也许很少能被看见，但它们就像孩子的那些过程一样精彩。

- 当教师纪录的时候他们的思想过程是什么？
- 对这些过程的局部了解对教师的专业成长是否有价值？

这些挑战性的问题引导我们把所研究的范围转向默会知识领域；我们承认这个研究也许会引起一些危险，对这个纪录也许会有的局限承担责任。

为什么我们要通过观察和增加对这些过程的了解来支持教师的纪录过程？我们的假设是当教师在思考和讨论他们的选择与他们的行为以及对这些目标的理解的时候，他们会把儿童放到一个非常重要的位置。通过这种方法来开展他们的工作，能使他们更有可能去倾听儿童，并更愿意改变他们的教学程序而使它更符合儿童的特点。结果是教师能发现并赏识在他们专业发展方面所担当的经验分享的角色。我们知道对现实解读的价值，也知道过多的个人主义的解释的危险。因此，我们建构每一个纪录的过程在某种程度上也鼓励交流。这个过程在主观性方面得到发展并在主体间试图建立一种正在进行的对话。我们的关注点集中在个人和小组的学习，它们是一种持续的条件，在这种条件下能养成一种详细阐述原始理论和说教方法的理念，而这种方法又能被不断更新和改变。

我们怎样才能把一种复杂的纪录过程传递给其他人？

我们尝试了几种不同的方法，但好像没有一种是十分清晰的。最终我们选择了一组儿童的讨论作为例子，这些儿童在一个他们正在进行的方案中持续了几个小时。我们认为这将使我们有机会通过比较教师文档纪录者的不同观点来注视和纪录生成的潜能。我们试图使纪录过程中更多被隐藏的东西能

纪录纪录者

劳拉·鲁比齐

方案提供者
维卡·维奇
劳拉·鲁比齐
伊莎贝拉·马力诺
学校
黛安娜
摄影
维卡·维奇
伊莎贝拉·马力诺

坐姿

看得见，即那些被从事纪录的教师所分享的意义建构的基本原理。

对纪录背景的介绍

许多年以前，我们开始要求每一个五岁儿童的班级都要创建一个集体的作品给学校，这样通过一定的时间就可以展示孩子们的思想和他们与环境相互作用的能力。今年他们工作的场所选在学校内部的一个院子里。他们立即被出现在那里的一段原木所吸引，他们的好奇心被刺激起来并提出了许多问题，然后他们的注意力被附近的一棵印象深刻的大树所吸引，尤其是大树是一个活的生物体的事实。看着这段原木，其中一个女孩子说道："可怜的家伙！我们可以造一座桥连到那棵活的树上。"老师立即赞同这个宏伟的方案，为了能够更进一步探索，老师建议孩子们设法用绘图的方式表达出他们的想法。

在随后的几天里，孩子们继续探究这个方案，根据计算机生成图画做出了三维模型。这些模型之间的不同点能使孩子们对桥有一个基本的概念，并更深入地研究他们的工程中所出现问题的本质，如桥的形状、重量、长度、宽度以及美学特征。这些不同的设计由孩子们来检查并由老师来解释：**作为活的树之间主要活力的联结的桥和原木扮演了这个方案的主要隐喻（metaphor）并将决定这个方案的持续时间。**

我们下面将列出不同人员的纪录和解读的比较，他们是：伊莎贝拉，于1999年9月在黛安娜学校开始工作的一个年青的艺术教师；维卡，已经在学校工作了30年的艺术教师，现在被伊莎贝拉代替了；劳拉，已经在黛安娜学校工作了26年的五岁孩子的教师之一。

在学习教学和纪录的重要方面的过程中，伊莎贝拉的出现为所有的参与者提供了增进他们专业发展的非常好的机会。她的问题、疑惑和不同的观点给她的同事们提供了更深入地反省他们自己工作的机会。了解每个人的不同点,并发展那些为建构可分享交流的信息而展开的不同讨论的意义,对促进对话和交流是必要的。经过许多年后,对维卡和劳拉来说这仍然是一个持续的挑战。

在和孩子接触之前,教师们对其他的一些事情先达成一致意见,伊莎贝拉制定活动方案,维卡用幻灯片纪录这个方案,劳拉作为局外人,将仅在她感觉到伊莎贝拉需要帮助以便提高与孩子们和孩子们之间的讨论质量的时候才进行干涉。录音机录音将作为小组交谈的"客观"记忆。

坐姿

当为伊莎贝拉、维卡、劳拉提供专业发展机会时,团体中成年人的数量与儿童的数量相比要相对多。为了给所有的教师提供被认为是必要的发展机会,我们通常在小组中选择这种类型的团体。

一个详细的、正在进行的"情节图"将有可能使我们看到生成的纪录、所使用的观察工具和由三位教师所作的解释。

主角简介

伊莎贝拉, 现任黛安娜学校的艺术教师,已经在学校工作8个月了;这是她在教育领域的第一次经历。她有一定的艺术修养,曾做过流行的美术设计工作,对新技术的运用有一定的经验。

维卡, 有艺术修养,对纪录本身的发展作出过重要的贡献,她在市立的育婴中心、瑞吉欧埃米莉亚的学前学校,尤其是在黛安娜学校对纪录有着连续30年的研究经验。

劳拉, 有一定的教育背景,对年幼儿童学习与知识建构过程有过专注和有效的调查。整个方案的情节是由她叙述的。

这三个十分不同的个体通过她们之间的联系合作可以提升她们的专业发展，促进彼此之间的连续对话，包含她们不同的策略和目标。

伊莎贝拉正在寻求她自己对艺术教师角色的解释，她被那些孩子和他们非凡的能力所吸引。在这里她遇到了两个经验丰富的教师并尊敬地接受她们，而且以一种直接的开放的方式与她们进行对话。

职业发展的一个挑战是如何为新手教师的专业发展谋一条出路，而不是想当然地接受和设想她们能找到自己更舒适的位置。专业发展不应仅是传递学校和有经验的教师提供的"堆积的知识"。事实上，接受新教师的不同观点，也许能使整个教师团体更具活力，并能创造出新的思考策略，有可能对一些似乎是十分明显的事情提出问题。

维卡、劳拉知道她们的能力和作为导师的角色，用她们平常研究的好奇心来处理她们的经验。在一起工作了许多年以后，她们已经使交流的编码变得更完美，并发展了普通的方案教学。同时，她们各自方法的不同点变得更加明显，这些不同点使每一个人和每一个变化更有趣。

和三个教师一起，在知识建构的过程中的直接主角还有四个孩子：

卡特琳娜（Caterina），6岁3个月，是由这个小组刻意选出和发展起来的主角，是小组坚定不移的支持者和细心的倾听者，她提出建议并总是能表达她自己的观点。

卢卡（Luca），6岁3个月，被这个方案的设计假设和研究问题解决的策略所迷住了。他一直倾向于明确地表述假定，找出最可行的和最有效的策略。他努力寻找平衡风险和目标的最理想的解决方法，也很容易被同伴的乐观主义精神所感染。

费鲁乔（Ferruccio），6岁1个月，是一个"可能主义者"，他喜欢说反话，逻辑清晰，还总是为叙述性的离题作准备。跟随着卡特琳娜，他是小组工程中情感和意义部分的管理员。

玛蒂娜（Martina），5岁11月，将小组工作作为个人的学习机会。她在小组讨论中很少说话。

我们在这里调查的讨论大约持续一个半小时并与一些必要的步骤有关，那就是孩子们必须把他们先前建立的大型的用原木连接的桥转换成一种三维模型。我们期望孩子们将设法去测量真实的桥。这将给他们提供学习另一种领域知识的机会，这是重要和困难的事情，需要靠孩子们实现他们方案的愿望来支持。

方案日志

劳拉向伊莎贝拉提出自己的想法，她觉得至少是部分地确认和理解那些将要让孩子们实施的提议的意义是非常重要的：

5月13日下午2:00

- 作为教师应怎样处理在孩子们正在进行的方案中的测量问题？
- 对这个年龄的儿童来说测量意味着什么？
- 在测量方面他们有些什么已有经验？
- 什么是孩子和老师们应该学习的？
- 学校有没有这方面主题的纪录可以用来参考？

正在进行的方案中策略获得的经验提高了教师预见孩子们也许会采用的方法和猜测他们观察的方法的能力。老师知道的所有这些在建构一种正确的预测模型方面是有益的，但他们还必须对孩子们实际工作中的许多变化持开放态度。

5月16日上午8:30　　伊莎贝拉和劳拉在庭院里准备以便能以一种更有意义的方式来欢迎孩子们：为最初的一组准备了有长椅子的舒适区域，就在孩子们将要建的他们开始叫作"拥抱桥"的地方。在一边是孩子们的方案设计图和桥的三维黏土模型（他们早些时候做好的），以便帮助他们记忆。另一边是各种智力材料，假如孩子们觉得对他们有帮助的话，可以刺激与测量有关的想法和行为（绳子、小砖块、带子、测量棒和录音带、棍、铁丝、木板等）。

上午9:30　　和一组孩子碰面：

伊莎贝拉介绍那天早上的内容："费鲁乔、卢卡、卡特琳娜、玛蒂娜，你们还记得到目前为止我们已经做的事情吗？"

在这篇文章的后面我们将详细描述这个讨论的第一部分，以便我们的读者能更好地理解我们是怎样使用纪录工具以及怎样分享我们的感想的。

上午11:00　　今天和孩子们的讨论结束了。劳拉和伊莎贝拉已经做了一些记录，维卡已经做了两卷幻灯片，孩子们对桥的"距离"和"高度"有许多解释，对他们的交流也做了录音记录，这些在以后将被转录，并且这些在随后的解释和文档纪录中是必要的元素。

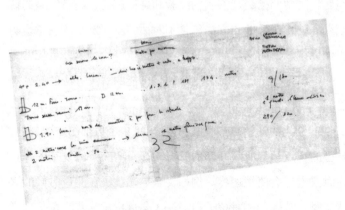

伊莎贝拉对孩子对话的记录

劳拉对孩子对话的记录

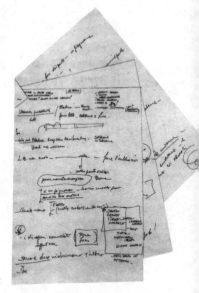

第一眼看到劳拉和伊莎贝拉的记录就可感觉到她们的观察点是不同的。劳拉的记录是草草记下的,她用一些图和线来突出表示其中重要的部分。她也记录了一些她认为是重要的孩子们的习语。她把她觉得这个讨论中最有意义的时刻概括出来以便她能够重新建构讨论本身。

伊莎贝拉着重记录的是小组讨论,主要是有关测量问题的,同时也包括她认为能使她担心和兴奋的方面。

孩子的记录

当伊莎贝拉、劳拉和维卡对中午 11:30—12:30 这段经历的印象还仍然鲜活地印在脑海中时,她们就一起聚到工作室了。这种立即分享解释对确保在情感方面的交流互动是至关重要的。它不仅能唤起先前的经验,而且会对随后的解释和对未来提议的确认增加许多观点(也就是说,提议是建立在这个时刻所作的解释)。

维卡和劳拉更进一步了解她们作为指导者的角色,为了

中午 11:30—12:30

伊莎贝拉的解释来到工作室。维卡首先开始会议,她提出了一些问题,对她们已经观察到的经验和她们叙述、纪录经验的任务创设一种背景。她的方法包含了对话和重新发动的主意,她对伊莎贝拉的说明作了简短的评论。劳拉评论了伊莎贝拉的考虑,并提出了她自己对有关这个项目可能的解决方法的解释和预测。

伊莎贝拉的评论是最长的,她提出了一个详细的重建计划,她自己的观点和她所观察到的状态,即一些交替的复杂图像在某些时候也许会使她迷惑。例如,当描述孩子在测量时候的兴奋状态时,她说,"对孩子们来说,测量桥意味着测量每一样东西,树、树干和周围的环境"。

她的评论和考虑是尖锐的。而当对劳拉在遇到孩子们时的评论进行描述时,伊莎贝拉用钦佩的口吻说:"当和孩子们一起工作时你总是必须遵循两条,你必须让自己融入孩子们的兴奋之中,而且你还必须作出解释。相反,我总是追随每一件事情……让所有的小灯都亮着……"

令伊莎贝拉非常惊奇的是,她们非常关注明显的、很细小的选择需求。根据自己的考虑,她说:"我总是在想,我必须问自己什么是重要的。我只能看到劳拉和维卡是如何考虑这些细小选择的——有些人甚至可能会觉得这是强迫症的表现。但恰相反,这样的选择建构起孩子们的整个图景……"

对整个方案的过程来说,这些意见和建议将有多大的分量?它们在多大程度上确定伊莎贝拉对这个方案将怎样继续预测?

伊莎贝拉的意见有很大的敏感性,并再度唤醒了劳拉和维卡的惊奇感和当持续仔细地、建构地听了以后要冒险用过多的时间带来的高峰时刻。

伊莎贝拉、维卡和劳拉同意继续比较她们的方法,根据她们遇到孩子们时用语言和图像观察而进行的第一次个人解释。这一系列的短纪录将强调这样一种思想，即视觉语言不仅是这个方案的最终纪录，而且有助于意义的生成和方案本身观察过程的交流。

三个教师同意把她们的解释再准备两天。她们每一个人都将用自己的标记，维卡所做的幻灯片和伊莎贝拉所做的小组成员之间的对话记录本。她们也同意标记一些关键点和自己将要运用的顺序，因为这些和她们个人所作的纪录将是比较和讨论的目标。

纪录最初通常关注的是孩子们的学习过程。在这个例子中，就像我们所说的，关注点转到了做纪录者的学习过程上，转到了在与其他人比较过程中所出现的主观性上。这种变化被看作是一种机会，能够使每个老师更好地了解她自己，欣赏她自己的积极特性，明确那些自身必须加强和提高的能力。

在工作室，伊莎贝拉转录了与孩子们活动的录音带。然后她将影印一份，并给维卡和劳拉复印一份。对三位教师来说，这些原稿为第二级水平的解释提供了最客观的参考（那就是，文字和图像表达的叙述），这些解释是由她们各自完成的，并且除了产生一些能被评论、讨论的目标外没有共享的参考计划。 下午3:00—5:00

假如我们需要的是对一组孩子的观察而不是一系列事件的记载，我们就必须在不同的水平上重建和解释那些观察。不需要忽略组成小组的个人（孩子和老师）的观点，小组自身，学习过程，自然的参与，或是产生的方法。

劳拉单独在她的教室中复习在孩子们活动期间记下的笔 下午5:00—5:30

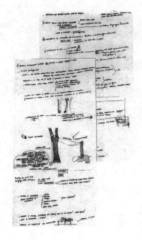

记。她更详细地重建自己所观察到的事件和似乎是孩子们用来处理问题的概念,并纪录这个方案的可能焦点。

她认为这个没有完成的方案伴随着一个非常多产的过程,提供一种书面的"短时记忆",当人们重读对话或参考那些可用的图片时它将被修改和加强。用这种方法,教师习惯于通过探求意义来继续,并且它可能产生最初的假设,即是什么将使孩子们重新继续下去。

劳拉第二套笔记
对本事件更为细致的重构

5月16、17、18日　　在她们自己的时间和地点,伊莎贝拉、维卡和劳拉每个人都对她们所观察的事件做了纪录。伊莎贝拉对录音带做的转录、维卡做的幻灯片、伊莎贝拉和劳拉在孩子们活动期间所做的笔记三个人都可以用。

5月18日下午4:00　　伊莎贝拉、劳拉和维卡交换了各自所做有关录音和幻灯片的拷贝,包括在她们的过程中所做记录。

三个老师按时间顺序来记录这些程序,这样就可以更充分地理解这些程序在收集观察到的事件的文件时所采用的标准和方式。

这是三个文档的设想,尽管所有的都来自一个共同的观察位置,所有的都使用一样的照相图片和儿童交流的录音,有一些相似的地方,但还是相当不同,因为教师的不同期望,他们扮演的不同的角色和他们不同的主观性。

我们再一次有证据表明这不是客观的事实,而是解释的成果。

伊莎贝拉的文档设想清楚地显示了一种想知道、发现、研究和不确定的意义。

劳拉揭示了她作为一个有经验的教师对小组中的每一个成员以及他们的学习和成长过程的足够重视。

维卡集中一个叙述，它是有意义的、有效的、综合的、能揭示多种观点的和丰富的解释与新的内容。

即使在初步阅读之后，这三个叙事假设也被证明是十分有趣的。伊莎贝拉、劳拉和维卡所使用的策略提供了一个决定性的解释的方法，为了达到她们最终的叙述，她们似乎都揭示了每个发展的过程和关系。

这三个设想好像有一个一般的事实，每个老师都对在与儿童见面期间记录的对话录音进行了评价；不同的是通过分析对话来筛选解释。

伊莎贝拉依靠一系列的阅读继续下去，她觉得最初引导自己特别关注的时刻是"情绪上的兴趣"。她的形象的叙述瞄准的是她称作"一个观念的纪录片"的东西。她的过程特点是专注于书面文本，以便解释和理解，并专注于视觉轮廓。就像她说的："试图和所写的文本匹配产生一个容易理解的、简单的和强壮的叙述。"目前，对她自己来说，这个叙述是一系列的纪录，她将在与儿童讨论期间进行的第一次解释交流中使用。

为了达到自己所设置的雄心勃勃的目标，伊莎贝拉随后将需要更多详尽的细节和观点的交换。交流是一个非常复杂的建构过程。

在小组讨论的录音中劳拉挑出关键的程序上的要素，根据儿童之间及儿童与教师之间学习和发展的关系。她的热情的解释过程把这些要素连接到在与儿童的实际遭遇期间她所做纪录中。因为逻辑,她直到以后才能明白这些幻灯片;随后,劳拉通过记忆工作并且根据假设的映象建构一个轮廓,以后她将证实。

当获得这些幻灯片时,劳拉部分地修正她的假设,因为照片使知觉的气氛、情感表现和小组成员之间的相互关系变得非常丰富并使之成为一个整体。

维卡试图把儿童交流的录音中的话语转换成形象的图像,建构她定义的"以后将达到的一个影片的脚本"。

然后她通过观察两个"脚本"之间的关系进行:一个是与录音带的脚本有关的,另一个是基于她已经做出的形象的报告(她的幻灯片)。她根据"这些要点出现的重要性"来选择图像和假设缺少的照片。最终形成一个文本和图像具有强烈的解释功能的叙述。她将叙述的进展给"首次遇到的这种情况的方案之外的观众"欣赏,作为与其他人一起分享她的想法,以此来修改叙述和项目执行时的解释。

我们能希望在这个分享中发现一个专业的、丰富的、交流的成分吗?这个时刻的价值不在于决定一个所有人都会尊重的纪录程序,但事实上,它见证了不同的心理过程,每个老师都试图通过这些心理过程产生一个纪录假设。其额外的价值在于接受她自己在比较和对话中是一个不同的个体,这样她就能摆正位置来辨别集中关注的学习和变化的那些方面。而且对我们怎样从其他人的观点获益并通过倾听其他人的观点获得进展有一个清晰和准确的理解。最后我们的交流引导我们检查纪录的更深刻的意义,从而更新纪录自身。

我们所给的一个教师工作例子的简短尝试到此结束,这是我们与读者交流的新内容，我们向读者呈现了一个简短的练习，希望能激发他或她的好奇并引出问题。

由于篇幅所限，这里我们仅列出伊莎贝拉在与儿童讨论期间所做纪录的第一页。这种观察的技术经常被黛安娜学校的教师使用，因为我们觉得它对随后的解释、交流和观点的分享是有用的。

每个儿童的名字和包含标题的教师的名字与这页中的栏目是分离的；在这个例子中，出现的艺术教师是伊莎贝拉。参与者的意见被登录到随后的空白处并标上数字。当表格完成后，每个儿童都各自被"阅读"，通过他或她的竖栏，有关小组的情况通过阅读水平栏目。在左边的第一列是用来显示时间的，包括停顿和沉默的时间，右边的最后一列是留给教师的个人解释或她的同事的解释。在这个表中，有三列是用来纪录劳拉、伊莎贝拉和维卡的意见的。由劳拉和维卡所作的关于伊莎贝拉的观察的纪录和解释显示在第 107 页，使用与伊莎贝拉纪录中同样的编码。

为方便阅读，事实上在两个不同场合所做的评论（个人的和集体的）被放到了一起。作为读者，你可以赞成也可以不赞成，并加上你自己的解释。伴随这个所发生的通常是讨论，并将产生最后的解释。

对伊莎贝拉的纪录的评论

把这些转录和传播的感想与解释集中到一起形成纪录，必须有一些能使之实现的仪器。在伊莎贝拉的纪录中，缺少一些重要的仪器。虽然照相机和摄像机并不经常使用，但它们对所说的东西和现场气氛的纪录是非常重要的；速写和绘制略图是十分有用的（例如，眼睛朝向一个儿童，微笑、打呵欠等）。

还缺少开始和停止的时间，也缺少有助于更好地理解所发生事件的间隔时间（例如，在讨论开始和第一次真实纪录的获得之间经过了多久，儿童沉默的时间持续多长等）。

草表

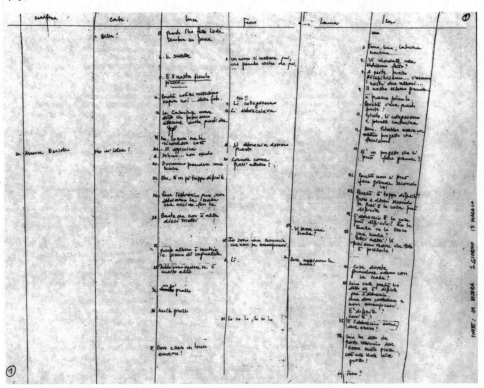

伊莎贝拉的笔记（转录并打在电脑中）

玛蒂娜	卡特琳娜	卢卡	费鲁乔	劳拉	伊莎贝拉	
	2. 很好！	1. 洛迪（Lodi）做的这个……看起来像一条鱼。				
					3. 费鲁乔、卢卡、卡特琳娜、玛蒂娜……	
		4.（自言自语）这是一张梯子……				
					5. 你记住我们做的了吗？	
			6. 我们放一个人在这里，坐在桥上，一条腿从这个洞里拿出来……			
					7. 除了那个，让我们来看看……有两棵树……一棵大的……	
		8. 这是小的……				
					9. ……和一棵小的。为什么有这座桥呢？	
		10. 因为像这样我们能把我们放在上面……一些图片。				

(续表)

玛蒂娜	卡特琳娜	卢卡	费鲁乔	劳拉	伊莎贝拉
			11. 不！我们打算把它们连起来！		
			12. 拥抱了一下。		12. 对，我们连接起它们。
		13. 卡特琳娜说我们能把两根树枝连接起来，那样它们就是朋友了。			
					14. 好。这将是我们要做的工程。
		15. 不。我不记得它像那样。			
			16. 是的，我们真的使它们拥抱。		
					17. 这个工程能在大树上完成吗？
		18. 嗯……我认为不能。			
	19. 我有一个主意。				
20. 戴维德（Davide）不在这里。		20. 我们必须要有梯子。	20. 和那棵树一样大！		
					21. 你们想一想，为什么在大树上不能完成？
		22. 好。这有点太难了。			
					23. 为什么太难？你们认为最难的事是什么？

107

（续表）

玛蒂娜	卡特琳娜	卢卡	费鲁乔	劳拉	伊莎贝拉	
		24.在这里拥抱。我们没有达到那样高度的梯子。				
					25.拥抱是最难的事吗？我可以为你们找到梯子。	
		26.只是它没有10米高!				
				27.你需要梯子吗？	27.一张梯子？10米! 我们将向你展示任何事都是有可能的!	
			28.我是一只不知道怎样爬树的猴子。			
		29.这棵树很老了，上面布满了蜘蛛网。				
				30.我们把梯子放哪里？		
			31.那里。		31.现在你用梯子能看到有什么？	
		32.我们必须看看它是否真的足够高。				
					33.卢卡正在爬树，因为他说这是很难拥抱的。他必须去检查而不仅是爬上去。这很难吗？	
		34.有几分大。				

（续表）

玛蒂娜	卡特琳娜	卢卡	费鲁乔	劳拉	伊莎贝拉	
					35. 这像一个拥抱吗？	
		36. 真的很大！	37. 我知道！我知道怎样做了！			桥：第一天的纪录（5月15日）
					38. 卢卡说这个拥抱肯定是很"大"的……这里的"大"的问题是什么？	
		39. 这肯定是一个巨大的突破！				

109

伊莎贝拉观察纪录的第一页（由劳拉和维卡所做的关键笔记和解释）。

最初的笔记
缺少前后联系：孩子们在哪里？
他们正在做什么？

1. 什么东西看起来像一条鱼？主语缺少。

3. 最好重复每一个小组成员的名字：这让他们感觉你喜欢小组中的每一个人。

8. 赏识那些回忆和交流这个工程的重要意义的干扰。

10. 尽可能让小组中的每一个人发表意见，并与这个工程的每个作者交流。桥和孩子连续是与这个工程联系在一起的。

11. 再一次强调卡特琳娜的最初的想法。孩子们坚持这个工程是有意义的。比喻已经被转变成具有结构的假设了吗？

17. 很好的问题。但引出一个有难度的问题太直接了。也许可以像这样来表达：我们怎样才能用一座桥使这两棵好朋友的树连在一起？这个问题引起了孩子们表达的概念，即使它还没有修正他们面对的难题。用更容易接受方法来设计问题。

18. 最初的怀疑是小组成员有关这种真实建构的可能性。

19. 什么是卡特琳娜的想法？是否有人听到更好的主意？

21. 伊莎贝拉的问题给了卢卡的合理疑问一个悲观的观点，使他确信要实现这个工程真的是太难了。

20. 在这段中孩子在小组中的角色开始出现了：费鲁乔，可能主义者。

22. 卢卡，怀疑论者。

23. 伊莎贝拉非常好的介入。

26. 卢卡的有关高度的出现(然后爬上梯子使它看得见)。

27. 劳拉变成了孩子的一个实际支持者。

30. 这样，脑中就不会有分散的想法。

32. 首先假定的测量是通过身体进行的。

34. 关于拥抱的最初假设（当桥被

36. 搭到大树上的时候）。

40. 为什么两个女孩子没有包含进来？对教师来说应该自问一下是很有必要的，并找出合适的方法鼓励她们参与进来，而不应该让她们长时间保持沉默。

直观的纪录

当图片和幻灯片都可用的时候我们怎样建构最终的叙述也许是非常有趣的。

让我们来看看为了与其他人分享,已经被翻译的观察图表是怎样转换成一个叙述的。这个叙述将由孩子们、家庭成员、我们的同事进行评论,并将引起更进一步的反映和解释。这个生动的叙述不是通过一系列详细说明的事件进行的,而是通过一个意义的综合体进行的。

尽管在这篇文章中桥的问题的引入出现得更早,我们觉得对读者来说知道这个主题是怎样作为一个整体被引入更有意义。

这样这个文档仍然是一个工作的工具,它需要一些在讨论期间没有被拍的照片;这些在后面将会给出。与其他同事和老师进行广泛的意见交换也是必需的。

拥抱

高度和距离

* 星号表示幻灯片出现

经过几年时间，我们已经形成了一种意识和习惯，在学校的环境中做一些积累的工作。随着时间的推移，这项工作变成了建构儿童与环境相互作用的想法和能力的一种永久展示。今年儿童确定学校里面两个院子中的一个作为活动的空间。

* 里面的院子看起来比外面的要小，里面的院子更好地显示了与学校的关系

立即进入这个小的空间

孩子们的注意集中在……

出现在那里的一段原木。

可怜的家伙……（其他意见没有听到导致）：让我们做一座桥来连结这两棵树！（并进一步讨论）

*原木的幻灯片

教师要求这个孩子设法想象基本的、有趣的活动方案。

*一些初步图画及简要解释的幻灯片

费鲁乔的画

卡特琳娜的画

桥作为在树和原木之间的重要活力的连结表征了方案所隐喻的原则。有必要记住它并将其作为整个活动方案执行的方针。

卢卡的画

刚才这里所纪录的反映了一个持续大约一个半小时的讨论（这里仅展示了15分钟），主要是解决怎样通过先前的图示和塑料模型造出与原物大小一样的桥。

我们参与到这个过程中，几乎不可避免地要引导儿童处理测量的问题。我们非常高兴这个方案包含了许多不同知识领域的不同问题，并且通过儿童一些合理的建议被解决了。

这些儿童遇到以前从来没有碰到过的问题，虽然在教室中有许多测量的仪器可以使用，但除了间接地使用以外，他们从来都没有使用过测量棒或尺。

玛蒂娜的画

这个院子似乎在等着发生一些什么事情。

卢卡已经准备好了用来测量的材料并把它们放在一边。材料多种多样,仔细地设计考虑到各种不同的设想和实验。

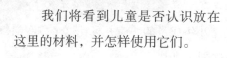

我们将看到儿童是否认识放在这里的材料,并怎样使用它们。

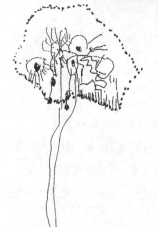

苹果树

115

他们一进入这个院子，卢卡和费鲁乔就拿出用电脑制作的桥的模型。四个孩子将依次拿出他们先前做好的桥的模型（图画、粘成的模型、电脑制作的模型）。这有利于儿童更好地利用它们并理解他们设法建构的在模型和实际的桥之间的概念关系。

劳拉和伊莎贝拉来到现场，孩子们被邀请坐下。

伊莎贝拉："费鲁乔、卢卡、卡特琳娜、玛蒂娜，你们还记得我们以前谈论的内容吗？为了继续我们的工作和造桥，我们必须要做什么呢？"

通过叫出每个孩子的名字，伊莎贝拉再次确认小组中每个成员的身份，并转向正在进行的孩子，向他们提问。她和孩子们一起开始讲述他们经历的事情。

伊莎贝拉："我们这里有两棵树，一棵大的……"

卢卡："……和一棵小的……让我们把图片放在它们上面。"

这个主意得到了小组成员的响应并且让这个方案的每个参与者进行了交流。桥和儿童都被连结到这个活动中了。

费鲁乔："我们把它们连起来了，它们正在拥抱。"费鲁乔强调了卡特琳娜最初的主意。通过这完整的启发，儿童对他们的方案活动有了一个清晰的感觉。这种比喻能使它变成一个建筑假设吗？

*伊莎贝拉的特写

伊莎贝拉问道:"我们能造一座与实物大小一样的桥吗?"

虽然这个问题是正确的,但引入这么难的问题太直接了。也许它应该可以这样来表述:我们怎样才能用一座桥把两棵好朋友的树连在一起呢?这样这个问题使用了儿童表达过的概念,并在与儿童融洽交流的过程中被引入,而且也不会改变他们必须解决的问题。这有利于从比喻到建筑假设的过渡。

拥抱的主意是特别重要的,因为它引发了儿童的活动。这个主意是由他们对原木的一致的敏感自发产生的。**这种重要性与一个人对他所从事的活动的意义的理解是紧密联系在一起的。在这种拥抱的感觉中儿童与成人的活动被建构。**

在方案活动进行过程中儿童有一些直觉的知识,这些在他们的工作正在进行期间为我们所忽略。当我们阅读和解释所发生的事情时再来看这些直觉知识。在某种程度上我们会不可避免地要求自己不去倾听儿童的主意,这也许会导致使儿童偏离这个问题,有时甚至使他们无所适从。

然而迅速的倾听绝不是一件简单的事情。我们要仔细地倾听以便预先捕获一些主要的概念,在这个例子中,正是从一开始我们捕获了儿童有关桥的丰富意义的话语,即原木与树之间拥抱的连结。

卢卡:"我们应该要一张梯子……我们要看看是否真的够高。"然后立即说:"这有点太难了。"

孩子们最初用来测量的方法是物理的,他们根据彼此之间的关系来考虑高度和困难。

这里伊莎贝拉用一个恰当的问题进行了干预:"你能试着告诉我困难是什么吗?"

她帮助卢卡和其他孩子明晰他们将完成的复杂操作。目前的困难是需要一张梯子并且要有一定的高度。至于其他的,我们将看到接下来发生的。

卢卡:"这张梯子可能没有10米高!"

卢卡那天早上扮演的角色——怀疑论者——开始出现了。

相反地,费鲁乔是一个"可能主义者",卡特琳娜保持沉默,因为她真诚地支持建构一座桥的想法。玛蒂娜是小组中最难以捉摸的,她非常安静,几乎被人遗忘。她的兴趣仅在操作和发现测量棒期间才会激发出来。她在家里进一步发展这种兴趣并且向她的父亲提问,因为她的父亲在此之前从来没有告诉过她有关测量棒或教她怎样使用测量棒。

在一个方案的实施过程中,孩子们在小组中的角色一般是固定的还是会变化的?他们还会呈现其他的什么角色?他们角色的变化是基于即将到来的主题吗?

我们随时反思这些问题,并不仅仅是在这个特别的例子中。虽然我们对这些事情也许会有自己的看法和印象,但在其他的情形和背景中继续证实它们是非常重要的。

卢卡和费鲁乔虽然方法不同,但一直扮演着主角的角色。卡特琳娜有时是专心的,玛蒂娜经常被人遗忘。在这些例子中,老师必须找出原因并设法让那些看起来冷漠的人变得更加热心。这并不容易。儿童有他们自己的个性和活动方法，经常用像卢卡的方法去抑制他们是不公平的。更进一步地，随着他的智力的发展，他经常把握工作的方向并努力推进工作。伊莎贝拉也倾向于被卢卡牵着走，并害怕偏离他将做的方案的方向。她说了太多的可能，也许太多了，自我控制并不总是很容易的。即使有许多年的经验，我们仍然觉得很难。

伊莎贝拉应该更多地知道女孩子的沉默和她们的表情。有时我们知道这些事情，但很难找到一种平衡来支持整个小组的活力和创造力。我们必须接受将有变化的事实。如果这个困难持续一段时间，就像在这个例子中的一样，必须尝试每个人的不同方法。当然这不容易做。

谈到拥抱的大小（桥环绕树干的地方），卢卡把它定义为"非常大，一个巨大的洞"，并且确认环绕发生的地方……

（下面的简短叙述来自伊莎贝拉纪录的另一页；为了完成我们对卢卡的想法的解释我们把它放在这里。）

……他转向黏土模型：那就是黏土模型。

孩子们好像知道模型包含的信息并回忆起有关怎样建构这座桥的内容。我们说"好像"是因为在另外的场合我们将会看到儿童显示出完全忽略模型

119

所给出的提示或不再认为它们是重要的。

儿童继续谈论这个"拥抱":卡特琳娜定义它是"巨大的",最后说的玛蒂娜用一个比喻来描述它——她称它是"一条带子"。

尽管孩子们的谈论持续了一个半小时,我们的解释仅解决了开始的问题,另一个讨论对解决测量的问题是必须的。

经过热烈的讨论和设计变更,现在可以造桥了。

这个讨论发生在维莱塔学校，在有许多老师参加的专业发展会议期间，有些老师有许多年的学校工作经验，有些老师是最近才刚加入的。像其他交流一样，这是专业成长的一部分，它的主题是分析这些新教师的日常教学中出现的一些问题。例如理论、实践、专业发展、观察、纪录、策略、方案、收集以及许多其他的术语在交流期间被重复提到，并变成一种新的概念，在其中一种新的内容开始发展起来。

参与者的声音此起彼伏，各不相同，有时互相交叠在一起，好像需要更多的倾听空间。有时老师提出的想法能得到回应，似乎用不同的方法得到确认或是加强已经被其他人强化的反映。

这些交替的对话和不同的观点是长期的知识建构过程的一部分，这个过程在一种持续变化的情形下，在一种寻找新特性的情形下，为修正个人的思维留下了可能性。

在这个交流中第一个问题来自在更早的会议期间所进行的讨论，在老师复杂工作的仔细分析的基础上引导他们寻找教师角色更恰当的定义。

教师的集体交流

阿米利亚·甘贝蒂

讨论组

阿米利亚·甘贝蒂，50岁。自1996年以来就是瑞吉欧儿童中心的合作者，在世界各国的学校中担任联络顾问。她在维莱塔学校担任教师已经25年了。自从1992年开始，她与美国的大学和学校合作进行瑞吉欧·埃米利亚市立托幼中心和学前学校经验的研究。

迪莱塔·蒂雷利（Diletta Tirelli），30岁，从1993年开始在维莱塔学校工作，目前教5岁孩子的班级。*在获得第二教育文凭(secondary school diploma in education)之后，在继续从事学前教育工作之前她在一个市立托幼中心工作了大约2年。

---

* 班级教学安排指1999—2000学年，更多有关学校与教职工安排的信息，请见附录D。

西蒙娜·莱亚科纳(Simona Laiacona)，22岁，是维莱塔学校的代课教师，现在教5岁孩子的班级。在获得第二理科教育文凭(secondary school diploma in science and education)之后，她成为瑞吉欧·埃米利亚市立学前学校的每年要签合同的代课教师，她在那里已经工作了3年。

特雷莎·布奇（Teresa Bucci），31岁。目前是维莱塔学校4岁孩子班级的配班老师。像西蒙娜一样，她也是每年要签合同的代课教师。

芭芭拉·马泰利（Barbara Martelli），26岁，有教育学学位，是维莱塔学校每年要签合同的代课教师，目前教3岁孩子的班级。她在埃米利亚罗摩格娜地区的其他学校做了许多年的代课教师。

奥里埃塔·蒙泰皮特拉（Orietta Montepietra），27岁，自1994年以来在维莱塔学校工作，目前教3岁孩子的班级。在获得中等教育文凭之后，她成为瑞吉欧·埃米利亚市立学前学校的每年要签合同的代课教师，已经有4年了。

乔瓦尼·皮亚扎（Giovanni Piazza），47岁，从1973年开始他就是维莱塔学校的艺术教师。在获得了视觉艺术的第二文凭之后，他就在这里开始自己的教育经历。

宝拉·巴奇，40岁，从1987年开始在维莱塔学校工作；她目前教5岁孩子的班级。在获得了中等教育文凭之后，她在瑞吉欧·埃米利亚市立托幼中心和学前学校做了7年的代课教师，随后被雇为永久的代课教师。

阿米利亚：在瑞吉欧市立托幼中心和学前学校，"形成永久研究的状态"的概念正日益发展。我们喜欢解释自己工作的意义，作为教师沉浸在工作中的方式，作为长期"研究"的一种方式；我认为我们在各种经验中的发展道路也是长期存在的建构自己身份过程的一部分。根据这个观点，你开始怎样理解教师被认为是"教育的研究者"的意义？在这个过程中，你有了什么发现？你会遇到什么困难？

西蒙娜：我不知道我能掌握"教育的研究者"这个术语的深刻内涵的程度。考虑到我自己以及在这里的最初经验，我认为在开始的几天里我是一个研究者，但更多的感觉是，我是一个正在寻找直接的解决方法的人。我正在寻找一些东西，特别是那些对我来说非常急的，"做这做那"或"看，这就是我们做的事情"。我能明白教育者在学校的日常生活中所做的许多工作，因此，我过去常常问自己怎样才能使这么多的活动与需要观察和反映的时间协调起来。我意识到，这也许是错误的，我需要一些立即能用的东西。在学校的学习过程中，我已经理解了应该怎样工作。

阿米利亚：所有这些对你意味着什么？你能给出一些例子来更详细地告诉我们"立即能用的东西"意味着什么吗？

西蒙娜：我希望被告知做什么以及为什么这么做，我指望一些指导方针能给我具体的指导。

奥里埃塔：你也希望有人教你必须做什么吗？

西蒙娜：在某些方面是这样的。例如，在开始的几次我参加的早上集体集合中，所有的

维莱塔学校

孩子都聚在一起(在其他学校我已经看到过),我不知道从哪里开始或怎样与一大群孩子进行互动。因此,我希望迪莱塔,班级中的另一个老师,对我说,"看,你应该这样做"。由于我对这种情形是非常陌生的,我希望有人立即告诉我做什么。

阿米利亚: 你在开始教学之前与迪莱塔是什么关系?

西蒙娜: 我9月1日到维莱塔学校,孩子们已经在那里了,因此,我们之间确实没有时间做更多的交流。孩子们来之前的一天我来到学校,但班级已经被安排好,我要忙一些事情,坦白地说,以至于没有时间停下来解释。而且我同时必须根据当前的环境来理解并采取行动。

阿米利亚: 然而,在那之后,人们有没有和你讨论并分享学校的一天是怎样的?

西蒙娜: 有的,但这并不够,因为仍然有许多情形需要照顾。这不仅是找出谁在学校,谁在家里,或午餐时间,或者打扫教室的游戏,这是我面前经历的全部复杂性。正好给你一个例子,在早上,当孩子被分成人数相等的小组时,我不知道要做什么。我不确定是要必须跟随单独的一个组还是在各个组之间来回走动。我觉得我不知道该怎样来安排自己或怎样安排我的想法和行动。

阿米利亚: 因此,你想有个人来告诉你必须做什么,是吗?

西蒙娜: 是的,我觉得我希望而且也需要有人告诉我。因为我不想被看作是无能力者——我的无能是因为我不知道必须做什么,而不是我不愿做什么。在任何情形下,我总是有一点担心,这是我的个性。我不想让人认为我不能做这些事是因为我不想去做它们。

阿米利亚: 在我看来你似乎担心别人怎样评价你,是不是?

西蒙娜：是的，一直是这样。我希望其他人看到我能做这些事。但我认为这可以属于任何人。我担心其他人也许不理解你需要时间，甚至是很长的一段时间，但通常，因为工作是一直继续的，我们不可能给这个时间。

阿米利亚：在新的环境中回顾一下你的经历，时间是起决定性影响的吗？

西蒙娜：是的，我认识到——这是我自己的评价——在稍后的学校日常生活中，当我们处在其他情形中时，无论何时我都要求自己做好纪录并与孩子做一些小研究，我觉得更自信了。

也许经过自己做一些事，我不再需要别人对我说，"看，你必须从这开始做"或"做这做那"。也许我需要的所有的都被输入，然后我将以自己的方式面对这些情形，当我看到它被完成时，我觉得我喜欢做了。我心里已不怀疑做这些事和在这个领域中的工作对我是重要的。

阿米利亚：我想回到最初的问题：你找到什么有效的方法来改变你对自己是一个"长期研究"者的态度吗？

西蒙娜：就像刚才我们所说的，我正在考虑我必须评价自己的程度，结果使我必须变得更明白正在发生的事情。我认为知道这些事情能帮助你聚集在这个问题上，因为它明显地给你某种观点：你是知道的，结果是我必须做出选择，因此，你必须学会做决定。因此，你继续前进，开始形成经验。我认为这些反思是自我评价的重要方面，也是以元认知的方式和回顾你做了什么以及为什么这么做的能力的重要方面。如果我在教室中的最初的这段时间像一个"飘动的幽灵"，一些天之后，我变得更加知道正在发生的事情。也许这种"飘动"的感觉也是形成研究条件的一部分。也许那就是当你正在研究的时候，你该怎样。你用不同的了解水平接近每件事，然后你回到实践的反映中。根据我的观点，日常的练习和反映是明确必要的：它们允许我内化我做的事情。

阿米利亚： 你所拥有的瑞吉欧思想和知识能以任何方式帮助你吗？

西蒙娜： 我觉得我的知识是肤浅的，当我认识到瑞吉欧学校的理念是不断阐述的内容的日常实践的一部分，在我已经知道的和我在学校中正在做的事之间做联系是不容易的。

阿米利亚： 困难是什么呢？你能谈谈你在这个过程中首先遇到的困难吗？

西蒙娜： 就像我之前所说的，没有立即找到每件事的答案的困难是一个严重的问题。也许这部分地在于我自己的期望，但这也是一个困难，因为我没能立刻找到每件事，也许我没有足够的时间和迪莱塔交换想法。我坐在桌子前面一直在思考，在我写的时候和她进行交流，她会给我一些可操作的指导。另一个困难是鼓起勇气去要求学校中的其他人而不是教室中的同事迪莱塔做出解释。

阿米利亚： 鼓起勇气去要求学校中的其他人做出解释的困难，你的意思是什么？你能解释得更清楚吗？

西蒙娜： 我没有感到胜任，并且不能解释我的不安。我没有感到小组成员的团结。我认为这是因为我担心他们的评价，也许我觉得自己会使他人厌烦。我最大的困难之一是我害怕遇到任何可能的误解。我能要求什么呢？我觉得我不知道从哪里开始，我有一长串的问题，我想知道这个、那个甚至更多；我想知道每一件事。

宝拉： 过程怎样？更特别地，你担心的是哪些事情？有多少？

西蒙娜： 我记得当我到达维莱塔学校的第一天迪莱塔告诉

楼梯

我的事。她说："近距离地观察宝拉，因为她是一个非常好的老师；我从她那里学到了很多。"因此，我认为观察经验丰富的同事，从事他们的工作能给我很大的帮助，因为我认识到没有单独的理论能向我说明在实践中该怎么做。因此，我仔细观察，试着去理解，并开始建构这种关系。

阿米利亚：这对我来说似乎是极好的策略。我也在其他场合应用它并继续把它应用于我的工作：我大量地观察其他人，因为我认为我能从自己所看到的事情中学到非常多。在某种意义上来说，这也是正确的，即在观察中有些是互惠的。我发现正在被观察的感觉是有帮助的；它使我觉得有价值，或更确切地说它使我更容易捕获我行动的有价值的方面。

奥里埃塔：我经历的观察行为的方法是作为一种更直接的学习方法和反馈的方法。你看到其他人是怎样做的，你可以使它内化变成你自己的东西，并运用到实践中去，不仅按照一般程序上的看法，而且还可按照你自己的解释。

阿米利亚：难道你不认为我们称之为特殊场合下的观察和纪录的这些过程是已经在你心中进行的吗？

西蒙娜：在我的例子中也许是的。我正在看每一件事，从墙上的面板到我的同事，到孩子，到实际的空间。也许我总是不知道怎么做，因为事实上在开始的时候我常常问自己："为什么要这样做？"或"为什么这些家具要这样布置？"我的好奇心逐渐增强。

阿米利亚：我认为你说的真的很重要，因为它表明了并不是你正好有一个摄像机、一个录音机或其他的工具在手上，才能观察。这好像是有另外的一种纪录工具，由我们体验自己行为的方法和学会向自己提问的方法组成——它自身已经成为概念学习的一部分。我认为当我们知道自己正在经历的情形、正在选择我们观察到的事情的时候，我们已经在纪录了。在你生命中的一个新的阶段你正在观察你自己，因此你将解释，给出答案，并设法找出你能分析的情形。这样你就得到了反省，并且我确信你将有许多可写的。

西蒙娜：是的。我写了许多并觉得必须写下来，通过纪录正在发生的和我看到的。我记得我有自己的日记，在那里我记下了一些句子、想法、评论，以及由我提出并和同事进行分享的想法。

宝拉：如果回到我最初的经验，我认为对我来说非常重要的一件事是提出问题。我在过去常常发现提问和找出问题是困难的。随着时间的推移，对我来说考虑问题变得更容易了。因此，即使问自己问题，发现那些似乎对我来说是正确的或能帮助我找到一种策略来识别部分答案的问题，也不是那么简单的。

阿米利亚：假如你将与你的美国同事分享的那些对他们也许是有帮助的事情，你认为观察角色的重要性是什么？

西蒙娜：我认为这是非常重要的。我将在观察思考的同时也观察另一个老师。有许多其他的事情对我是有帮助的，也许对其他人也是有帮助的，像参加专业发展会议或如录像的放映这样具体的专业发展活动，尽管我没有发现这些特别有帮助。我回忆自己参加过的会议，在会上我们观看有老师解释的录像或幻灯片纪录。这对我来说是十分平常的，我并没有觉得特别会陷入其中，感觉更像是一个观众。

阿米利亚：根据你的观点是否用不同的方法来完成会对你更有帮助？你说你们观看了幻灯片纪录或录像，并有老师对它们作出解释说明。你是否认为也许有一种不同的展示纪录的方法会对你更有帮助呢？

西蒙娜：就在昨天我浏览了在观看纪录期间所做的纪录。

新教师组织的一个会议，使他们能反思和交流他们在学校中与孩子在一起的最初几天的想法。

几天后，教师们聚在一起检查他们"迁入"时期学校存档的纪录材料。具有直接经验的教师们在评论这些材料。

我们讨论了许多复杂的概念如生成的问题,例如方案的假设、纪录、分享。也许对我来说重要的事情是有提许多问题的机会,当纪录在展示的时候,可以有一些即时的澄清。

阿米利亚: 我同意你的观点。根据我自己在瑞吉欧和美国的经验,我提的问题以及其他人问我的问题总是对我有很多的帮助。根据我最近在美国的经验,老师提的问题能使我理解他们正在解释和理解的方法,他们的想法和理解历久犹存。我认为其他人问你的问题,能提高你对自己是谁、你在做什么和为什么这样做的理解。因此,它真的会变成一种互惠交换的机会。在这一点上,我想强调的是,新教师提出的问题和他们的评论的重要性在于:他们的观点还没有加入他们的理解,但它能产生一种特别的理解。

在我们的经历中,我认为对我们的专业发展有重要作用的是我们组织一个视觉文档,如幻灯片和视频。真的,我认为做一个幻灯片放映、录像或是一个出版物意味着有机会去建构一种位于我们自己和我们的行为之间的"思考的空间"。某种程度上在这个空间中我们能"引起"其他人的想法和意见。这是一个纪录或出版物也还是一种未完成的经验的原因。

特雷莎: 你真的发现纪录的制作对你自己是一个里程碑吗?在瑞吉欧你是什么时候开始做纪录的?

阿米利亚: 没有任何支持性的纪录却要回忆很久之前的经验并不那么容易,但我记得似乎从一开始我们就开始做了,正是因为我没有一个明确开始的、清晰的想法。我有许多和马古奇及我的同事的最初经历的珍贵记忆。我们花整个下午的时间来详细检查儿童的画、照片和对话。我回忆起我们一起做的重大努力是从不想当然地来试图解释不同的情形。

我记得马拉古奇要求非常苛求,他对教师的观念也显示出了深刻的思考。他总是要求我们尽最大的努力，我们完成的令人满意的事让我们对所从事的工作有了一个新的认识，包括成功、玩笑、做事的快乐、学习和发现新事物的喜悦。

芭芭拉：制作放映幻灯片、录像或出版物的策略作为一种专业发展的工具，是否也被那些从瑞吉欧方法中获得灵感的外国的经验者所使用，比如说：在北欧、瑞典、美国和阿尔巴尼亚等国家？

阿米利亚：我认为这是一种被广泛使用的策略。例如，当我在国外学校工作的一段时间，我已经和这些老师建立了良好的关系，我经常要求他们把纪录放到一起来研究方案，而非仅用口头语言来谈论他们在学校所做的事情。我要求他们依靠一个短片或放映幻灯片来谈论，以便能使用不同的语言叙述他们的经验。而且我还要求他们带我去参观他们学校的环境，向我展示他们完成的那些在各种类型的纪录空间中能被看见的事情。我已经注意到这样的工作给了老师更多的机会让他们形成新身份。对我来说，似乎我对他们的经验的贡献变得更加清晰，让问题更有力地出现。我知道我的其他同事也在他们的工作中使用这些策略。

芭芭拉：我发现你正在说的事情和你描述的过程都非常有趣。回到制作录像的方面，不仅仅是建构的过程而且是最终的产品。我记得过去第一次看它们的时候是有点消极的，因为我不知道观察什么。看是一回事，而观察、捕获一些具体的事件而不是整个事件，这是十分不同的。我不知道自己是否清楚，但我想指出在那些经历期间，我对这些事情的思考提出了更多的问题。例如，通过观看在学校中一天的纪录，我在一定程度上认识到我是想当然地认为孩子到达学校的时间、过渡的时间、早上集体集合的时间、午餐时间等，我当时没有任何问题。但

几年前学校制作的新配班教师(coteacher)的观点和讨论的纪录。

后来观察了一段时间以后，我更深入地思考，如关于教师也许会有的角色。我思考这些然后问自己：在一些场合中或在确定的具体的场合中，我能做些什么？我非常赞赏老师的能力，我钦佩孩子的潜力并被他们逗乐，但直到自己尝试之后，我才理解我应该怎样进行。

阿米利亚：你认为有时间一遍又一遍地观看各种纪录是重要的吗？

芭芭拉：是的。这将帮助我更深入地思考这些经历。我认为有时间思考对我来说是非常重要的。刚刚我谈到录像纪录，我个人认为这对反思是极其重要的，因此，以后有时间来反思也是非常重要的。需要时间来反思、阐明问题，理解和发展概念，巩固，所有这些使我觉得在学习过程中时间因素确实是非常重要的，我在每个点上平均分配时间，如交流沟通的时间。

特雷莎：回顾我自己的经历，我记得从一开始我就陷入每一件事中。真的，我是说从最初的那些日子开始我就被淹没了。

阿米利亚：为什么你说被淹没了？

特雷莎：被淹没……也许因为我到这里时学校已经开学了。那是10月12日，因此，每一件事都已经在运转，大部分的工作在进行中……我到了以后，我记得我的同事向我做了解释，但那对我是远远不够的。许多事好像被认为是想当然的，好像假设我已经知道它们了。但即使我真的知道它们，我也不知道怎样去体验。在学校中使它们成为我生活的一部分；我必须每天学习它们，不用提我第一次遇到所有的孩子！我被他们吸引了，他们很兴奋，但我也被他们吓到了。在某种程度上，我是有点害怕……我和每一个孩子各自的关系更多的是令人愉快的，但一起应对他们所有的人……现在思考那些对我的启示是：你必须做的主要事情是寻找你必须学习的事情、你必须知道的事情、你必须会做的事情、你的方法将是什么。

阿米利亚： 除此之外，知道这些不是你所知的事情也是重要的，重要的事在每一特殊场合都被重新定义。我再一次强调这个是因为一个年轻教师的视角对我们是有帮助的：有机会来重新定义什么才是真正重要的。例如，什么事才是你应该努力做的？

特雷莎： 我倾向于观察每一件事。这是很难选择的，因此，我越来越觉得需要与其他人交流。我认为只有与其他人交流对你应该观察的事情才能获得更好的理解。

阿米利亚： 因此，你觉得你缺乏的正是交流的时间。就像你以前所说的，这种想当然的态度才导致你的困难。

坦白地说，我也认识到我犯了许多错误，当我与其他人叙述时，没有对这个想当然的问题给予足够的重视。我们在瑞吉欧工作，特别是当我们有了许多经验以后，真的就冒险想当然地谈论许多事。有时甚至我用来表达我们想法的语言都充满了内在的复杂性并且是极其精细的。当我在瑞吉欧维莱塔学校工作时，我也常常这么做。但当我去美国的时候，我对这些方面进行了反思并变得更加严格律己了。我比以前更频繁地问自己为什么我要说这些事，它们来自哪里，它们出现的背景是什么。"认为这事是当然的"，即使大家都同意其有积极的价值，有时也会成为交流的一种障碍。当你与其他人谈论时，如果主要目的之一是与他们联系，那么你必须找出各种策略去做。如果你认为这事是想当然的并且其他人只是简单地保持沉默，因为他或她不理解你的意思是什么，没有勇气说出，那么人们并不认为你比他或她更聪明、知识更渊博等。我不认为继续这种方法你会获得成就。

特雷莎： 我同意你说的。但这也是我个性的问题。我真的害怕问出一些特别简单的问题。但如果我现在能回去的话，我不会做那些我做过的事。我将会问更多的问题，因为最终我认识到没有他们我会失败的。现在我明白你问的问题越少，反馈给你的答案也越少，然后你的问题一直保留并变得更大。你也会留下许多疑问，也许这也是一件好事。

阿米利亚：你是否认为如果在你的学习过程期间有其他人看着会对你有帮助？如有人会对你做的事给你即时的反馈，要求你给出做这件事的原因。

西蒙娜：我确信这是有帮助的。也许被观察的事实在某种程度上是"纪录"，会使我觉得尴尬，它也有可能会有点抑制我。但这也将使我反思我正在做的事或我们正在做的事。我们观察孩子是对的，这就像他们观察我们是对的一样。但糟糕的是，与被孩子观察相比我更害怕被成人观察。但随着时间的推移，我学会要求孩子观察我，有时与同事谈论是不够的，然后你发现也许驻校的艺术老师或是另一个经验更丰富的同事能帮助你，特别是那些有机会思考你已经做的事情的同事。我多次反复告诉我自己，我是无知的。

阿米利亚：你的意思是你感觉你不知道这些事情，对它们是无知的。

西蒙娜：我感觉我也不知道其他人的想法。也许我不理解它们。但我想说的更多的是有关观察和感觉被观察的事。如果我回想已经发生的事情，在一定程度上认识到我是知道被观察的事实的。有人是否有意地一直观察我？首先是孩子在观察我，这对我是有帮助的。在我边上观察我的人能插入像这样的话，"你知道，你做的是错的"或是"在这种情况下你不应该这么做"。

乔瓦尼：你是怎样接受观察你的人的？他或她真的会说你是否做错了吗？

西蒙娜：是的，那可能是当时我所希望的和可能我感觉到就是我需要的。

乔瓦尼：对我，观察的这种背景隐含其他人观察你不是为了评价你而是帮助你辨别和检查那些特殊场合出现的问题的原因和结果。

奥里埃塔：考虑到在一个特殊场合检查问题，在这儿我加入自己的反思：被观察给了我许多帮助。也许在我的教室中那些比我晚来的人会给我帮助，我是"参照点"。我记得去年与芭芭拉和今年与拉蒙纳（Ramona）说的第一件事是，"你应该经常问我一些事情，因为我也许认为它们是当然的"。因此，事实上他们应该问我："为什么我们做这个？"给我回想的机会并同他们一起重建已有进展的事情的方法及我们更早的时候谈论的做这些事的方法。这使我有机会理解这些事的原因并建构一种共同的理解。

阿米利亚：我十分认同这种方法。那是我在华盛顿的时候所做过的（阿米利亚从1993到1996年与华盛顿模范早期学习中心有合作），我发现自己开始变得更了解这么做的原因和问题的形成。这对我来说是极其重要的一步。这就是你更早的时候所提到的：这种情形是非常有帮助的。我认为它有助于你成长并有助于其他人理解他或她正在做的事。回到专业发展的论题，有什么我们能添加的吗？你能描述你的经历吗——当你在纪录孩子们和你自己的学习过程时，所经历的满意的、具有挑战的和困难的事？

西蒙娜：开始，当乔瓦尼和我在工作室被同一组孩子观察的时候以及他过去常和我分享他的反思的时候，我似乎没有任何自己的东西可与他分享。那是因为我不会表达我自己并常常对自己说，"看样子似乎是我完全在观察别的事情"。我用我

楼梯

的眼睛观察儿童四处活动，写下他们的对话，但我不能与他们互动并做一些评论。最重要的是，好像乔瓦尼和我是在观察不同的事情。

阿米利亚：为什么你那样想？

西蒙娜：因为我不会看，我仅看到了我能看到的事情。

阿米利亚：你认为乔瓦尼是能看到这些事的？为什么你那样想？

西蒙娜：是的，我想是这样，因为他有许多经验并也有许多机会与其他人进行反思。我想乔瓦尼能够支持孩子们的活动，使他们融入其中并让他们觉得自己正在积极地参加正在做的事。

阿米利亚：根据你的观点，你认为这为什么会发生呢？

西蒙娜：也许因为乔瓦尼在头脑中有一个模型，或者也许是因为他能适应的这种场合是与其过去经验有关的。也许他有怎样行动的心理图式，根据他观察到的，这些都与他的过去经验有关。

阿米利亚：你认为他有一个图式，能详细描述一下吗？

西蒙娜：我想他有几个认知图式，能适应不同的情景，而且它们来自他的经验。我也注意到乔瓦尼有能力理解其他人的想法，不需要特别的指导。这就像基于对形势如何发展的预先直觉，以便意识到什么对以后的观察是重要的。

当我第一次观察和纪录的时候，我的印象是我错过了每一件事。我发现快速纪录是很困难的，然后，在后面的阶段中，我有了一个照相机。当我拍照的时候我错过了对话，这对我是一件可怕的事，因为我认为自己错过了每一件事。对我来说错过一个儿童所说的话就意味着错过了每一件事，因此，我过去常常写得很多并且我的纪录限于转录儿童的口头对话。然后我

在工作室，西蒙娜纪录了3个女孩子用纸在制作机器人，乔瓦尼在场。

她在转录她在方案实施期间所观察到的内容。

西蒙娜和乔瓦尼在比较她们的解释。

把录音机放在我旁边并拿出几张具有不同观察格子的纸。我必须理解儿童，我希望理解他们正在建构的关系、儿童在小组中活动的方式。我有许多事情要同时处理，但我做不到，因为我无法控制所有我打算使用的工具。我认为我不能获得儿童的臆测和他们正在使用的策略，也不能看到他们是否相互影响。也许我正在纪录，也许没有纪录。我能看见成人和儿童正在采用的确定的策略。但我不能跟上他们行动的步调。

乔瓦尼：关于儿童，他们通过策略展示的能力，他们理论的建构，你认为所有这些在当时与你的儿童的想象有多大程度的关系？

西蒙娜：非常大。是的，我熟悉与儿童的想象有关的理论，但还不够多。就好像我永远没有看够一样。

阿米利亚：你不相信儿童有那么多的能力？

西蒙娜：我认为我不是那样想的。明显地由于不知道它，我对儿童有一种强烈的刻板印象，即把他或她作为一个"待装的空的容器"——同样，我对成年人有一种刻板印象，认为他们不会维持行动，而是将行动引向某个方向，引导另一个人去他或她想去的地方。

奥里埃塔：不幸地，这就是我们在学校中为了专业发展所学的。你知道，不仅仅是在意大利，一个有关当今专业发展质量的大辩论正在进行。

西蒙娜：是的，不幸的是，这就是我们的学校经历。它非常缺乏内容、分析及辨别和检查你在教学中遇到的问题的原因与结果的能力。

特雷莎：我的经历和西蒙娜的有点不同。我的工作主要是对一个儿童，一个有特殊需要的儿童，我使用的策略也有点不同，我敢说更自然，我认为更适合于特殊情形。

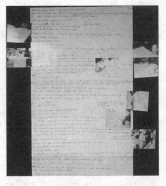

对观察纪录有好奇心的孩子
要求老师给她们解释。

阿米利亚："更自然"和"更适合于特殊情形"，你的意思是什么？

特雷莎：我是指那些更直接的策略。我正在寻找这种情形的直接答案。

迪莱塔：在我看来，你必须分析这种情形然后你必须做出选择。

特雷莎：是的。我认识到为了理解正在发生的事我必须运用一定的观察策略。我必须做选择然后行动。考虑到现在我也许是太沉浸在这种情形中。但我正在纪录，我正从许多被纪录的活动中做出选择。

乔瓦尼：我认为她正在建构一套参考量，她也许并不总是知道它，但她正在草拟它们，意味着她正在评价并做选择。

宝拉：我认为在这些过程中，一个持续的自我评价和评价活动一直在继续。

特雷莎：对那些有关我自己及儿童的经验，我的自我评价常常都是消极的。

阿米利亚：你是否觉得自己不能胜任吗？

特雷莎：我当然大多数时候觉得我不能胜任，因为我觉得在大多数情形中，我的期望也是建立在一定的偏见上的。

阿米利亚：在我看来你是苛刻的，对自己的评价是无情的。

奥里埃塔：是的，你说得对。谈到这，我想到了一个也许是陈腐的例子，在家的时候，当父母对你说："看，你不应该做这些事因为……"这会导致你的反抗，你想自己决定，因为你不能接受别人告诉你做什么，即使是你的父母。这个"其他"人，用他的或她的习惯，将总会成为你的参照，但你仍然需要通过自己的经验来独立判断和思考你所学的东西。

阿米利亚：我喜欢去想我需要其他人，因为我认为其他人能从不同的视角给我建议。

乔瓦尼：在我看来这是非常重要的。因为承认差异和需要、开放地考虑其他人的建议对将来的成功是必要的。我们需要的前景是通过包容差异欢迎其他人带来的潜力，这些适用于儿童，适用于成人，也将适用于这个内容。

阿米利亚：当新的人进入学校时，我想知道有这种经验的人能在多大程度上倾听他们；他们在多大程度上进入倾听的情形和状态；他们在多大程度上知道如何倾听其他人及知道如何从其他人那里学习。我认为从具有经验的新人那里能学到许多，正是由于他们是新人的事实。当我与我的年轻同事宝拉一起工作时，倾听她的观点非常有助于我更好地理解我自己的观点。这有助于我理解在某些问题上我会变得多么僵化；我对他们的看法是错误的，因为我在处理这种情况时不够灵活；以及我如何在自己内心进行有时是专横的、有时是刻板的评价。长期的经验能带来一些风险。我在这里提出的问题是，我们能在多大程度上实践倾听的概念——我从更有经验的人的视角看——倾听其他人而不是简单地把他或她看作是你不得不"训练"的"薄弱环节"。这也许会发生，就像它可能发生在孩子身上一样，你不会也不能去倾听。

窗

宝拉：在某种意义上观察是一种倾听的方法。我回想起自己作为教师的经历，我发现有人正在看着我和观察我对我来说是非常有帮助的。之后和那个人讨论一些事情，我将会理解自己以前没有看到过的事情，随着时间的推移我被鼓励去观察细节。当然有时我会变得气馁，但我把这种挫败当作一种资源，因为我会使自己更深思熟虑。

乔瓦尼：我认为评价的情感问题是这种关系的本质。不仅是在不同情形下的新人，其他人也一样，他们第一次可能不得不开始与另一个人建构一种关系。因此，我们能说在相互关系中有可能找到这种恰当的平衡；这并不是很容易的。甚至根据我自己长期的经历，我认为这仍然是需要加强的。

阿米利亚：我想知道对一个刚参加工作的人与一个具有25年教龄的人和有经验与没有经验的人所感觉到的差异情形，在他们相互理解上会产生多大程度的障碍。

乔瓦尼：这当然是一个需要考虑的重要因素。而且对这种经验上的差异，你仍然要增加另外的一些差异，你个人的差异或是与一个人的背景有关的差异。

阿米利亚：我想知道其他更有经验的人在多大程度上能传达他或她经历这个过程的想法，而且如果一个人在这个过程或变化中能保持其活力，是否会获得更有价值的经验。

乔瓦尼：我想这对我是一个问题，因为我不能向奥里埃塔显示我正在经历的过程和她的过程是一个完美的配合。当她在与孩子互动的时候，我正在观察她与孩子之间的关系以便稍后我们能对其进行讨论。我们预先已经分享了这种方法。在开始的时候分享这些明显是不够的，你还必须利用互动的方法去实践这种经验。我并不是仅仅纪录孩子正在做的事情，也纪录她和孩子之间的关系，这将是我们讨论的主题。我们后来确实讨论过这个问题，当时我没有和她互动，这导致我在工作中得到的积极评价较少。我认为更加开放地与其他人进行互动对过程本身是必要的，而且对一起工作的两个人是关键的。

宝拉：但当两个人在一起的时候是一种不同的经验，就像西蒙娜和我在微型工作室中与孩子们第一次造桥，为了最后的比较，我们同意使用两种不同的纪录策略。我想比较她与我的纪录方式，根据解释已经发生的事情来推定它也许能提供些什么信息。在工作进行过程中，我们必须时不时地互相看看来确定是必须停止还是继续。我记得在一些情形中我们不知道该怎么办。

迪莱塔：所有这些还需要高度的合作、交流、比较和互惠——随着时间的推移和通过你的经验所获得的。所有的都是合作方法的全部内容。

阿米利亚：像我们这样的一个真实的教育团体，它对你意味着什么？对一起学习的集体中的每一个人意味着什么？

西蒙娜：首先，这是一种使你真正感觉到你是集体中的一员的方法，你和别人分享，别人愿意帮助你。那样你能与他们一起克服困难并感觉到自己更加被接受了。学校，也许是生活本身，并没有帮助我懂得一些事情，那就是犯错误的重要性：学会把错误看作是一种资源，与其他人交流观点并一起寻找解决问题的方法和策略的重要性。假如今天我必须重新开始的话，我不会再害怕自己所经历过的任何情形。如果没有任何人来帮助我处理它，我会接受这种境遇，我会寻求帮助和支持，我会了解这种境遇并更积极地来看待它。

奥里埃塔：我也会用批判的眼光从更开放的观点来考虑观察到的事实，但这种开放也有被消极解释的可能。现在我会把这些看成是能有助于我成长的事情。我已经认识到所有这些是如何帮助你探寻自己的特性，无论是你的职业还是你的个人身份。

宝拉：我也认为成为学习小组中的一员能帮助你形成你自己稳定的个性。其他人的不同观点将为情形复杂性提供更进一步的构建成分。

迪莱塔：我同意你的观点，因为当你积极地理解和感受过这种经验的时候，你有机会学习并知道自己可以依靠其他人而不用再担心他们的评价。我想这也适用于家长。

乔瓦尼：假如我们把家庭成员也看作是一个学习团体中的一员，我认为这真的是非常重要的。在你公认的短期经验中，是否有这样一些场合，当你与这些家长交流时，你会觉得父母描绘了一种不同的团体学习的场景？

奥里埃塔：是的，因为家长是根据他们自己的经历来描述这件事的，他们基于家庭的经验的想法是与孩子有关的，而你有自己的想法，或多或少地具有当教师的经验。在我看来，家庭是学习团体的一部分，因为这是一种补充；它完善你的观点，或帮助你拓宽作为一个教师所熟悉的视野，并提供其他人的观点。

阿米利亚： 这是你一开始对家庭的感受吗？

奥里埃塔： 在某些情况下，我是这样想的，但在其他时候，我把它作为一个测试，这意味着我把家长看作是必须给他报告的人。有时我觉察它几乎像是一个……冲突，或其他必须处理的事情，然后我觉得自己并不适合我为之负责的角色。开始我知道自己大部分的缺点，似乎有点可怕，并且所有的也都是非常明显的。我想我正在注意一些在家长看来是好奇的事；我知道它们的存在，同时也觉得不安，因为家长的观点对我来说是重要的。

奥里埃塔和孩子们准备做留言条的材料。

通过做笔录和拍照，乔瓦尼观察和纪录儿童与教师的话语及手势。

在不同经验水平的老师中进行专业交流的一种方法是纪录正在与孩子互动的老师及正在纪录孩子活动的老师。奥里埃塔和乔瓦尼决定纪录孩子怎样为他们的朋友设计和制作留言条，并在与家长的见面会上展示他们的纪录。

特雷莎： 我担心他们的评价，特别是由于我的角色有点边缘，在某种意义来说我是一个配班老师。因此，家长不是直接与我有关的。事实上，有时我也觉得有点被父母们所排斥，更多地被他们看作是一个局外人，因此，有点像一个无关紧要的外人。

一开始我认为家长应该知道我在班级中的角色，我和其他两个教师的关系以及与孩子的关系。所有这些事情都已经被解释给这些家长，我认为家长希望通过他们自己在学校的具体工作来理解它们。我也觉得我正在被观察。当我在学校中学习这些新经验期间，我也必须考虑这些因素，它真的是不容易的。

然而，随着时间的推移，我们找到了一些调节的机制能帮助我们相互了解和尊重，对家长、孩子和我的同事都是如此。

西蒙娜： 我认为，在正在发展的经验上所花的时间对你和其他人的工作都是有价值的，并在创造对你所做工作的深度归属感方面起了补充作用。它也有助于你理解这么做的原因并使你知道的更多。

现在我更能在情绪上控制我自己，根据我的早期经验，我能欣赏所有的这些内在价值和丰富内涵。我觉得我有积极的经验，这将帮助我接近新的经验，在某种程度上，它对我自己和其他人都更具建构和开放的意义。我觉得我个人的和专业的发展也因我克服的障碍和我已经认识到我所犯的错误变得更加丰富了。重要的不是觉得气馁，而是学会更乐观地看问题。这有助于你成长，使你能有更多的力量去处理自己的工作和生活。

第二天，为了在每周的员工发展会议上与同事分享，奥里埃塔和乔瓦尼在准备他们做好的纪录。

他们的同事在检查由奥里埃塔和乔瓦尼编辑的观察纪录，用新的观点进行交流使材料更加丰富。

给家长做了观察纪录的简短总结，以使他们觉得自己也参与其中并能提出他们自己的解释。

然后这些对话延伸到在学校学习的阶段，并给我们的学习过程和我们个人及专业发展留下重要的痕迹。

通过正在进行的与他人的分享和交流，认识到在学校的日常生活中建构个人经验的重要性，再一次强调对我们来说学会承担责任有多么必要，这也有助于我们面对困难不言放弃，同时它对新教师来说也是一个重要的信息。这种共同的经历，这种与他人不断对话的过程，包括交流与分享想法和观念、商议、同意及争论，给我们的个人和职业生活赋予新的价值，用新的元素丰富了我们不同的个性。这意味着纪录我们正在进行的学习过程，就像纪录我们自己的生活一样。这也意味着将纪录文档视为定义我们工作和发展的机会；作为一个活动，这对我们作为教师和普通人来说都是必要的；作为一项活动，我们归功于儿童和家长。

我们希望这些知识的财富不会消散，并且与我们的经验发展并驾齐驱，有助于我们从不忽略合作的价值，学习作为团体中的个体，这些团体把正在进行的研究看作是他们工作必不可少的部分。

学校是家长集体学习的地方

宝拉·卡利亚里
克劳迪娅·朱迪奇

在这本书所展开的主题框架中,我们把特别重要的家园关系作为能培养儿童个人和小组学习的内容。在这章中,简要的描述为这种关系提供背景的理论和意义。这种关系是瑞吉欧·埃米利亚市立早教机构的教育方案的基本特征。这些过程和经验提供家长学习和加深自身理解的机会,在这本书的其他章节中也会出现。

在意大利的学校,家园关系一般是指"分享"这个术语。虽然由单独的这个术语所包含的理论经验和方案也许是非常不同的。瑞吉欧·埃米利亚的经验代表了一种可能的方法。

瑞吉欧·埃米利亚的托幼中心和学前学校的教育方案是被定义为一种以分享为基础的方案;在所有有关的参与者中找到了它的正确的教育意义。这意味着每一个人——儿童、教师、家长——都涉及分享想法,对话,共同的理解,作为评价的交流。而不是分离或对比,这些遭遇鼓励了不同主体(不同角色、不同想法、不同文化)之间的对话以及为了共同建构的协商。这不是成为一些能力否定另一些能力的经验,而是成为一种认识,即每一个人——儿童、教师、家长——都是教育关系中的活动主体,每一种起作用的、补充的必要知识。

卡拉·里纳尔迪声明:

"分享是一种表现我们学习方法特性的教育策略。分享涉及儿童、教师和家长,不仅被认为'分享'一些事情甚至更多地被认为是成为它的一部分;也就是,一般特性的实质,我们通过分享而生活。这样,在我们的经验中,教育和分享被融合到了一起;'什么'(教育)和'怎样'(分享)变成了一个单独建构过程的组成和本质。"

在瑞吉欧·埃米利亚的经验中，在学校生活中分享并不是简单地需要家庭的参与。更确切地，这是一种价值，整个经验的一个共同特征，一种检视那些包含在教育过程中的东西和学校角色的方法。

分享的主体，先前是家长，现在是儿童，那些被认为是他们自己学习的主动建构者和有关世界的原始观点的生产者。如果这个学校真的重视和实践分享，那么孩子们与其他孩子和成人分享他们的观点会转化成一种童年时期的文化，它深深地植入这个学校和社会大家庭中。

分享的主体也包含所有的学校职员，特别地，老师不仅仅执行由其他人建立的方案，而且积极参与到每一个儿童和每一组儿童的知识建构过程中。就像他们自己的一样，也就是他们正学会教。所有这些通过倾听和在一个大学组织的引导下的研究发生。

事实上，分享是建立在并不一定是客观的现实想法上的。文化是一种社会进化的产物，个人的知识仅仅是零碎的，为了建构一个方案，特别是一个教育方案，在分享价值的大框架下，在与其他人的对话中每个人的观点都是有关的。在我们看来，分享的观念是基于上述这些概念，它也是民主的。

因此，如果我们希望有一个建立在分享基础上的学校，我们必须创造空间、背景和时间，即所有的主体——儿童、教师和家长——都有说和被倾听的机会。这种最初的、必要的水平在意大利的许多学校被发现。如果分享被假设为一种活动的角色和一个学校与社会的教育方案的民主建构的角色，这种最初的水平还是不够的。

每一个儿童和成人有不同的分享和成为活动一部分的方式。因为每个主体是不同的。

"分享"是一个动词,有单数和复数的变化。每个人能作为一个个体分享,单独地作出他或她的贡献和单独地吸收同其他人提供的信息与贡献。但将一直保留的个体分享是一种典型的每个人的分享,具有更深的意义,如果学校提出它本身就是一个社会——与城市更广泛的社会有关——就会有一个更广泛基础的方案策略。

一个托幼中心或学前学校希望成为一个真正的教育场所,必须保持与社会、主流文化、观念、背景和生活方式的紧密联系。所有这些都是在不断变化的,为了能阅读、理解与生产出最新版本的实践和价值、发展文化和政治提议,这将用一种方法来完成。像瑞吉欧的教育者兰兹(Lanzi)和索奇尼(Soncini)所说的,"与主流文化、政治、哲学流派、面向未来的价值和日常教育实践的特性团结在一起"。

这个目标仅能通过采用迄今我们已经定义的分享的价值和实践才能达到。也就是通过使所有的孩子、老师、家长积极地参加一个同时包含阅读和解释变化的集体中。

因此,分享将托幼中心与学前学校定义为一个社会和政治中心,进而是一个最完整意义上的教育场所,然而这不是成为一个学校特定的可以说是"本质"的内在的部分。这一个哲学上的选择,是建立在价值基础上的选择,瑞吉欧·埃米利亚的经验总是根据教授法和专业发展及家庭分享努力去贯彻的。

但家长能胜任"参与者"的角色吗?通常学校不考虑他们,因为他们不把自己看作是社会和政治的中心,因此,不承认作为公民的家长的能力。另外学校的注意力集中在教学校认为是重要的各种科目,主要是专业知识,在很大程度上家长是不具备这些知识的。

对能力我们指的是什么？在一种意义上，这是一种价值的承认，学校必须给家长、儿童、教师的价值。这种承认——基于价值的又一个选择——是对公民权利的一种承认，参加与每个人有关的社会问题的讨论的权利。因此，家长是能胜任的，因为他们有自己的经验、观点、解释和观念。这些与内在和外在的理论是有联系的，是作为家长和公民经验的成果。

在另一种意义上，能力是一个过程，正好被分享的过程所培育和强化，这些过程必须把能力作为它们的目标。

在这章中的图片，配有简要的文字说明，举例说明了家庭分享的一些可能场合。按照分享经验的场所、时间、学习过程和策略的复杂性及可变性，它们是不完全的。即使它有可能和希望编辑一个包含分享过程的所有事件的一个完整的索引，我们觉得这也不能给读者一个家长参与的更完整的意义。真的，分享不是一个能被再现的模型，最重要的，它不是一系列连续事件，这是一种经验和过程，它的内容和策略是相互联系和相互依赖的，产生唯一的和独特的方式，这种方式是在严格区别是个体参与者还是集体参与者的过程中逐步发展起来的。

当集体中有一个真实的对话时，出现的集体身份为个人的观念、想法、期望、目标、希望及所有成员的权利腾出空间。这些主观性通过研究和辨认集合这些成分的目标被增强，用这样一种方式让他们觉得自己已经参与其中。

关于最后这点，"父母和机器人技术"的例子很好地说明了在这个过程中的家长、儿童、教师，所有的人用他们各自的能力和对自身角色的认知，在一个唯一和独特的研究内容中合作建构，每个人都有机会发展他或她自己的学习。

阅读这章的标题，一些人也许反对这个想法，即成为一个家长学习的场所是学校的目标之一。然而另一些人也许会问学校根据其已经在实践中被测试的教育知识,为什么没有教家长成为更好的父母。这些都是正确的关系,即使它们来自相反的观点。对第一个问题,我们的答案是,根据我们的教育方案,如果使用学习这个术语,就像许多教育经验所做的,意味着教育策略的结果是建立在对所有人来说都是一样的知识、习惯和能力的传递基础上,那么这是一个以事实为依据的关系。在这章中尽管(作为致力于儿童的这章)我们提出了一个成人学习的观念,作为研究发生在个人和集体之间的关系,导致这种新的共同的变化和文化产生,因为它是在真正民主的过程中产生的。

委员会成员在讨论新一届儿童早教委员会的选举过程。

选举委员会组织了新一届委员会的选举。

家长在圣诞晚会上给候选人投票。

　　这个观点也部分地回答了第二个问题。然而我们需要加以说明的是,如果我们认为教育是一种关系,是由所包含的主体的身份及他们的相互作用所形成的,并受他们所发生的背景影响,每一个教育主体同时又是被教育者的一种关系,那么家长的角色就像教师的角色,不是建立在确定或对所有人来说是一样的并通过教育被传播的模型的基础上。如果学校采用这种观点,那么目标不可能是教育家长使其成为更好的父母的过程,而是建构公共的空间，在其中分享反思，使每一个人的自我反思能够循环和加强。

家长和员工设计并建造了学校内部的设施和建筑。

家长委员会和时事通讯"La Mongolfiera"的编辑代表聚在一起写有关"社区教育"的文章，将于 2000 年 6 月编辑出版。

由儿童早教委员会出版的时事通讯。

家长和学校员工在准备圣诞晚会。

在孩子即将加入托幼中心或学前学校之前，家长和老师在布置环境以使每个孩子和所有的孩子一样感觉到自己是受欢迎的。

孩子、家长和员工庆祝学年结束。

家长和厨师之间的会议是讨论儿童饮食的重要时刻，而且在一个欢乐氛围的晚宴上彼此达成共识。

家长受邀观看由孩子和老师实施的方案。

海滨旅游使家长和孩子留下了难忘的经历。

家长、儿童、员工和其他社会成员示威有利于国际法律保证增加托幼中心的资金。

故事主角
父母、教师和5—6岁班级的儿童
教师
安吉拉·巴罗奇
宝拉·巴奇
乔瓦尼·皮亚扎
学校
维莱塔
摄影
乔瓦尼·皮亚扎
宝拉·巴奇
文字
安吉拉·巴罗奇
宝拉·巴奇

父母和机器人技术

作为一个更广泛的研究项目的一部分,这一活动说明了由父母和教师组成的一群成人,选择主动地参与儿童接触新技术的过程。这所学校是思想与愿望相遇和交换的地方:在个体和小组研究的背景中,生活的意义交织在一起,并由儿童、父母和教师通过他们各自不同的视角建构着。

由新技术、普遍的社会影响和人们之间的关系带来的迅速变化,同时也是初次为学校集体中的三个组成因素——儿童、父母和教师创造了相互学习的情境。这是一种动态的、逐渐演化的情境,以自发地学习怎样共同学习为显著标志。

在我们的第一次班级会议上,我们给了家长一份关于孩子们讨论过程中出现的基本问题的简要汇总。在日常的游戏和探索活动中,儿童接触到了全自动控制的物体(机器人;自力推进的机动工具如汽车、起重机、推土机,以及其他遥控物体;小型电脑),我们想突出在这种日常情境中显露出来的问题领域。

我们注意到家长马上就被吸引住了,不过他们在一个人如何与技术发生相互关系这个问题上有些困扰。

多米尼克(Domenico)(伊拉里亚(Ilaria)的爸爸):我相信让孩子们接触这些工具是重要的,但是我认为,当孩子们在学校里时,除了让他们体验新技术之外,能继续体验厨房里的工作以及用黏土、油漆等材料工作对于他们来说是同等重要的。

贾科莫(Giacomo)(曼纽尔(Manuel)的爸爸):事实上,我们是在参照自己的情况来谈论技术,而这些是与我们自己的经历相关的。但是对于孩子来说,技术实际上是否就是技术或者说技术只是生活的一种形式?对此我们能做些什么?我们如何更清晰地理解孩子们正在探索的是什么?

卢西亚诺(Luciano)(阿西娜(Athina)的爸爸):我认为,作为成年人,我们的担忧是与我们对新技术引入生活而带来的革新缺乏了解相关的。但是对于孩子来说,这些是"正常"的境遇和经历,与我们相比,他们更自然地接触到新技术。或许我们也应该学学怎样更自然地使用那些新技术。

在热烈的讨论中，会议结束了，最终大家决定成立一个工作小组来更深入地研究这个主题，这样就为家长们继续交流和比较他们的观点提供了机会。

七位家长（两位母亲和五位父亲）决定与班级的老师一起加入这个研究小组。

几天后，这所学校收到了一个新的软件程序，这个程序附带一个程序设计界面，对孩子们而言，解释它是比较容易的，因为它能增加孩子们游戏和探索的机会。

实际情况是，一天早上，当孩子们玩弄着这新的机器人和新的程序时……

卢卡："我觉得屏幕上的那些东西是正在互相赛跑的机器人。看上去在屏幕上有个跑道。"

费鲁乔："你说得对。看上去就像国际汽车大奖赛的跑道！但是怎么建造它呢？我希望我们自己也能有这样一个跑道。"

孩子们聚焦在这个想法上，充满着热情：

"为什么我们不去问问乔瓦尼呢？……不，我们可以问问我们的爸爸……或者我们的妈妈！"

家长工作小组接受了孩子们提出的这个想法（造一个供机器人赛跑的跑道）。他们打算研究机器人，并设计和建造一个能满足儿童心愿的跑道。

孩子们对那些材料的探索产生了决定性的影响：孩子们利用自己先前的经验以及出现并逐渐被克服的错误，致力于对机器人的探索，家长被孩子们的这种能力折服了。

卢西亚诺："你们看见孩子们是怎么成功地让机器人动起来的吗？了解到他们对正在被改进的旧轨道的想法，真令人惊讶！"

贾科莫："我不太懂机器人，但是我认为孩子们应该通过谈论和利用他们的错误来改进自己的知识，这很重要。即使我们的成人阅历支持着我们，错误对于我们的工作也同样是重要的。"

看来尽管成人与孩子之间的关系动力系统有所差别，但并不是截然不同的。

卢西亚诺："其实我的工作就是与信息技术打交道，我也很喜欢机器人。我非常想试试它们。"

贾科莫："那太棒了！我们喜欢不同的事物，这本身就是一件好事情。如果我能理解我们正在做的这些事情，那孩子们肯定也能理解。"

多米尼克："好吧，我们也要尽最大的能力去学习。我刚刚买了一台新的电脑，但是我还不知道怎么用它。"

家长们决定根据每个人自认为具备的能力分成两个小组：一组去画轨道的设计图；另一组去建造用以支撑轨道的木质构架。

在有趣又合作的氛围中，孩子们所体验到的一起工作的乐趣、他们的期望和快乐、他们与同一个班级中的其他家长建立亲密关系的乐趣融合在了一起。

家长们工作了三个晚上之后，木质架构成形了。小组成员感到非常满意，他们评判着自己的工作，偶尔带着嘲弄之意，认为自己获得了新技能。

一切准备就绪。小组成员聚集在一起，分享并测试着硬件和软件，试图找到解决问题的办法。
第二天，他们所做的工作将要呈现给孩子们。

当孩子和家长们聚在一起时，他们比较了在各自小组中所建构的知识。他们对彼此都有所期待：孩子们正试图找到机器人运动的新方式，而卢西亚诺则全神贯注地看着孩子们的脸，倾听着他们提出的问题，以确认家长所做的工作是否满足了孩子们所表达出的要求和愿望。

工作小组的家长们意识到，他们的研究不仅对孩子们和他们自己有用，而且可以与其他家长一起分享。在这个基础上，他们组织了一次班级会议，在这个会议上，所有家长都能够分享工作小组所做的工作，分享他们的发现以及他们一起创造时所体验到的快乐和趣味。

于是，所有家长参与的这次班级会议成了一个进行小组学习的背景，在其中家长们可以进行有意义的共同建构，价值的分享，还可以为孩子和家长重提原先的疑问确定新的机会。

乌托邦精神

卡拉·里纳尔迪

在这本书第一部分的最后,我想给读者提供一些反思,并希望这些反思能巩固我们把该项研究看作一个重大进步的理由,同时也希望能对国际上关于当代学校、教师和教学的意义与角色的争论有所贡献。

我提出的第一个反思是,重读从玛丽亚·蒙台梭利著作中摘录的材料。这些材料是她在20世纪初写的:

"……随着自我接受能力的发展,儿童从童年起就解除了那些我们现在错误地用来鉴别他们的千百条不同的标签……"

"……要改变学校从教到学的活动,不仅要用语言,而且要用明确的行为来培养儿童建构和合作的行为,教师要能随时提供帮助,但却从不贸然介入儿童的活动;儿童现在能一起工作,将来就能自己工作……"

"……(教师)也要和儿童在教育性的学习环境中一起建构,这个环境被安排了空间、家具、材料、工具、教育目标、冲突、合作、讨论和交流。"

我一直在问自己,现在我要问你们:我们对自己与那些带着兴趣和好奇看着我们,倾听我们说话的人还能说些什么?我们还能给孩子和那些并非玛丽亚·蒙台梭利所指的孩子们提供些什么?从蒙台梭利及后来的作品开始,研究人员写出了更多的作品并被详细地分析、丰富和评价。

但是,正如蒙台梭利所想象的,她的工作环境是不同的。一个在各种新的学习和知识的领域中实施的内容丰富的研究,已经促使我们讨论脚手架、

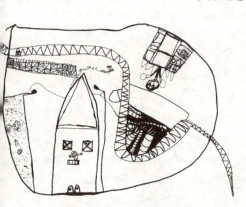

瑞吉欧·埃米利亚城市

小组学习经验、跨学科的方法、表达的品质和语言以及在学习和教学之间的相互作用。

然而，恐怕我极有可能对此产生错误的认识——学校工作方式的变化是很小的，他们仍在日常活动中工作着，某种程度上在许多学校情境中（在意大利和全世界），蒙台梭利的话仍被当作要达到的目标，这是一种冒险。这样做的原因很多，我们可以列举几个领域，如政治、文化和劳工问题。

我认为有个理由很重要，但却几乎未被考虑，那就是关于学校、学习和教学的讨论，这些活动都是以口头语言的方式进行的，也就是用说和写的方式。一代又一代的教师继续进行着他们入职和在职的专业发展，却未曾对所熟知的学习是什么及学习与背景的关系予以反思，放弃了对那些能让他们生活、分享、叙述和清晰地讲述学习事件的新方式和新语言的追寻。

采用这些方法、语言以及不同语言之间的"易传播性"可以打开新的视野（正如在其他领域中已经发生的那样），而且可以使教师和儿童获得新的领导者的角色。可以促进教师从只是简单地执行教学方案，转变为教学方法及过程的设计者，从而至少在教学领域克服理论与实践、文化与实践领域持续分离的自大观念。

教师一直被看作"实践者"，这种错误的观念应该被取消。因为这种观念产生了误解和"知性论者"以及对研究、教学与教育概念的误解。反思和讨论儿童与成人获得知识的途径（这样做既丰富了人类，也丰富了他们和我们）是可能的也是必要的，但是，直到现在，学校仍然不能也不愿这样做。

这样做的可能性和仅使用一种语言（口头语言）而带来的局限性，意味着已经触及了源于被整合与相互连接使用的多种语言的极大丰富性。现在，多种语言的整合使用已不仅是一种期待，也成为一种必需和不可或缺的选择。一个人对学习进行研究的范围应该扩展到学校，应该允许教师与学生反思他们日常学习和获得知识的方法。

诚然，作为一个清晰可见的、支持学习与教学的轨迹和程序，我正在谈到的纪录（诸如我们已经开展和呈现的纪录）使得学习和教学相互可见，也可共同分享。我认为这正是瑞吉欧经验对国内和国际教育学的重要贡献（对其他领域也是如此），甚至将来这种经验会越来越重要。

然而，我认为我们必须更进一步。正如我早先说到的，我确信纪录的效果（档案、笔记、幻灯片和录音带）并非是有限的，相反，通过让经验看得见，纪录使经验继续存在、可共享并产生多种"可能性"（在儿童和成人之间展开可能的解释和多重的对话）。因此，我相信，不论是用叙述和分析的方式，还是诗歌、隐喻、音乐、戏剧的方式去叙述学习的过程都需要使用口头的和形象的语言。

换句话说，为了使学习经验的继续存在成为可能，亦即使它成为也能被叙述的有意识的学习形式，叙述的过程和语言就应该紧密地结合在一起。这样，它们才能相互支持从而有助于提升学习经验的品质。实际上，我们必须纪录（因而使存在开始）的是"情感流动"的感觉，这种感觉是对儿童和教师共同生活的意义的追寻，即它是一种由隐喻的、相似的和诗一般的语言产生的诗歌般的感觉，因此可以用其完整而丰富的方式表达。

我认为，另一个情形已经束缚甚至窒息了有关学习的信念，这种信念对蒙台梭利，而且对杜威、皮亚杰、维果斯基、布鲁纳和许多其他人都非常珍贵。这种束缚和窒息实际上正在阻碍学校和学校环境的研究。我们已清楚地意识到"科学研究"的意义以及当前关于所谓的硬科学和软科学、历史科学和实验科学的争论。但无论学习和知识获得的真正过程何时发生，如果我们宣布使用科学研究这个术语指称人们描述其所经历的认知张力的能力是合理的，那么，我们认为，研究的概念，或者事实上是一个更具活力和时代性的新概念，可能就会出现。在这种意义上，研究习惯于被用来描述人类个体和小组获得新的宇宙可能性的途径。

研究作为对事件的揭示。

研究作为艺术：当研究用艺术的方式进行时，研究就存在于对生命、本质和事物意义的追寻中。

通过获取改变世界的证据和我们自身与世界相互作用而产生的变化，未知的研究和经验提供了进行潜在的内部重组的关键。作为起点的研究基础不仅有助于研究方向的选择，而且可在研究发展的过程中建构新的方向。

为什么研究应该在小组中实施？在众多理由中有一条我想特别强调：研究体现了某种强烈的情感色彩，这种情感是每个个体的义务、增长的意识、个人对意义的追寻以及有意采用的反思所固有的情感关系的基础。简言之，学习涉及学习者的情感。毫无疑问，小组是一个善于接受学习者的个人需求，诸如忧虑、怀疑和愿望的理想结构，同时也是解决社会问题的无可匹敌的工具。

约翰·杜威强调，儿童的学校经验应该与成人世界有高度的连续性。我想冒昧地说，在这一背景下，如果学校经验是围绕着当前所表达的价值和意义而建构的，那么它将有助于更宽泛的文化和社会背景下民主品质的复兴。当一个人能够面对全球化带来的影响和挑战，那么这种学校经验将能够（且应该）使"民主背景"获得清晰的定义。将来，学校必须对现在具有决定性的影响；否则，这种预言和学校的特别身份将不复存在。

我们一直在心目中的这些意义上使用研究及研究工作，并试图描述这种能把校内外儿童和成人聚集起来的关键力量。我们需要创造一种研究的文化。

我确信，这种"研究态度"只是一种文化、社会与政治情境中的可能存在和伦理途径，它不仅受制于变化和割裂，而且还冒着混合种族群体和文化的危险。我们正在谈论的不仅是研究的价值，也是对价值的追寻。

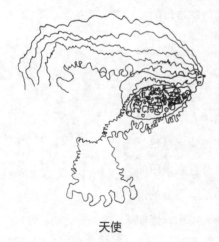

天使

RE
PZ

近距离看小组：教育研究笔记

这部分，我们会提供对年幼儿童和成人的小组学习进行合作研究期间所做的形象的和文本的纪录。以下四章将展示我们共同研究的核心。首先谈谈研究方法是适宜的，即我们怎样产生让个体和小组的学习看得见的想法，这个想法产生于瑞吉欧教育者称之为教育研究的过程。正如我们在本书第一部分看到的，教育研究始于教师与儿童的教室经验。瑞吉欧的教师在校期间一直对儿童进行观察：在由儿童自行计划和组织的游戏与活动的瞬间，在为期更长、更复杂的、由教师和儿童围绕某个延续时间并源自不同观点的主题进行工作的方案中。所有这些情境都为教师和儿童提供了大量不同的有待研究的主题与问题。这就是为什么戴安娜和维莱塔幼儿园以及零点方案的研究者把在随后形成的栩栩如生的评论和在建议中使用这些背景看作是适宜的方法。

通常，儿童和一个班级教师及工作室的教师一起在小组中展开方案，而另一个教师则进行观察，时而给予支持并调整其他儿童的活动，这些儿童通常是在散见于教室四周的小组中工作。

整个白天教师和工作室的教师一起分享他们的所见以及决定是否去干涉儿童、怎样维持儿童的动机和支持他们的学习。这些日常的交流是形成和调整研究途径及决定纪录什么和怎么纪录的基础。正如我们已经看到的，教师通过各种手段，诸如笔记、照片、录像带和素描纪录儿童的语言和活动。一盘录音带几乎一直在运转。这盘带子可能在放学时听，可能全部或部分被转录。教师们一起反复地阅读录音的纪录，目的是理解和解释所发生的一切。

他们也尽快地看照片，以便考虑研究的其他假设和方向。基于这种回顾，教师会形成组织次日经验的假设。

教育研究的过程是持续不断的。瑞吉欧的教师就一直在随着儿童方案的发展调整着他们的假设、预测和解释。他们与其他的教师、儿童和父母交流着每天获得的

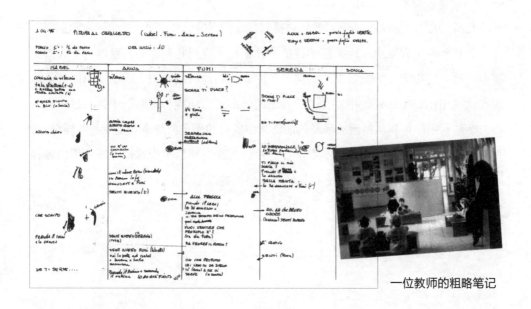

一位教师的粗略笔记

资料。他们使用多种语言让自己的研究看得见：儿童交谈的纪录、录像带和照片，贴在教室墙上关于儿童工作的不同发展阶段的纪录板以及为其他教师小组进行的正式和非正式的展示。

下一章中介绍的主张、故事和建议是由戴安娜和维莱塔幼儿园的瑞吉欧教育者在圆桌讨论时对他们小组学习经验的共同反思中产生的。教师在自己的观察和纪录中确定重要的"重复出现的要素"，然后他们与零点方案小组共同进行讨论和反思，一起在更深和更广的范围内对这些要素进行检视。瑞吉欧研究小组更密切地在教室里检视其中的某些要素。在方案展开期间，瑞吉欧教育者使用这些要素组织他们对小组学习的观察和纪录。他们确定纪录和观察的某些方面，调整其他方面并强化另一些方面。这个过程持续进行：教师继续形成新的假设，在教室里进行研究并寻找另外的小组学习的案例。

同时，零点方案的研究者反思各种建议，根据其他有关小组学习的研究考虑这些建议并请同事提供反馈。这些建议的草案通过跨洋交流达成一些共同的理解。每个研究组织表达自己理解的方式不同。在"对理解的好奇"中，维卡·维奇从一系列由纪录支持的关于小组学习的主张开始。她聚焦于黛安娜幼儿园的大量方案，在

167

该幼儿园，关于个体和小组学习的想法得到彻底的研究。在"瑞吉欧·埃米利亚市"和"传真"两个方案中，维莱塔学校里的乔瓦尼·皮亚扎和他的同事展示了在微型故事中建立的更宽泛的纪录类型的例子。皮亚扎和他的同事关于小组学习的理论体现在这些栩栩如生的评论中。在"学习小组的形式、功能与理解"中，马拉·克雷切夫斯基利用纪录和从微型故事及其他资源中获得的例子与维奇和皮亚扎共同分享，一起去探索一系列关于个体和小组学习的建议。我们相信书中这部分所使用的各种风格和多种语言，可以使我们更有效地分享集体的理解。

圆锥形的冰淇淋蛋卷

对理解的好奇

维卡·维奇

现在，作为教师，我们的工作有了一个缘起，即对就读于我们学校的男孩和女孩的个体与小组学习策略进行纪录。

本章及随后两个来源于内容和规模均不同的方案的纪录，有些只展示了部分经验，而有些则来源于黛安娜和维莱塔幼儿园实施的长期方案。我们展示这些材料是为了进一步澄清和更充分地证实我们归之于纪录的意义，即我们如何使用纪录、纪录如何确定我们和儿童继续下去的方向以及纪录对我们的专业发展和教育理论的调整有何贡献。

通过（用文本和照片）对这些情节的叙述，我们为读者提供了一些我们当前解释和主张的来源及其他一些供进一步研究和讨论的观点与材料。

黛安娜和维莱塔幼儿园对与零点方案联合进行的研究所作的特殊贡献已经提供了我们对工作的观察和纪录，这些工作是在对其他领域的解释中进行的。

我们意识到与即将进行的主题有关的许多有意义的研究和作品，但我们认为我们提供的能激发进一步的证实、否认和反思的材料，产生于一个独特的源泉：那就是，**将观察和纪录视为儿童和他们自己的教育与知识建构过程基础的教师**。在这个人们所知甚少的研究过程中，学习被看作寻找的方式，这种方式能为研究搜集到的材料提供一种独特的或许是不同寻常的框架（这章被命名为"纪录和评估是怎样的关系？"就提供了更充分地解释这些观点的反思）。教师的工作是很艰难的，要求持续而有见识的自我评价以及良好的调节。

儿童的学习策略一直是我们研究的一个主要焦点，此外还有专业发展（教师和教育者）、与家庭的关系以及对我们所遵循的教育理论进行深入彻底的研究和交流。

这方面的研究只有很短的历史，始于1970年代，黛安娜学校的教育方案以及大多数瑞吉欧·埃米利亚的市立幼儿园，都将注意力集中到每个班级（25个孩子）的整个儿童群体。我们在自己的背景中研究和重述当时最前沿的理论——弗雷内（Freinet）、皮亚杰、维果斯基、杜威等的理论以及各种发现、观念范畴和可视艺术的经验（当时传统教育认为这些是远离幼儿教育的）。那是一个实验和发现儿童巨大能力的时期，从而导致1981年《儿童的一百种语言》首个版本的展览。

在1980年代中期，对儿童策略的好奇使我们把观察和纪录挖掘的焦点集中在儿童的小组上（在瑞吉欧儿童出版社的《鞋和公尺》这本书中描绘了被我们称为"探测器"的研究）。随后，在1990年代早期，我们开始纪录儿童个体的策略，我们认为，这些纪录证明许多儿童的创造力更容易在过程中而不是在结果中出现。

在1990年代中期，以这些丰富的经验为基础，我们又开始关注整个班级群体，并以更强烈的意识和敏感去观察它。我们探索形成小而流动的小组（它们又反过来形成整个班级群体）的个体一致性，同时特别关注不同个体间的相关模式（认知的、表达的和社会的）。

在我们的教育史上，与零点方案的联合研究就始于对整个班级群体的关注。零点方案的研究者提出了很多问题，加上我们的广泛讨论，以某种方式迫使我们回顾自己的历史，更好地理解它，更清晰地描述它，在更深的层次上检视其某些部分，并为继续我们的工作和进一步的研究指明了方向。

另一个初步的反思与一直以来作为我们一部分经验的视觉纪录（主要是照片）有关。它的首要目标是让我们更好地领会和理解儿童和我们自己，而别人也可以这么做，这样，我们就能持续不断地看、反思、解释和理解曾经发生的事。继而使用这些概念化的结果去证实、调整和进一步发展我们的基本理论。

如果只是按照教育的传统去看待这种观察手段与照相纪录的使用和意义的话，我们就不可能全面理解它。

它们还应被看作是涉及艺术过程的，在这个过程中交流通常是用隐喻和诗歌的语言来建构的。

我们经常使用的审美语言和思维可能已经导致了教育中某些特定领域的误解。在这些领域中，这种观察和交流方式可能被看作是关于瑞吉欧教育产品的一种肤浅的广告式的"假象"，已经远远失去了真正研究的科学严肃性。但是我们一直认为那些美、欢乐、幽默和诗歌是知识建构中一个完整而重要的部分，因此，学习应该在日常生活中通过多种语言（口头的、书面的、音乐的、形象的、舞蹈的语言等）来体验，而且学习也能够并且应该用多种语言来叙述。

纪录的过程将沿着多年来我们与儿童一起走过的路继续。正如通常所发生的那样，当人们问及："你们和儿童多久使用一次纪录？"我们的回答是："一直使用。"我们试图说明纪录是作为解决问题的途径和推进我们工作的策略的系统。

仅按照最后的形象部分来看待纪录，那将是一个理论和概念上的错误，并将妨碍对整个问题解决途径的理解，妨碍对个体儿童、小组儿童、教师与即将到来的主题之间关系的理解。

很容易想象学校里有美术活动室和美术教师将有助于做这类纪录，并使学校中的日常生活变得真实可见。然而，这种贡献的相对重要性很难测量，所以仅仅将美术教师与教育结合起来是远远不够的。瑞吉欧·埃米利亚学校中有表现力的语言和教育语言之间的对话过程包含了许多文化的、教育的、艺术的和政治的特性，许多事件及所做的选择。

然而，事实是，马拉古奇有着非凡的教育直觉，因此，他发展了这一组织结构的想法，这个结构包括一群来自于不同教育背景的教师，他们在持续不断地与自己、其他群体、家庭和社区普遍对话的背景中工作着。

马拉古奇的另一个重要见识是认为教师的专业发展不能局限于教育领域，而是要扩展到普遍的文化中，并特别关注哲学、自然科学、艺术和神经生物学。

基于以上考虑，我们认为，如果在学校中使用我们在日常教学中的两种语言（书面的和形象的）与零点方案的部分研究进行交流，纪录将会更加有效。

我们并未包括多年来我们所看到的小组儿童在共同学习中涉及的所有策略，而这些策略一直是我们与零点方案的研究者进行交流和讨论的思想来源，但是，在我们的日常工作中，我们认为按照研究继续的方向，只有部分策略是需要特别关注的。

我们特别感兴趣的一个部分已被发现，而且比过去更加清晰，那就是，**人们如何在高水平意识状态下进行的小组工作中学得更多。**

这种声明是显而易见的，但是如果我们强调意识这个充满着广泛的观察、纪录和解释的术语，学习将会变得更加丰富。

以上文章是在黛安娜学校的教师以及零点—瑞吉欧研究小组的研究、解释和讨论的基础上写就的。其中黛安娜学校的教师有：玛丽娜·卡斯特尼提（Marina Castagnetti）、索尼娅·西波拉（Sonia Cipola）、蒂齐亚娜·菲利皮尼、伊莎贝拉·马力诺、伊芙利娜·里韦贝里、劳拉·鲁比齐和维卡·维奇。特别感谢蒂齐亚娜·菲利皮尼、克劳迪娅·朱迪奇和卡拉·里纳尔迪的有益建议。

社会个人主义

该片段节选自方案"美丽的墙",一个集体性的陶瓷雕塑活动。

作者:5岁、6岁儿童
教师:玛丽娜·莫里
　　　保拉·斯特罗齐
　　　维卡·维奇
摄像:维卡·维奇

在不忽略方案最终目标的情况下,儿童经常会用一种有意识的、智慧的"社会个人主义"的行动,实施一系列保持小组凝聚力的策略。我们想借此说明,儿童似乎可以意识到每个个体都能从这种来自集体的成功中获益;根据努力得到的益处(儿童对此非常敏感)和以社会关系与友情身份得到的益处(儿童对此更加敏感)。

在工作过程中,儿童使用一种适宜小组工作的"良好方式的代码",即一种小组似乎遵循的正式规则的混合体,这些规则被认为对达成目标是有效的。事实上,正是这些规则的有效性保证了儿童的研究能取得更大的进步。对我们而言,越来越多的"良好行为"术语的存在似乎太过短暂,所以与这种行为有关的活动也就不能从小组学习的过程和概念中分离出去。

为了说明这点,在此我们提供一个方案中的一段简要摘录。在这个方案中,儿童正在为校园的内墙创作一个陶瓷雕塑。

为陶瓷雕塑选择最后的设计

儿童在集体制作形象的象征物（绘画、雕塑等）过程中，最费力的阶段之一往往是其最后的设计（"设计"是指在制作出最后的集体产品之前所做的数次实验）。

儿童简化地使用影印的图画和模拟墙的一张纸，在上面放置陶瓷雕塑。儿童按照自己的愿望选择图画并将它们放在一起。

6个儿童（3个男孩，3个女孩）先前已经以两人一组的方式准备拼贴画的设计，现在他们就有了三组不同的设计。由全班儿童来为陶瓷雕塑选择包含最好思想的一种设计是一个非常微妙的时刻。*

最后的产品几乎变成了一个有许多头、胳膊和腿的单个身体。这样一种身体所宣称的联盟似乎不仅预示着而且也是一种团结一致的需要，要求选择一种设计放弃另外两种设计。儿童往往想保留每一个设计。

在这个例子中，排除其他设计似乎太痛苦了。所以先是达尼埃莱（Daniele）然后是琪亚拉提出了假设，通过排除解决了选择的问题。

---

* 在"美丽的墙"的最后方案确定下来的那个时刻之前，班里所有的儿童都轮流参加（就像这里的片段所描述的那样），这是最初的那个小组参加的情形。这样的轮流是由方案实际操作的程序来决定的。

这儿，我们只提供琪亚拉的假设，因为它是最后被采用的一个。

琪亚拉说：我有个主意。让我们一起来做一个新的设计。在征得别人同意后，每个人可以放进一片，这样，我们所有的人到最后都可以轮到。

为了实现琪亚拉的想法，孩子们自行安排了顺序。每个人轮流选择一个动物和植物的图案来组成一幅拼贴画；然后，这个孩子再把它放在模拟的墙上……

同时询问其他成员是否同意。

然后，这个孩子返回队伍的最后，等着再次轮到他。

我们认为这是一个缓慢而枯燥的过程，并向孩子们说明了自己的困惑。他们同意我们的想法但仍然泰然自若地继续进行。同时，他们解释到，利用这种系统，他们所有人都能在墙上做自己的工作，而且所有人都能表达自己是否同意其他人的决定。儿童有很强的公正感，因此，如果他们理解和共享了公正的意义，那么他们就准备好了去服从更多的规则。同样强烈的愿望是儿童把自己看作是小组中一个独立的个体。

已经完成的设计

儿童在一个小组中一起建构时不但表现出自豪和兴奋,还表现出一种舍弃公认的个人特征的愿望。在随后要介绍的片段中,我们已经在许多其他情境下证实了这种现象,正如我们已经看到的,为找到将这两者结合起来的解决办法而做的诸多努力。这种解决问题的办法通常是随着经验的积累,在儿童5岁半时出现。当然这种现象并不意味着同样的愿望不在更早的年龄出现,而是的确曾在许多情境下一闪而过。对年幼儿童来说,找到解决问题的办法是很困难的,因为它要求清楚地讨论和同样清楚地共享(或许仅仅是由于我们的浅见而阻止我们注意并意识到这种现象的发生)。这里所描述的片段则能帮助我们看得更清楚,并使我们在与儿童一起追寻解决问题的途径时有更清醒的意识和更多的敬意。

在这种关系的网络和集体的关注中,个体的智慧和创造是减少了还是增加了呢?它们被集体建立的自我调节束缚了还是获得了更大的灵活性和流动性呢?这些只是我们要问的诸多问题中的两个,它们为讨论提供了大量的资源。

我们的印象是小组的情境提供了丰富的条件,尤其是如果它伴随着对不同个体身份和能力的认可与利用。这种情境有助于发展智慧的诸多特征:如讨论、解释、协商、考虑同一问题多种可能性的能力以及将其他观点作为资源的能力。

便于交流的工作小组的规模

摘录自"4岁生活的一天"
教师：玛丽娜·莫里
　　　保拉·斯特罗齐
方案合作者：维卡·维奇
摄像：维卡·维奇

工作小组的规模是一个已被广泛讨论和著述的主题。或许，它与通常学校中的活动和生活的研究结果已很少有共同的关联。

从早晨到校的那一刻起，儿童就在相互等着，讲述各自的事，计划他们在校的一天以及他们将承担的角色。工作小组很少超过3个或4个儿童。只有男孩有时会形成较大的小组。

在何种程度上由教师提出的说教方法能在这种关系中测定他们自己？在何种程度上我们能凭直觉来看待自己的观察和具体的声明呢？

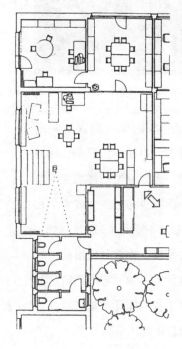

在我们进行各种多学科活动的过程中，而且一般而言是在所有被组织的学校生活的时刻，我们都应该谨记由儿童自主显示出来的能使交流顺利进行的小组规模的极限。在我们学校，儿童的工作小组会同时从事不同的活动。小组成员很少超过6个；如果是即将进行的主题需要，小组成员会达到8个。在一个由25个5岁、6岁孩子组成的班级中，会有6个小组在同时活动，有些组会有一位教师，其他的则是儿童自己活动。对于自发组成的小组，活动前教师会在儿童计划的基础上就材料提出假设，以保证在成人不在场的情况下材料能激发儿童探索和体验的兴趣。对于3岁儿童，小组的组织自然会有些微的差别（一般而言，我们会有3个组，每一个小组都会很小）。随着时间和经验的拓展，儿童建构着他们一起工作和学习的关系与方法。

小组中的小组

该片段节选自方案"美丽的墙",一个集体的陶瓷雕塑方案。

作者:5岁、6岁的儿童

教师:玛丽娜·莫里
保拉·斯特罗齐
维卡·维奇

摄像:维卡·维奇

当我们讨论一个小组时,我们实际上是在讨论集合起来并被分成两三个主题的小组中的个体。

过去,我们经常错误地将小组作为一个有着内聚力的单位来观察和纪录。尽管小组有共同的目标和满足所有成员的愿望(正如我们在已经提到的第一个片段中所试图展示的),但小组并不总是遵循单一的节奏(认知的、相关的、移情的等),相反却趋向于同时建立多种节奏。我们现在看到的这个以前曾提及的片段(集体的陶瓷雕塑方案)在这点上已经进入生产阶段。儿童在用黏土制作动物和植物。

6个儿童(3个男孩,3个女孩)正围坐在桌旁,和教师一起商讨并决定用黏土做什么的主题。他们讨论时,有些孩子在围着桌子活动,这样最初的单一讨论变成了在女孩组和男孩组之间交叉和同时进行的讨论。

尽管他们在一起相处很好,但是男孩和女孩经常会自动地分成单独的小组。当被问及原因时,儿童的回答如下:

卡特琳娜:通常,男孩和女孩认为他们并不是用不同的方式而是用几乎相同的方式讨论。不过有时女孩相互挑选是因为她们是

朋友,是朋友对一个小组是很重要的。否则,女孩们有时会不想讨论。

费鲁齐:在这个小组中,你必须努力工作,如果你们是朋友,你会工作得更好。如果你犯了错,没人会说什么而你还可以重新开始。

阿曼多(Armando):我更喜欢和女孩一起工作,因为她们很友好,说话有礼貌,不吵闹。

在这个特别的片段中，儿童自发地组成三个工作小组。3个男孩决定一起做一只蝎子，每个人负责一个不同的部分：达尼埃莱，擅长于用黏土制作但不够耐心，他做蝎子的头和身体；阿莱西奥（Alessio），擅长造型且能坚持，做蝎子的腿，因为蝎子有很多腿而且做起来有点难；达维德，口头表达很好但不擅长建构，被安排做蝎子的刺。当儿童自愿参与并展开一个方案时，他们已超出了似乎仅仅满足于结果的阶段（一个完全共同的阶段）。他们知道为取得良好的结果怎样利用小组成员的不同技能。

小组的气氛是活泼而开心的。如果其中的一个男孩放弃了工作，他会立即受到斥责，但建构的错误很快会被原谅。因有时间重做，小组中总会有一位朋友介入进行调整并随时帮助解决出现的困难。

蝎子做好了。男孩们曾参考了一本自己从图书馆找到的书，上面有节肢动物的图片。寻找并使用工具以达到良好的结果是一种积极而智慧的学习迹象。

教师通常也使用这种方法。我们有大量附有动物图片的书籍，书中使用显微镜及新技术能够让人们看到许多不同寻常的细节，这些对儿童的想象力和理解力有重要的贡献。

那3个女孩，经过相当长时间的协商，决定由劳拉和卡特琳娜一起做一棵大树。

> 劳拉：我们已经知道该怎么做！
>
> 卡特里娜：看起来像真正的树皮。
>
> 达尼埃莱：（从他正在做蝎子的桌子旁瞥了一眼）要解决的问题是让树站起来。

琪亚拉选择了单独做一只青蛙；那是她非常喜欢的动物，她似乎对青蛙有一种特别的移情能力。

她是个非常好交际的女孩，但有时她却真的很喜欢单独工作。（因为她能用黏土熟练地制作，或许她担心集体的工作会降低作品的审美品质，抑或她只是觉得按照自己的方法制作会更快乐。）**所以，这个组就由三个小组组成。不过，为了整个活动的持续，她们之间仍然保持着警醒、持续和相互联系的关注。**

琪亚拉的雕塑从青蛙的眼睛开始。在制作动物时运用这种有意识的结构是从一幅对她有意义的、吸引她的图中形成的，也就是说，眼睛是青蛙可识别的要素，所以她从这里开始。

琪亚拉和青蛙在互相研究着对方。

女孩们会不时地相互提出建议和意见，有些评论很友好，有助于保持愉快的气氛；另一些评论则激励着她们比较那些关于即将要做的工作的其他观点。

青蛙已经做好了。它非常漂亮。琪亚拉按照同伴的样子，或者是接受了同伴的建议，也用了书中的图片。通过孩子们的雕塑，我们明显地发现他们并未囿于简单的复制图片。如果要雕塑的主题不可能在你面前或者你对它极不熟悉，这时图片可以被用来更好地记住主题并掌握其特征。被用作参考的图片形象为儿童头脑中的形象提供了更多象征性的假设。

工作小组的弹性

那棵巨大的黏土树需要花费大量的时间和工作，而那时劳拉和卡特琳娜两人都极不耐心，她们决定向埃莉莎（Elisa）和达莉亚（Daria）求助，因为这两个女孩子能很熟练地用黏土制作。

在方案实施的不同阶段，成员的加入和退出意味着什么呢？在这个特殊的例子中，对埃莉莎和达莉亚意味着什么呢？

在这个班级中，儿童熟悉各种各样正在进行的方案，并以向别人提供帮助作为技能被认可的标志。或许围绕着"助人者"正在做的事，方案框架的意义是不甚明了的，但在方案中，参与的不同水平，即便是零星的参与也总是被展现出来并被接受。

当方案进行时，经常会出现最初的小组流失或接受成员。

方案的自然进程和参与者的特征导致了小组在规模变化上的开放。

带着个人特性加入的新成员自然就会改变小组及其组织的节奏。

自我组织

正像在这个例子中一样,我们经常会看到儿童通过选择一种分配固定任务的"装配线"方法来解决所面临的复杂情境:

> 埃莉莎,你做所有的树枝。我会把它们放在一起粘在树上。达莉亚,你做叶子,卡特琳娜会把它们粘住……

我们经常看到这种为单一主题而作的任务分配更多发生在女孩小组,但概括而言,我们立即会补充,这种情况也发生在男孩小组。无论如何,在男孩小组或女孩小组,更多被看到的是某些类型的自我组织。

树已经做好了。在这个案例中,女孩用她们看到的窗外的树作为参考。另一个经常由教师提出的策略是使用活生生的模型。我们认为随着主题的描述,这样的模型对获得知识和创造具有移情作用的关系是很有效的。劳拉已经采用一种建构策略做好了树枝,尽管该策略并不经济,但那是她在一个月前在另一个雕塑中所使用过的同一种策略。

如果我们比较在不同时刻和不同背景下收集到的同一个儿童建构策略的纪录,我们会发现儿童对以前有效的建构计划有着惊人的记忆(因为建构计划获得了结果,达到了预期),所以他们倾向于再次使用该计划。尽管对目前的任务并非是最经济的,但在重新使用以前的策略后,儿童会获得一个新的策略。

口头语言

在工作小组中我们通常看到的一个要素是口头语言的使用,通常被运用于以下所描述的目的(这里仅举几个例子):

- 请求赞成的:你喜欢它吗?
- 表示赞成的:不错。很好。
- 寻求意见的:你同意吗?你怎么认为?(因此,意识到了存在不同观点的可能性。)
- 表达观点的:我有个主意……
- 寻求帮助的:我该怎么做这条腿?
- 介入帮助的:我来给你解释。看看我是怎么做的。
- 使用多种计划的可能性:我们可以这样做。来,让我们这样做。
- 在争议后立即寻求协商:让我们像你说的那样做一些,像我说的那样做一些。
- 尤其是女孩,经常会使用一种赞美的语言:哦,你真棒!
- 名字经常被用来(达莉亚,安娜(Anna))吸引其他小组成员的注意。

(语言自然也随年龄在变化。这里的例子是来自 4 岁和 5 岁半儿童的小组。)

不同的时间框架

一般而言,小组没有相同的时间框架,因为每一个小组会按相关的节奏去活动并接近他们各自不同的工作,但我们认为对教师而言,允许这种不同的节奏存在才是公平的。

女孩通常比男孩需要更多的时间,准确地讲是由于她们不同的工作方式和她们所做的不同工作。

自我评价和小组评价

当所有小组都完成了当天的工作(经常会在第二天继续),我们通常会恢复最初的小组并要求他们评论自己和他人的工作。评论不仅针对形象的材料,而且针对整个建构过程,儿童可以回顾他们认为最重要和最有趣的阶段与时刻。这种回顾有时会借助于儿童已经完成的作品（绘画或其他物品），有时会利用教师的纪录，或者通过观看录像（尽管很少用到）。如果可能（新的数字技术已经使照片的使用更频繁），在回顾时儿童也会使用照片。

我们认为回顾对我们方案的研究是一个非常重要的结果，后面的章节我们会展示一个片段，更加清楚地突出这点。

自治的方案

参加者：5岁和6岁的儿童
摄像：维卡·维奇

有许多方案儿童是以完全自治的方式实施的。我们只了解其中的一小部分，可以肯定其中的许多方案我们未曾意识到。

这里提供的是我们看到的那些方案中的一个简短片段，它使我们设想儿童是带着极大的兴趣和韧性追寻一种微妙而忙乱的社会网络的存在。

对某些儿童来说，从正在做的工作中转移到其他小组并提出意见和建议是很正常的现象。而其他时间某些儿童因特殊目的被招来是由于他们被认为在某个特殊领域有着熟练的技术。这种情况通常发生在涉及语言如书写的活动中。

阿曼多想给卡特琳娜写一封求爱信，但是他还不认识所有的字母。他向另一个男孩米歇尔（Michele）求助，因为他已经能自己写字了。教学就这样发生了：

阿曼多向米歇尔口述他想写的内容。米歇尔抱着阿曼多的头像用摄像机一样，指导朋友用眼睛看电脑键盘，逐个指着那些字母拼写出他需要的单词和句子。

卡特琳娜坐在他们旁边，听着这些信息并立即写下她的答复，然而她只能自己写一部分。

卡特琳娜，我非常爱你，因为你漂（亮）。

阿曼多的信息

卡特琳娜的回答

不久之后，我们看到阿曼多用手抄下了电脑上的信息。有点让人吃惊的是，当我们问他为什么要这样做时，他的回答是：**因为那是它写的**（指电脑），**我要写这个**。这就是学习过程的巨大智慧。

阿曼多，明天，我要给你画一幅画，我很高兴你总和我一起玩。卡特琳娜

这个片段使人确认，在有些事情里同伴就是优秀的老师。在很多情形下，我们会采用儿童自己的有效的教学策略（当然要避免把一个人的头当作指示器来用）。

阿曼多希望卡特琳娜成为他特殊朋友的愿望非常强烈，很显然，他把书写看作是赢得她的喜欢的一种技能，所以他组织或参与了各种方案，在这些方案中，书写是交流的一个重要部分……

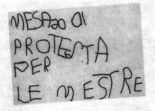

给教师的抗议信

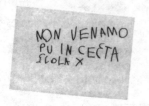

我们再不会回到这所学校

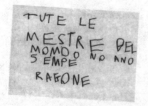

世界上的所有教师并不总是对的

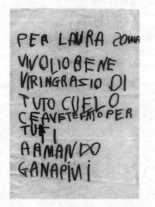

给劳拉和索尼娅：我们爱你们，感谢你们为我们所有人做的每件事

如后面即将发生的这个方案。

当我们把小组分成更小的组时，学校所有的空间包括教室外面都占满了。

一组儿童正和教师在教室入口外面的空地上工作。另一组儿童包括阿曼多，已经完成了他们早晨的工作，正在附近玩并发出了很大的吵闹声。教师在数次要求他们放低声音仍不见效后终于失去了耐心，让他们回到教室里面，那里其他所有的儿童都在进行各种活动。

教室的门被关上了，这样教室里面和外面的小组都可以安静地工作。就在这时，刚才被教师责骂过的那个小组里的一个男孩走了出来，静静而迅速地把一张纸贴在门上，然后返回教室关上了门。同样的场景和同样的姿势被重复了三次，每次换一个孩子，但都是那个小组的孩子，其中有一个是阿曼多。

教师起初专注于自己的工作，并未注意这件事，不过她很好奇。走近门，她看到三片纸，上面是写给她的话。

我们怎么都不能理解这个小小的抗议方案是由这个小组实施的？

这个片段仍在继续并促进了教师和儿童之间的理解。

三个月过去了，阿曼多继续给卡特琳娜写求爱信，现在是他自己在写。而且，书写已经变成他和教师进行交流的最佳方法。事实上，几乎每天，索尼娅和劳拉（两位教师）都会收到阿曼多写的评论与要求。在学校的最后一天他们收到了如左图的信息。

我们确信，动机总是学习成功的基本要素。

小组的形成

儿童怎样自发地相互选择

摄像：维卡·维奇

过去在评价中犯过多次的错误就是声称小组的认知进步了，但事实上理解和进步只是小组一两个成员的成果。如果个体和集体的活动过程未被同时纪录下来，这种错误的评价就极易发生。

个体和集体在学习方式上有些因素是相同的。有些是不同的，如暂停、倾听的时刻、其他人思想的恢复等。为了理解这些要素，教师需要知道自己的理论，并有纪录的经验。

个体在小组中呈现的特征是使一个小组成为学习小组的重要基础。这个观点曾被零点方案的研究者在"学习小组的形式、功能与理解"中广泛地论述过；在322页的小故事中我们听到儿童在形成小组时是怎样相互选择的。

这张标准的目录很长并被修改过多次。细心的教师明白，当她提出小组的构成时，如果她想确保该小组正常运转，还必须和儿童进行协商。她也明白，不论她的假设多么"正确"，它们都从不是确定的。另外一个必须考虑的因素是儿童实际所处的每一个情境以及与他们生活和工作有关的背景。

我们并不相信为寻求规则而形成的模型；尽管熟悉它们有好处，但我们却不相信那些规则。我们需要十分明晰和开放地确定它们是否在起作用。重要的是教师的意识和将儿童放在小组情境中的愿望能增进对个体和作为整体的小组进行理解的可能性。

有些儿童由于相似和不同的原因，很难形成在一个小组中存在并发挥作用的口头语言和肢体语言。不能与他人合作会变得令人沮丧和厌烦。在我们的经验中或是一些纪录中我们已经清楚地看到有许多这样的儿童，他们有时不能正确地确定困难，所以他们与同伴游戏和工作时，虽然有动作和身体语言，尤其是口头语言，但却不能吸引并参与到同一方案的其他活动中。似乎在他们的社会化愿望与缺乏满足这种愿望的姿势和口头表达能力之间存在差异。这通常会导致争论和过度的攻击性行为，疏远和同伴的关系，并将自己置于消极的境地。

应该给予儿童实验和练习其社会关系与社会学习的机会；或许我们对与此相关的过程了解得越多（学习与合作），我们就越能帮助那些在实践方面有困难的儿童。

学会合作

选自一个由所有5岁和6岁儿童实施的合作建构的简短研究。这些儿童被分成男孩组、女孩组和男女混合组。

教师：索尼娅·西波拉
劳拉·鲁比齐

方案合作者及顾问：维卡·维奇

摄像：维卡·维奇

在这章中，我们描述的几乎所有片段都是良好合作能力的典型，因此，我们就冒了这样一个风险，即瑞吉欧的儿童有一种与生俱来的合作才能，这使得学校工作似乎与此毫不相关。

尽管瑞吉欧·埃米利亚这座城市有着根深蒂固的合作文化和组织，尽管好交际是儿童强烈的愿望，他们也一直在持续而自发地实践着这些，但涉及方案的工作与合作的态度及过程却并不是预设的。

有效的学习受益于有组织的合作情境，这种情境尽管在形式上会发生变化，但却会多次重复。教师必须准备好去评价他们是否为儿童提出了建议、所用的方法以及确保个体与合作学习机会的工作组织。

如果合作和协商的技能在一个特定社会中被认为是重要的，那么学校或许就是一个最容易被挖掘、开发和实践这些技能的场所。

接下来的片段涉及用黏土进行的建构。在这些片段中，合作和协商的态度很清晰，但却并非是想当然的。如果儿童有很多机会实验这些技能，他们会自然地用各种方式使用并使这些技能发展得越来越高级和令人满意。

在这章中这是第二次出现黏土作为使用材料，因此，我们怀疑是否要包括下面的片段。但是当这些片段都提供了支持我们主张有效性的例子时，我们相信这证明了我们所冒的风险是正确的，因为关于学校中使用的各种材料和语言（自然比这里指出的要多得多）这些例子做了错误的描述。

我们描述的这个片段与两个类似的雕塑有关,这两个雕塑是由同一组儿童在一星期内分别做的。

第一个建议是对围坐在两张桌旁的8个儿童(4个男孩,4个女孩)提出的,要求他们用黏土真实地反映他们此刻的情景。也就是说,由围坐在一张桌旁的4个儿童用黏土建构一张桌旁围坐4个儿童的情景。

这个建议就是迫使儿童寻求合作的策略,在一系列可能的范围内为儿童提供发展、试验和巩固小组工作的概念。

儿童觉得这个建议很好玩,立刻接受了这个复制他们自己和现在情景的游戏。

然而两个小组却很难马上找到合作的策略。

事实上,尽管教师数次提醒以确保儿童清楚该建议,但男孩仍在单独进行。或许为了更稳固,每一个男孩都把做好的一张桌子和一把椅子放在黏土做的地板上。费鲁乔先开始,其他三个男孩也紧接着这样做了。后来,在费鲁乔的建议下,四块地板被接了起来(这样做男孩们非常开心)形成了一整块地板,上面放着四张桌子和四把椅子。最初真实反映情景的主意还是在费鲁乔发现教室里他们用来工作的实际上是四张桌子后才真正被实施的。只是在那一刻,他们才确实接受了选择其中一张桌子,并围着这张桌子放下他们坐的四把椅子。在这些讨论后,他们选择了最大的一张桌子。

男孩组最后的雕塑

最初女孩组部分复制了男孩组的模式，每个女孩做了一张桌子和一把椅子，最后就有了四张桌子和四把椅子。

然而和男孩不同的是，在对已经做的工作进行了快速检查后，她们立刻就接受了最初真实表征的想法。并毫不费力地选择了最大的桌子。

然而，她们并不接受使用已经做好的椅子，而是决定重新做。她们小心翼翼地工作着，并不断调整着椅子和桌子的尺寸。

当教师问她们为什么要重新做椅子，她们回答道：这些椅子更好坐。因为它们必须和桌子相配。如果其他孩子来，就能有足够的椅子坐。

女孩组最后的雕塑

在每个方案结束时，对教师而言，记下一些反思是有用且必要的，即便很简略。下面是我们的反思。

• 两个组（男孩组和女孩组）的活动都使我们在一定程度上确信有意义的工作环境是重要的，有着激发动机的作用。

• 在一定程度上儿童也确信，在合作组织中所做的选择是一种优先选择，如果可能，为了解决问题不是要排除而是要民主地保护和使用所有参与者个人的工作。

• 一个疑问：为鼓励每一个儿童个体的工作我们决定在桌上放一块黏土和一个工作台，应达到什么程度？伴随一个建议而呈现的背景和材料比我们通常认为的因素要重要得多，因此，应该仔细地予以考虑。

我们应该保持清醒的头脑（尽管我们经常忘记），这样才能提出与儿童的策略更加协调一致的建议和活动，他们也才能有更大的自由和创造性。

一周后，我们决定提出一个类似的主题并观察过去的经验在多大程度上对我们和儿童有用。

我们按照儿童先前经验给我们的暗示对新建议做了某种调整。这种情况经常发生在我们工作过程中，建议通常由儿童提出，同时也就确定了我们继续下去的方向。

在开始新的方案之前，我们要求儿童观察先前所做的雕塑并试着回忆曾经发生的事。

女孩们首先回忆起她们作品的稳定性问题：椅子倒下了，它一直倒着。如果我们把椅子的腿加粗，它就不会倒了。

男孩们看着他们的作品，毫无疑问地说：这是我们的教室。

他们继续开心和快乐地回忆着地板的建构，然后说：你知道那是朱塞佩（Giusepe）的胜利，我们把自己放在他桌旁，因为桌子的长度正合适。

没有人赢得真正的胜利——你知道，它不是一场自行车赛！

但一开始我们争论着，因为每个人都想用自己的桌子，是我第一个提出选择朱塞佩的桌子。

是的，但是那样并不好，因为如果每个人都想赢而其他人又不想输，这样他就会因为失败很伤心，真的。

教师说：如果最后你们4个人完成的这件作品真的很好，那么你们4个人就都赢了。

耶，太棒了。这几乎是件伟大的作品，我们一起做它很开心。

教师说：你们把自己的作品连同其他的桌子和椅子放在教室中的主意也给了老师一个启示：你们为什么不和所有的朋友一起做教室里的每一件东西呢？那将是我们教室的一个真正的模型。

这个主意被儿童接受并和其他同班

同学进行了交流,这样,一个涉及班里所有儿童的方案开始了。这是一个小型的研究,能让我们纪录下儿童的合作策略,也能让我们把儿童放在背景中,在这个背景中,儿童能在小组工作的组织和协商中反复使用他们的技能。

这个研究仍在进行中,所以我们没有最后的结论,但是我们跟踪了前两个小组并纪录下了发生的事,希望儿童能利用他们过去的经验,就像我们努力做的那样。

然而,我们知道无需太确定,因为儿童经常不可预期,令我们迷惑。我们需要相当灵活而乐观地看待儿童和我们的能力。

男孩组　　男孩决定做可以合在一起的两张桌子和能放在迷你工作室的几把椅子。

他们是两张相互接触、真正紧密连在一起的桌子。

有了以前的经验，男孩们没有做任何预先的口头商量，立刻就开始工作了。而我们宁可等待不去干涉。过了一会儿，

费鲁乔：现在我要做两张很好的桌子。每个人必须做两张桌子。

教师：如果每个人做两张桌子，迷你工作室会有多少张桌子？

6张……不，是8张。

教师：迷你工作室只有两张桌子……

米歇尔：那么我们就选我的吧。

朱塞佩：我要选我的。

费鲁乔：我要做一张桌子，米歇尔（坐在他旁边）做一张，你们（坐在附近的朱塞佩和达维德）做椅子。

朱塞佩：不，等会儿。我们要做桌子，你们做椅子吧。

这次儿童在一条长椅上找到了可用的材料（黏土、工作台、木质工具等），而且被邀请去拿他们需要的材料。

其他分配的争论还在继续。在这里，做桌子继续被当作威信的成分，或许是由于先前的经验，它成为争论和选择的目标，抑或是因为提名自己做桌子的人是费鲁乔，他有点被当作是个领导者。

朱塞佩：好，我有另一个办法：费鲁乔做一张桌子，坐在他旁边的米歇尔做两把椅子；我做一张桌子，坐在我旁边的达维德做两把椅子。这样我们做的桌子和椅子就正好可以放在迷你工作室里。

朱塞佩的假设对建构目标是很完美的，但由于不能满足每个男孩做一张桌子的愿望，所以讨论仍旧继续。我们希望他们能达成一致。无论如何，尽管有分歧，但由于与先前经验有关，男孩们总会找到一个组织工作的方法。

教师：为什么谁都不想做椅子？

费鲁乔：因为椅子真的很容易做。

教师：难道你们不记得在做另一个雕塑时，你们说过，那不是一场竞赛，一起做事真的很开心吗？如果你们能取得一致意见那会更好。

朱塞佩：因为如果米歇尔想做桌子，那样不好；我们一直争论浪费了很多时间。所以如果同意我说的就可以做出决定。

米歇尔：不，我不同意。

费鲁乔：来，我们必须作决定。

米歇尔：好的，让我们这样做。我们先做椅子，然后再考虑桌子……也许我们可以像那次一样：做四张桌子然后选两张。

问题就这样被暂时搁置。我们想看看他们是否解决、怎么解决这个问题。

男孩们现在在做椅子，然后开始做他们自己坐着的形状。

费鲁乔：看看我怎么弯曲我的脚。

 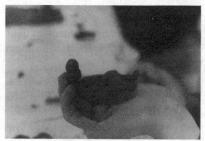

雕塑终于完成。他把他的脚做得很像坐姿那样的弯曲。

199

米歇尔转向教师：索尼娅，以后你选我的桌子，好吗？

他用黏土做了个大大的"S"形（是他名字的首字母）并放在椅子的底部，作为他雕塑的标记。

其他人也采纳了这个主意，每个人做了自己名字的首字母并放在自己做的椅子旁边。

费鲁乔，米歇尔：我们累了。不想再工作了。

达维德：谁想做桌子？我要做一个。

教师：达维德正在做桌子。你们三个做吧。谁想做另外一张？

米歇尔：一个人做桌面，一个人做两条腿，另一个人做另两条腿。

问题似乎解决了，尽管仍有两张桌子尺寸不同的争议，及同一张桌子的腿由两个不同的男孩做会是不同的争议。

费鲁乔：我做的腿短，你做的长度正好。

费鲁乔：嗨，你做的椅子太高了。人的腿坐下来放不到桌子下面。

米歇尔：好的，即使放不到下面也没关系。我们不想再做了。

最后雕塑终于完成了。如果能再花点时间和努力，男孩们会达成一致，教师未做进一步的评论便接受了他们的作品。

教师要求男孩们评论他们的工作，然后和他们讨论了以下问题：

每个人什么时候想做同样的事？如何作决定？如何达成一致？如果没有人改变自己的想法怎么办？

教师认为抽象的处理这些问题可以帮助儿童以更清晰的眼光接受问题的协商。

女孩组　　我们给女孩提出了相同的主题：做两张带椅子、椅子上坐着儿童的迷你工作室的桌子，目的是更好地观察男孩组和女孩组的相似和不同之处。

伯纳德塔：我们要做我们坐下来写东西的样子吗？

她的建议将她们的工作放在了一个有意义的背景中。

像男孩一样，她们从长椅上拿到了要用的材料，开始工作了。

萨拉（Sarah）：我想用黏土做几张纸和几支钢笔用来写东西。

伯纳德塔（Benedetta）：我想做桌子。

卡特琳娜：我也想做桌子。

珍妮佛（Jennifer）：我想做孩子和钢笔。

伯纳德塔：我有个主意。珍妮佛做纸，萨拉做钢笔，我和卡特琳娜做桌子。

卡特琳娜：好主意。

不像男孩，女孩很快分配好了任务。

当她们在相当轻松的气氛中工作时，每个人都是专心致志的，并对别人的工作保持着警醒，她们一贯如此。

卡特琳娜：伯纳德塔，你的桌子看起来有点像放蜡烛的蛋糕。

萨拉：珍妮佛，你做的纸太大了；它们不适合桌子。

珍妮佛默默地毁掉了她的黏土纸做了张小点的。

伯纳德塔仍在做桌子的腿，在某个点上放了两条腿然后把它们远远的分开。

教师：你为什么要移动它们？

伯纳德塔：那是（卡特琳娜已经做好的桌子）张大桌子，我也要做一张更大的。

教师：迷你工作室的两张桌子是一样的还是不一样的？

卡特琳娜：它们刚好一样，可我只知道怎么做这张。

教师的话通常仅仅是为澄清一种直觉或已经由儿童表达的想法。

伯纳德塔把桌子的腿分开得太远了；桌腿之间的距离太宽，当她试着把黏土的桌面放在上面时，桌腿倒了。

卡特琳娜在远处看到了便过来帮她的朋友。她在四条腿中间放了另一条腿。

但黏土的桌面还是变弯了。

卡特琳娜：我知道你该做什么。你把桌腿再靠近点或者把它们做粗点。

教师：好主意。

卡特琳娜返回她的桌子做另一个桌面，尺寸和她仔细量过的其他桌面一样。

然后她把桌面放在伯纳德塔已被适当调开的四条腿上。卡特琳娜和伯纳德塔继续一起做伯纳德塔的桌子。

在完成作品前,她们碰到了两次以上的测量问题:因为椅子必须"适合"桌子和坐着的人,而人的腿太短脚就够不着地板。后一个问题通过加长腿很容易就被解决了。

然而理解把太高的桌子降低花费了更多时间,最好的办法不是用手向下压扁而是从桌腿上去掉一点黏土。

我们应该始终牢记,对儿童而言,没什么想当然的事。

他们探索一切,每一个新的背景都会使实验重新开始。

在这里,女孩之间的合作似乎比男孩的多得多,但我们应该非常谨慎,不要过分自信地将其普遍化。

已完成的雕塑

大约一个月后，在为放在院子里的一座陶瓷桥做黏土模型过程中，正是男孩（其中几个在前面描述的片段中提到过）组织了现在6个参与者所做的工作。

在这个特殊的例子中，我们在女孩和男孩身上都纪录下了高级的合作技能。

我们愿意认为重复的合作机会和我们作为教师对自己作用的更多关注已经开始显示出有效性。

小组中的个体学习

> 节选自方案"3岁儿童的游戏手册"
> 作者：5岁和6岁的儿童
> 教师：伊芙利娜·里韦贝里、保拉·斯特罗齐
> 方案合作者和顾问：维卡·维奇
> 摄像：维卡·维奇

> 在讨论小组学习时，存在一种误解即小组学习只发生在小组合作建构同一件产品时。在我们看来，一个学习小组必须这样界定，即使产品和学习过程是个体的，但只要它是在关系的网络中产生和建构的，其自我评价与评价是由小组和在小组中实施的，那就是一个学习小组。下面我们要展示的是一份关于几个个体学习过程的简要观察，一份已做好的完整描述，其中有我们称之为研究的笔记簿（一本带有图片的小型影印书，它对整个经历给出了总的看法）。这里儿童做游戏"蔷薇花的篱笆"的图片展示从个人产品开始，然后儿童继续与小组其他成员的产品比较。这些作品很快就演变为保留着个人产品的小组文化产品。
>
> 我们常常喜欢探索传统的主题，诸如绘画，目的是发现那些经常被隐藏在我们正常碰到的产品背后的无形内容。那是一种对"难以言表的真理"的研究，正像鲁格罗·皮兰托尼（Ruggero Pierantoni）曾描述过的对日常事件的批评和理解。

努力与乐趣

与过去相比，儿童可以方便地获得大量图像，其中有许多来自电视——那些漂亮或丑陋的图像，那些智能的、标准的或老套的创造。

接触过大量图像，并不意味着一定会有更强的绘画能力。或许在大脑图像和与生物年龄相联系的绘画能力之间有更远的距离。儿童似乎发现，就去掉他们看到的和有助于建构他们图

像世界的真实表征的范围而言，接受一个图像比过去更难。

同样地，儿童发现很难接受更好的表征技能，因而也就很难对他们的产品更满意，表征技能是通过更多的绘画获得的，是通过接受反复地画同一主题的测验获得的。为了发展，像所有其他语言一样，绘画语言需要有表达、实验和实践的机会。儿童能接受的渴望得到一个物体和最终得到它之间的时滞也许已经变得更短了。

很难预测，任务绘画在未来会是什么。或许，它会被其他形式的表达方式替代，或者变成一种比今天更准确的语言。我们认为失去在表达潜力和概念内容上如此丰富的语言是一件憾事，因此，我们试着要确保儿童维持一种积极作画的愿望，不会因为过多的挫折而厌恶画画。

作为教师，我们相信决不能把概念上的这两个方面，即表达的和认知的严格分开，这是非常重要的。尽管我们认识到一个形象的表征是由许多平面组成的，但我们要准备好去支持儿童在表征过程中更喜欢其中的一个部分。

下面要描述的这个片段是一个情境的一部分，这部分强调学习的努力以及儿童由于看到自己能力提高而产生的快乐。

当儿童的努力和决心指向一个清晰的、可共享的目标或被运用于有趣的情境时，学习情境下所必需的努力和决心就更多地被儿童接受，但最重要的是要将它们与儿童获得的快乐和满意联系起来。

多年来，我们收集了大量的观察和纪录材料，提供了证据证明，儿童在3岁时怎样形成关于他们所画图像的三维性质的问题。他们使用各种绘画策略回答所提出的问题，诸如用纸的两面或求助于三维技术来画同一个物体。

费德里卡（Federica）（3岁2个月）宣称她想画一匹奔跑的马。画一完成，她就看着并大声评论道：一匹马有四条腿。她把纸翻过来，画了两条奔跑的腿。

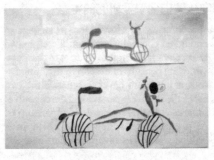 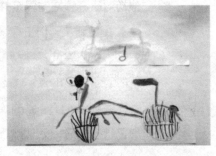

埃莉莎和瓦莱里娅（Valeria）（都是5岁6个月）画了两辆分开的自行车，都找到了描绘它们三维特征的类似办法。

埃莉莎翻过纸画了第二个踏板。

完成了她的画以后，瓦莱里娅评论道："一辆自行车有两面！"她走到窗前，翻过纸，在纸的空白部分映描了整个自行车。

我们选择了去支持这类研究的努力，因为我们认为很有趣。我们试着让其他儿童参与思考这些提出的问题，但不给他们提供模型和解决的办法，只要确认情境就能强有力地突出儿童独立研究的问题。下面描述的这个片段（这章中所有片段中最长的）也是在这种背景中。

方案的假设

在开始与孩子一起工作之前,我们总是做一些笔记并对即将要进行的方案做一些假设,这可以成为最初确定方向和反思的工具,也可以作为与同事进行讨论的基础。我们从如下的方案最初阶段开始,这些是老师们写的,因为我们相信它们有助于我们理解开展新方案所用的策略。

1. **最初对研究领域的界定并向孩子们建议要研究的主题**

   注意到孩子们正探索着用二维的媒介如绘画来表征三维的主题,我们尝试着寻找并设计一个方案,把这个方案公布,让新的问题涌现出来,以支持孩子们的探究。

   我们确定了一系列绘画主题,以此为契机引发一些与不同的背景有关的,更具挑战性的表征问题,例如足球比赛、夺旗子比赛等。

2. **确定开展方案的有意义的背景**

   我们建议孩子们制作一本游戏手册,里面包括相关的游戏规则和插图,这本手册对于即将要来幼儿园上学的3岁孩子来说可以留作纪念。

3. **与最初确定的主题有关的最初问题**

   那些我们最初向他们建议的,孩子们对于即将遇到的在绘画和概念上的困难有哪些设想?

可以建议孩子们对绘画做出预测,这种方法有助于他们对可能的问题进行聚焦,这样使他们对面临的问题有更清醒的意识。

4 与孩子们的语言假设有关的初步观察线索

- 在方案中孩子们能感觉到什么困难?
- 为了让表征更加清晰,就要从不同的视角来画人物。
- 用二维的手段来表征三维的主题会产生什么可能?

有多少儿童参与了这个预测性假设的游戏?

他们使用哪一种语言表达?

其他儿童倾听这种语言表达的水平和性质,其他儿童有什么贡献?是否积极地参与了讨论?

在晨会的时候,全班孩子聚集在一个地方,他们似乎对为更小的孩子介绍一些游戏及游戏的相关规则很感兴趣。他们提议用非常直接的交流形式(这不需要什么能力就能做到),例如亲自到学校去介绍游戏,或者在他们做游戏时让别人用摄像机拍摄下来,然后把这个录像放给3岁的孩子看。

经过孩子们和老师协商,孩子们所建议的那些很聪明的解决办法最终被聚焦到两个:一个是用录像进行交流,另一个是编一本里面有正文和图画的手册。

他们提议第一个要描述的游戏是"蔷薇花的篱笆"("Ring-around-the-Rosy"),他们认为这个游戏特别适合3岁孩子。

5 "蔷薇花的篱笆":游戏规则是,在游戏中,游戏者围着圆圈跳舞,看到信号就蹲下。(Merriam-Webster's College Dictionary,10th Edition,1994)

"……孩子们的'蔷薇花的篱笆'的游戏并非毫无意义地转来转去,似乎他们围着一个空间进行转圈活动,尽管这里面可能什么也没有,但是它却划定了一个界线使之不变成别的什么,多亏这个转圈活动。"

这个转圈是一个古老的游戏,我们认为几乎世界各地的孩子们都用各种各样的方式做这个游戏。但是它也是一个复杂的表征性场景,因为这个表征必须解决游戏中被置于孩子们手拉手所划定的空间里的人物旋转(前面、后面和侧面)。我们的文化把这个空间定义为视角(即便这是明显规定的,我们也应该一直记住,视角不是一个客观的情景,而是一种文化解释)。

当我们意识到可能对"蔷薇花的篱笆"游戏有帮助的各种隐喻和哲学解释,在这个案例中我们使用这些哲学解释主要是把它当作一个有名的背景,孩子们经常"寓居"其中,它突出了研究的问题,以及从不同视觉水平表征人物时有可能的解决方法。

6 **建议的方法**

各种绘画材料,不同大小的纸张。建议是面向全班同学提的,在选择小组的组成上教师留给孩子们相对的自由。

观察的要点如下:

- 孩子们选择了哪种小组构成？为什么？

- 孩子们口头设想时提出的问题，又在多大程度上在绘画表征时重现？那么他们又是用什么方法解决的？他们是无声地解决呢，还通过提问解决的？他们向谁提这些问题？

- 他们进行了什么样的对话？发生了什么样的相互影响？

7 自我评价和评价

要求由四五个小朋友组成的小组对已经完成的画，以及他们口头预测与实际绘画作品之间的关系进行评论。

小组的形成十分重视成员之间交流的融洽程度，也重视不同绘画方法的运用。其意图是强调和澄清孩子们建构观察的价值。

观察的要点如下：

- 孩子们最强调什么方面？

- 在进行评价时他们使用的是哪一种口头语言？

- 孩子们有没有什么偏爱的解决方法？如果有，是哪一种？为什么？

- 绘画者有没有放弃或辩护最不被他人欣赏的绘画方法？他们使用了哪一种观点？这些解决的方法有没有被存储起来，在其他的情景中可能再次出现呢？

这些方法是教师们列出来的最初的有关方案的框架；以后焦点主要集中在与孩子们一起工作上面。

"蔷薇花的篱笆"游戏

尽管这个方案是由来自同一个班级所有孩子一起做的,我们的叙述只涉及故事的一部分。这个情节只集中在3个孩子对"蔷薇花的篱笆"游戏的绘画表征上,他们是朱利亚(Giulia)(4岁10个月)、李奥纳多(Leonardo)(5岁6个月)和乔瓦尼(Giovanni)(5岁7个月)。故事的情节是个体学习的标志,是在小组内并在小组的帮助下建构的。

孩子们玩"蔷薇花的篱笆"游戏,讨论"蔷薇花的篱笆",设想着可以采用的绘画表征方法,然后把它画下来。

我们从整理口头的设想和三个故事中的主角个人的绘画开始。

乔瓦尼:画一张"蔷薇花的篱笆"的画是容易的,因为你画一些小孩脸朝前面,然后……不是所有小孩的脸都能画出来的,有些只能画他的背。

乔瓦尼似乎对做什么的思路非常清晰:他确定需要从各种角度画游戏中的儿童。

这幅"蔷薇花的篱笆"是乔瓦尼对如何表征做了口头设想以后画的。他对自己的作品做出了如下评论:

我画了一种不同的"蔷薇花的篱笆",画中小孩的头都是朝前面的。

乔瓦尼似乎很轻视自己的错误,只是说是"不同"的,但是"不同"里面可以包括很多东西,甚至可以包括玩"蔷薇花的篱笆"游戏的小孩是排成直线的。

李奥纳多：我想画一幅小孩玩"蔷薇花的篱笆"游戏的画是很简单的，因为你只要这样画一个圆圈（他在空中比划了一下），然后画上小孩……然后……就画好了！

对李奥纳多来说，圆圈似乎成了支配整幅画的形状的东西。

一旦他的画完成了并且他非常满意，李奥纳多对它做出了这样的评价：看！这么大的"蔷薇花的篱笆"，这里是一条手臂，长了点儿，但如果不长就够不着了！

在他的画里，李奥纳多照着前面语言假设的图式，先画圆圈然后再在上面画4个小孩。

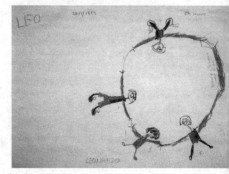

当孩子们完成了绘画以后，他们被要求在小组里对自己所画的"蔷薇花的篱笆"做出评论，同时也对小组里其他成员的作品进行点评。

小组的形成部分是根据孩子们自己的提议，部分是在老师的指导下的，老师会考虑到孩子们所采用的策略不同，确立包括找出问题的方法和寻找解决问题的方法。

有个孩子首先做出评论，然后轮到朱利亚：
朱利亚，你画的怎么样？你能把画给我们看看吗？
朱利亚（她的手肘倾斜着，前臂放在画上）：
不行，好了，我知道我画得不对，我把小孩画成直线了而不是圆圈……这个很难画！

老师的评价没有如朱利亚自己那么苛刻，因为老师看到在朱利亚的画里，她把小孩安排在画纸的对角线上。从这个布局，我们能看出她已经问过自己一些聪明的问题，并用绘画很聪明地把"蔷薇花的篱笆"中孩子的空间位置表达出来。

老师对所有的画都做了评论。

朱利亚：是的，它们不是真正的"蔷薇花的篱笆"，但我们已经尽我们所能了。

乔瓦尼：（笑）我们为什么不像我们画中的小孩那样站一下呢？

乔瓦尼的办法就是回到通常的用绘画来解释现实的做法。在我们看来，这是不错的方法，用这种方法即便表征失败了，也能为发展思维带来有趣的元素。这是个绝妙的主意，充满着问题、试验和乐趣。教师们支持了这个主意，后来又在全班范围里，一组接一组地做。

这里，我们将追随前面已经介绍过的两个儿童的作品。

朱利亚：我需要6个小孩，因为我画了6个！

她仔细地看了看自己的画显得有点困惑，因为她不知道如何让同学像她画里那样，站在奇怪的对角线的位置上。

她用手把孩子们的头放置在对角线上，这个问题就解决了。

她也非常仔细地调整朋友们的手和腿的位置，使他们站立的样子与自己所画的"蔷薇花的篱笆"里的小孩精确地匹配。

张开你的手臂，你们的手没有紧紧地拉在一起，现在手与手只是接触。

李奥纳多也根据画里小孩的人数（4个）叫了4个同学。按照李奥纳多画里一样的位置躺下来，孩子们发出一阵欢笑。

乔瓦尼：在李奥纳多的画里，他是从上面往下看，他站在那里，我们躺在地板上。

我们继续观察李奥纳多心里是怎么贮藏乔瓦尼所用来解释位置关系的视角，以及后来是如何运用这个视角的。他人的评论和解释经常能让我们对自己所做的选择有了更清晰的意识。

李奥纳多：要画真实的"蔷薇花的篱笆"的话，我们需要每个人都站起来！

一个最有趣的瞬间是孩子们根据李奥纳多的要求，由躺着转为站着的。

孩子们站起来后，发现自己肩与肩的朝向是在"蔷薇花的篱笆"游戏中不可能的那种背对面。

李奥纳多：不对，这样不对。这个又小又有点傻的"蔷薇花的篱笆"。背转过来朝着别人的背，但身体必须朝着别人的身体。

朱利亚：但是图画总是静态的。你怎么才能让"蔷薇花的篱笆"画得像真的一样呢？

乔瓦尼：来吧！伙计们，我们为朱利亚玩一个真的"蔷薇花的篱笆"游戏，这样我们可以看到在画里我们是怎么样的，就像照片一样！

从乔瓦尼的话，我们发现，他似乎把自己置于局外人的位置来观察，这样他对整个情境就有了一个全面的认识。懂得如何用思想来转换空间是很重要的。

乔瓦尼：这里，有的孩子你只能看到他的背。我能看到朱利亚的背，她在看乔治（Giorgio）的脸；能看到李奥纳多的侧面，他正在看马特奥的脸。

有些话可以被视作思想的发生器，能够启发心智。乔瓦尼所说的话就属于这种：背和面、侧面和身体的前面部分、对视着，都被置于有关系的空间里。这个有关系的位置将成为这个经验的重要部分，别的孩子可以拿来作指导。

"蔷薇花的篱笆" 2

这时，我们建议孩子们每个人画第二张"蔷薇花的篱笆"的绘画表征，把他们放到由 4 到 6 岁孩子组成的混龄小组里。基于老师们对第一次"蔷薇花的篱笆"经验的解释，孩子们形成了新的小组。我们依然关注朱利亚、李奥纳多和乔瓦尼三个小朋友的表现。

朱利亚似乎最困惑了：我继续从背后画小孩，因为你需要……

她站起来伸开手臂，就像她画上的人一样，思考并大声地表达着自己的想法。

好的……我得画一些像我刚才那样站着的小孩。我画的这个女孩的头是转过来的（她在前面把手臂张开）。但是其他人呢？我怎么才能把他们站立的样子画下来呢？我不知道如何从侧面画小孩。

乔瓦尼：朱利亚，你必须画侧面……

他给朱利亚看了他画的第一个人。他安排人物的策略值得关注：

手臂在前面伸开，准备与一个朝前面看的孩子和一个朝后面看的孩子牵手。这个侧面的人物在乔瓦尼的"蔷薇花的篱笆"画中起到固定结构的作用。

朱利亚，这是一个侧面，你最好先画侧面，因为不那样的话，你一直画呀画，你就不知道接着画什么了！

这也许是他自己在画第一张画的时候遇到过的问题（把玩"蔷薇花的篱笆"的孩子安排在一条直线上）。

李奥纳多：我知道你是如何画做"蔷薇花的篱笆"游戏的孩子。首先你画一个圈，就像一个"蔷薇花的篱笆"……然后你需要画一个站在圆圈外面并朝圆圈里看的小孩……

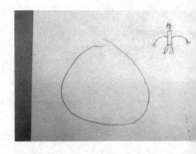

我们前面看到的李奥纳多的最初的图式依然非常强烈，刚才对现实中的"蔷薇花的篱笆"的试验似乎还没有打破他的最初的图式。或者，它已经被打破但还需要时间去改变，因为绘画模式是一种概念的图式。

乔瓦尼：嗨，李奥纳多！你只有从前面看才能看到小孩！因为你从后面看过来看到的小孩一直在这里，一直在！

李奥纳多：好的，那么我要给这个、这个还有这个都画上头发。

李奥纳多用铅笔把位于最显眼位置的那几个人的脸都涂黑。

画第二张"蔷薇花的篱笆"时，所有孩子都选择用铅笔画。这个选择也许表明，孩子们意识到绘画过程中可能会遇到困难，这样就有可能对作品进行修改。

错误和修改是研究和学习的组成部分。应该把它们看作是智力活动的表现，不必对此担忧。

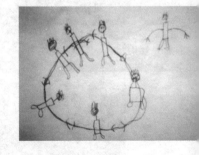

李奥纳多：这就对了，因为……看：这个小孩正在看这个小孩，然后这个小孩正在看这个小孩，这个小孩看这个小孩……这里，画完了！

然后，作为对自己作品的最终评论，他又加了一句：你可以从上面看画里的小孩，像这样。他站起来，举起手，他似乎在尽可能高的角度上看画：……从上面看他们似乎像躺在地上！

在对自己的作品进行解释和评论的时候，李奥纳多用了乔瓦尼前面说过的两个解释的视角：一个位于"蔷薇花的篱笆"的关系空间中的小孩，正看着另一个小孩的脸。

现在我们可以很清晰地看到，在学习过程中，在孩子们之间是如何持续地彼此学习知识、假设和视角。

这张朱利亚的画展现了3个从后面看的人。

朱利亚依然被困在两难的情境中。她已经理解必须要画小孩的背，这个信念已经受到李奥纳多和乔瓦尼之间的对话强化。结果，她又加了两个背面的女孩，但她还是不满意。

朱利亚走到乔瓦尼跟前说：你是怎么画站在对面的人呢（面朝前面的小孩）？

乔瓦尼（指着朱利亚画中3个手拉手站着的背面小孩）：朱利亚，我有个主意！这个小孩在看谁呀？你得把他们画在另一边，否则他们什么都看不到了。

乔瓦尼：看这个，我们在画真正的"蔷薇花的篱笆"。伙计，到这里来，我们来玩"蔷薇花的篱笆"！好的，我看乔治一会儿，又看了李奥纳多一会儿，乔治在看李奥纳多，李奥纳多在看乔治，然后我们转圈，在你这个局外人看来，一切都变化了。

李奥纳多：朱利亚，现在我要给你解释侧面……看着我！看见吗？它就像一条短短的线条一直在转，就像这样。

最后朱利亚打消了疑问，她画了两个从两旁看中间的人，但问题依然存在：对的，但是现在我把其他人的头放在什么地方呢？我还能再画一些脸吗？

乔瓦尼：你能看到一点点前面……不是全部，但你能看见……中间这里还有一点空间，可以画小孩，他们在看这些小孩！

乔瓦尼：看我画！

又经过一番犹豫，不时地看看乔瓦尼放在桌上的画，朱利亚完成了自己的作品。

尽管也许没有在空间的表征上体现出来，但孩子们似乎已经理解了人物的旋转。因为朝前和朝后的人物几乎被压缩在一条基线上。

219

自我评价和评价

我们建议孩子们再次在小组里欣赏一下他们所完成的作品。这不仅仅只是讲述一下他们的活动,而是重新思考他们整个工作的过程,他们所遇到的困难、疑问、解决的方法以及尚未解决的问题。这是一个很困难的过程,但在我们看来这又是很重要的(我们经常这么做),可以培养我们对所做的事情和所用的策略进行自我反思的态度,从而能够支持并强化能让我们达成理解的方法。

小组的组成特别考虑到了在第二次表征"蔷薇花的篱笆"时孩子们想出来的解决问题方法的多样性。

孩子们正在相互之间观赏着对方的绘画作品。

老师:我们是否可以来比较一下你们发现的解决方法呢?如果可以请解释一下你第一次和第二次作品有什么变化?

评价有时候看起来非常苛刻,但它是人类的一个非常宝贵的工具,尤其是在一个和谐的情境、同伴当中,在共同的背景中进行评价。当然,评价并不容易。因为会有许多不同的观点,但同样合理的观点之间也会出现冲突。首先,画的作者的观点,他有一个心理映像并意识到,作品是自己所想与所能做的之间冲突的一个调解。而同学们以一个不同的方式来阅读、表征真实的情景,常常破坏了作者所达到的平衡。

孩子们一般理解、想出解决的办法,说明他们的思维已经发展了。这是一个重要的进步,能引发孩子们朝着可能的方向行动——这就是维果斯基所说的"最近发展区",在最近发展区里,学习者提高了理解能力。

在这一点上,老师的作用就是细致地强调这个进步,尽管这个进步也许很微小。孩子们应该从这些经历中成长为一个胜利者。

朱利亚：达维德，你画的"蔷薇花的篱笆"真好！第二张画里有好多"蔷薇花的篱笆"！

达维德：是的，我也觉得我第二张画得不错，但是也许我需要把圆圈的形状作一些改变……我应该画许多不同形状的"蔷薇花的篱笆"，因为当我们在真的"蔷薇花的篱笆"游戏里移动的时候，圈的形状是变化的，它并非始终保持同一个圆形！

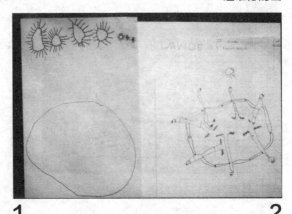

达维德的画

1　　　　　　　　2

达维德：如果我们这么做，但是（他拿起一张纸把它圈起来），它看上去像在走来走去。

孩子们也许不是绘画的专家，但是他们对人物以及在做"蔷薇花的篱笆"游戏时转圈移动带来的欢乐理解得非常到位。

从最初的用语言设想开始，达维德就表达了要画做"蔷薇花的篱笆"游戏的小孩是不可能的，因为绘画中的人不能真的走来走去。当时，在他工作的过程中，始终没有放弃寻求一个解决该问题的方法。用绘画来传达一种动感是一个非常有趣的问题，我们将在以后的方案里继续介绍。

乔瓦尼的画

1

2

乔瓦尼：哦，对我来说做实验总是很管用的！

乔瓦尼：看见那一排人了吗？那是我画的第一张"蔷薇花的篱笆"。我不喜欢那张画，因为它太简单。然而，当我试着画一个朝向那边的"蔷薇花的篱笆"时，我懂得了好多东西，因而一拿到画纸就……（乔瓦尼讲话的语速一如他平时讲到自己经历过的事情时那样，非常地慢。而且，他讲述事情时还总是喜欢打乱顺序。）

我没有马上就开始画……我停了一会儿……然后就开始想……我在想"蔷薇花的篱笆"……我想啊想（意识到每个人都安静下来在专注地听他讲，乔瓦尼讲话的风格有点夸张）。我想出了一个"蔷薇花的篱笆"……就像我真的看到的一样！于是，就按照心里想的那样一模一样地画出来，我画的"蔷薇花的篱笆"是对的！我从那个侧面站的人开始画……如果我从朝前面站的那个人开始画的话，我头脑里的东西就会消失……

相反，我画了那个侧面站的人，他的两只手像这样（伸出手）准备抓他旁边的两个小孩的手。我画的第二个人是后背朝着我们的，然后再画一个面朝我们的……然后，就像这样一个一个地画！

朱利亚直接从第二张画开始解释。

朱利亚的画

我发现第一件事情是你不得不画背朝我们的人。然后，对于这些（侧面的）人我已经知道怎么画了，因为我已经画过几个像这样站着的小孩。但我不知道在画"蔷薇花的篱笆"里的小孩时，你得按照一个朝前接着一个朝后这样的次序来画。乔瓦尼把这个道理给我解释过了。然后我实验了好几次，后来我懂得必须画他们。最难画的是那些你从前面能看到的人。因为画这些人的时候，你几乎没有地方画了……所以我把他们画得很小。

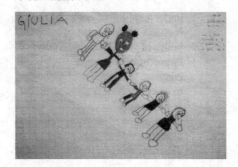

1

2

我们认为在这里不需要进一步的评论和解释了，因为正如案例所展现的，孩子们能够异常清晰地对自己的创作过程进行自我反思。

这是一种非常有价值的能力，需要经常有机会让他们反思、比较各种想法，并运用技能。

再次发起问题

后面我们与孩子一起做的事情，受我们对所观察和纪录的过程的解释引导。

在我们刚才描述的实验中，孩子们对一些概念的理解（例如，人的形状的轮换与不同的视角有关系）的确有了进步，但是需要进一步提供机会让它们巩固。相比之下，表征空间的问题还是没有解决，虽然对运动的表征是个有趣的问题，但它才刚刚开始萌芽。继续工作这样才能认真对付这些问题。

在这个案例中，我们建议对另一个游戏进行表征："红灯，绿灯*"，与"蔷薇花的篱笆"相比，它需要关注延伸的空间，在这里人物相对于观察者处于不同的位置和角度。

---

* 游戏开始的时候，一个小孩面朝墙，背对着其他游戏者。那个小孩说"绿灯"后就开始计数。其他孩子都从同一个地方开始，尽快地朝着数数的孩子站着的那堵墙的方向跑。当数数的孩子转过身来，大声地叫一声"红灯"，在跑的孩子都要暂时停下来一会儿。如果让数数的小孩看见有人还在动，那个人就要被送回到起点。

根据乔瓦尼和达维德的建议，我们认为用摄像机把孩子们的游戏过程纪录下来也许可以提供一种移动的照片。

老师非常仔细地从各个角度进行拍摄，包括一个正从梯子上爬下来的孩子……

让孩子们组成小组，然后对他们从各个角度看到的东西进行讨论。

讨论和观看继续进行着。

游戏被模拟成一个比例模型。

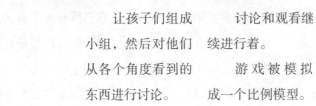

225

对"红灯，绿灯"游戏表征

乔瓦尼的画再次证实了它对人物的旋转和空间都理解。指着在纸的最上方的那个人，他说：我把他画得小一点是因为这个人离得最远。

为了用图画来表示整个游戏场景，他用了一种在建筑学上称为"不等角投影图"的表征技巧，这是用从上往下看的视角来呈现的。这是一个非常先进的视角，给整个情景带来非常强的叙述感。

在李奥纳多的绘画中，空间被3个水平标识出来：最近的部分是工作室的墙，然后是位于走廊的装扮游戏的建筑物，数数的小孩就站在这个位置，然后就是位于不显眼的地方的大门入口处。游戏是在工作室的墙和装扮游戏的建筑物之间进行的。

李奥纳多：数数的小孩只要一转身，每个人都必须站在那里绝对不能动，否则他就要受到惩罚。

李奥纳多似乎也理解了身体的转动和空间的表征。

在朱利亚的绘画中，她很聪明地把自己放在能看到所有人后背的位置，这是她运用得最成功的表征方面的一个新发现。她把人物安排在整个画面的方法，使我们能感受到她在进行空间的研究。这使她超越了把所有人物都画在一条基线上的阶段（常常与纸的底线重合），而这一情况在这个年龄阶段的孩子中是很常见的。

3个孩子画画时，纸都是垂直放置的，这表明了每个小孩在观察场景时所选择的角度。首先，这个技巧表明，孩子们较好地利用了画纸提供的空间机会来表达多重表征性位面（planes）。

更多的机会是由后来其他在玩的游戏和运动的孩子提供的，并通过绘画和三维材料表征出来。例如，孩子们围坐在桌子旁玩多米诺、玩足球、玩抓旗子、玩捉迷藏等。

对整个事件的纪录、对同一个孩子在不同时间所画的各种画进行比较、孩子们说的话以及交流的纪录、老师和孩子们之间的对话，都是宝贵的材料，能让我们从更广阔的视角进行评价而不只是用最终的作品（这个案例中是绘画）进行评价。尤其是，随着他们共同所参与方案的进展，这种评价是儿童与教师之间进行的一种友好的评价和自我评价，它开启的是一种新的可能性，而不是为了做出一个固定的判断。

注：游戏手册的编辑的确在进行中，但尚未达到预定的出版目标，部分原因是其他一些不可预见的有趣的方案可能会发生。

在一次全体教师和孩子的集会里，大家决定完成另外两个项目：

• 家庭和学校规则表（一个出版物，源于儿童中开展的有关规则的意义、解释和建构的讨论，以及孩子们与家长之间直接的对话和协商）；

• 为瑞吉欧·埃米利亚市的一个重要剧院制作舞台幕布。

最终的档案（纪录）　　在本次体验中制作的所有材料都被转化为幻灯片文档，它们是：

• 给儿童、父母和其他学校的老师展示并跟他们进行讨论。

• 组织文档的公开讨论小组，对墙上张贴的各个阶段活动的总结进行讨论。这些材料是：方案起源的导言，理论上的介绍，有关某些孩子的事例，以及在整个方案进展过程中的研究和学习笔记。

这类笔记只需花费很少的钱就能复印和传播，从而可以收集不同的观点和其他与我们不同的有价值的解释。

无论是什么形式的档案材料，都应该是能够很容易传播的，能引发不同想法和解释之间的比较。

这类工作所呈现出来的主要问题其实非常简单，是建立在许多观念的基础上的。

• 想象和创造不能与认知方面相分离。

• 知识是一个冒险的经历，它应该通过个人的和小组的研究体验到，这种研究发生在由个人和小组的节奏决定的各种时间框架中。

• 这种方法的特性可以建构一种知识，这种知识更能培养人的创造性，并能应对不同问题和语言（学科）。

• 在制作档案和不时地与他人比较观点的过程中会产生反思性思维，这种思维能培养人的理解能力。

• 教师必须留意勿使日常的操作和说教活动违背了理论。

• 教师的持续学习也是必要的；因而，文档材料给我们提供了一个更好地认识孩子们及我们自己的思维策略的机会，让我们参与一些类似与其他人交流想法和观念之类的重要活动。

学习的指示剂*

有没有一些评价的要素能帮助我们理解一个小组是否进行过学习？如果有，又是在什么水平的学习呢？这是来自美国零点项目的朋友们曾经问过我们的许多有趣的问题之一。

经历了最初在哲学和心理学上拒绝接受那些形式上的和去背景的评价参数之后，我们认为，这些参数对我们而言是不适宜的，不能解决这方面的最终评价。同时我们依然深信许多评价过程可以在工作中进行。不过，我们仍然确定了一些在我们看来是对学习过程进行表征的要素：使用某种类型的语言、建构假设、形成理论及行动的策略等。这些要素部分是从我们的一些书籍中找到的，但大多数来自我们数年的实地观察积累起来的经验。我们把这些要素分类组织起来，列出长长的一个清单（无疑太长了），最终制成指示学习的表格，这个表格在我们看来对于评价儿童和我们自己的工作是非常有用的。

为了确定这些"指示剂"的效度，我们尝试着把它们用到不同的主体和过程中去。

要举一个这方面的例子很难，因为如果没有书面和口头的解释，这些表格实际上很难被理解。此外，我需要进一步实验、总结、讨论、交换意见。但是，我们觉得我们确定的这些指标绝大多数在分析学习过程，以及对这个过程提供一个全面的评价方面还是很有用的。特别是，这些指标能够帮助老师对于观察的线索（要进行记录的情景）在心里形成一个心理地图，从而引导和支持教师在工作过程中进行观察。由于指标提供了用来解释档案的敏感而中肯的要素，因而增强了教师们在日常的工作中与孩子们相处的意识。

它们是一些非常有趣的工具，即便是我们依然在想，对教

---

* 见"学习小组的形式、功能与理解"一文中的建议七。

师来说，最形式化的做法是接受它们。也就是说，确定某些指标，并与教师们进行讨论，然后对它们进行检验。只要我们不要太刻板地追随指标，一个参考的清单当然可以提供方向，反之，我们就成了这些指标的俘虏，丢弃了我们对儿童的好奇，也丢弃了我们倾听和研究的态度，而那些东西在我们看来恰恰是一个好老师的指标。

伪造的指标

不言而喻，有些学习者和学习过程几乎不能用这些指标来评价，例如，那些与具有深刻的表现力的方法有关的东西（不包括简单的问题解决），以及从中播种了态度和概念的种子，并期望会及时发芽的那些东西也是很难用这些指标评价的。

例如，了解一片小叶子的生长结构，获得的不仅是看得见的、形式上的结构，也包括了构成其生命（和死亡）脉搏的生长节律，因为是一个活的有机体而接近它——意味着建构了一种不同于正规的学校里所学的知识（学校知识通常被最广泛地表征）。这里的知识是通过注意的和强烈的关系（这正是我们希望培养的关系）建构起来的。在我们看来，这种类型的学校对儿童和老师来说都是要紧的，更具有文化的普遍意义。

这意味着这种包括持续地注意关系的方法是很难用指标来衡量的，即便是成熟的指标也不能对其做出检验。从某种意义上说，语言关系就是，我们要懂得如何为了听者而讲，如何理解和评价语言。

我们要与孩子面对面地相处好几年，这也是一个挑战，一个不太容易评价的挑战。

鹤

两所背景不同的学校（瑞吉欧·埃米利亚的维莱塔学校与华盛顿特区的样板早期学习中心）的孩子之间进行交流的想法，源于这两所学校的五六岁孩子与阿米利亚·甘贝蒂老师的一次讨论。阿米利亚·甘贝蒂老师曾经在维莱塔学校执教了好多年，现在在华盛顿特区的样板早期学习中心工作。在一次回国访问瑞吉欧的时候，她给维莱塔学校的孩子们带来了许多有关美国儿童和美国学校的消息。

老师和孩子们希望与阿米利亚保持联系，加之对美国儿童的经验的好奇，使他们产生了在两所学校的儿童和老师之间进行通信的想法。

能够与如此遥远的人分享兴趣、想法、经验并建立新的友谊，这个想法立刻在整个班级以及学校的儿童、教师和家长当中激起了极大的热情。

经过一段时间的交流，许多信息、礼物、磁带和录像在两个学校之间寄来寄去。这种交流使他们发现了两种文化之间的差异。然而，在我们的反思中，开始出现一个疑惑：那就是如果要等上10天时间才能收到一封回信，那么孩子们对交流的

传真
想法、理论以及在瑞吉欧·埃米利亚与华盛顿之间发传真

乔瓦尼·皮亚扎

宝拉·巴奇

主角

瑞吉欧·埃米利亚的维莱塔学校与华盛顿特区的样板早期学习中心五六岁的儿童。

教师

宝拉·巴奇；西尔瓦娜·库奇（Silvana Cucchi）；詹妮弗·阿扎里蒂（Jennifer Azziariti）；温迪·鲍德温（Wendy Baldwin）；桑娅·肖普泰夫（Sonya Shopthaugh）

方案提供者

阿米利亚·甘贝蒂；乔瓦尼·皮亚扎；卡拉·里纳尔迪

摄影

乔瓦尼·皮亚扎；詹妮弗·阿扎里蒂；桑娅·肖普泰夫

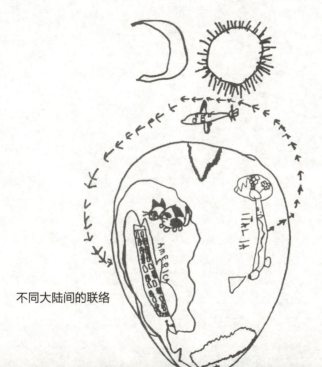

不同大陆间的联络

期望会越来越弱。

在孩子们的话里，我们看到了孩子们越来越强烈地要用更迅捷的方式进行交流的渴望。

但我们如何才能实现这个愿望呢？

小笔友们

瑞吉欧·埃米利亚的风光

华盛顿特区的风光

维莱塔学校的儿童

在华盛顿特区样板早期学习中心

有关快捷通信的设想

亚历山德拉（Alessandra）：你知道吗，我们还没有收到一封美国朋友寄来的信？

罗伯塔（Roberta）：它要走很长的路，任何东西要走那么漫长的路的话，都会花费很长时间。比如你去美国，在5分钟里肯定到达不了！这要花费很长时间！

索菲娅（Sofia）：我想我们的信到达华盛顿之前会遭遇到很多事情：红灯、有很多汽车的十字路口……

阿莱西奥（Alioscia）：它们也会遇到大海……我想它们是用船运到美国的。

卢卡（Luca）：那么如果有一封信丢失了怎么办呢？那么人们就找不到它了，它就到不了目的地了。

贾科莫（Giacomo）：它不会丢的，信封上写着地址呀！不管怎么样，不是信丢失了，而是邮递员把它搞丢了，他说："哦！我把那封信忘了，我现在马上把它送过来！"然后把那封迟到的信带来了——这就是信晚到的原因。

教师：对，你们说得都对，我们的信有可能会碰到许多事情……我想知道是否能有一种更快的方法把我们的信寄给我们的朋友，又很快地收到他们的回信。

索菲娅：好，也许有这样的方法，但我们不知道！

露西娅（Lucia）：我可以问我爸爸，他知道很多事情！

罗伯塔：你需要像闪电一样快！

马特奥：但是闪电不好，它会把我们信烧掉的，因为信是纸做的，那怎么办呢？

贾科莫：我认为我们需要，嗯……我不知道用什么方法。

与孩子们一起谈论这个有趣的话题引发了一场讨论，分享了想法，产生了对正在研究的问题的解决策略的最初设想。

有关远距离通信的最初理论

马特奥：

如果我们要很快地把信送到住在华盛顿的朋友手里，也许我们可以用火箭送。

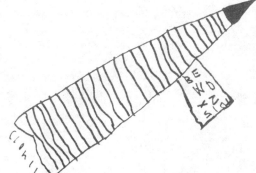

露西娅：

我有一个主意。我们可以派鹰把信送到那里！你把信系在鹰的脚上，就像信鸽，它可以把信送到你要送的地方。

罗伯塔：

我们可以叫风送。也许我们需要一阵非常大的风，吹得那么快就能把信很快送到那里。

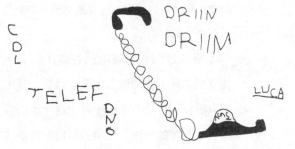

露西娅：

也许我们可以把信放在电话机里。但是如何才能让他们看到我们画的画呢？我想我们还是不得不通过像以前那样邮寄的方法。

237

露西娅：我知道我们需要什么！我在电视里看到过，这是一种电话机。他们把一封信放到一个小槽沟里，然后他们就把信送到某个人手里。在电话机里面有一个打印机，打印机可能把信复印了一份，然后原件还留在那里，复印件到达一个风很大的地方，风会让信飞到他们想要送的国家。

贾科莫：我想这个东西叫"传真"。它看上去像电话机，但它不是电话机，因为上面写着信息的纸张可以从这里面穿过。

露西娅：哦！我现在想起来了！我爸爸的办公室里有一个传真机，他知道如何用传真机发信。他来接我的时候我们可以问他传真机的事。

教师：这听上去是个好主意。你们认为呢？

马特奥：我们可以问问他是否帮我们发信。

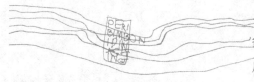

第二天露西娅的爸爸被邀请到学校来倾听孩子们的想法。

露西娅的爸爸：传真机是一种电话，它读取你要发送的信息，然后把它们送到你们朋友的传真号码上。

露西娅的爸爸答应回答孩子们有关传真机如何工作的这个问题。这样，孩子们以后就有可能在小组中讨论这个他们曾深入聆听过的想法，使他们以后有可能逐渐发展有关传真机是如何运作的理论。

卢卡：所以传真就像一张写有信息的纸。它就像一个思想……像思想那么快。

露西娅：也许他们给这张纸取了一个很短的名字，所以它才能更快捷地到达目的。

贾科莫：听听它的发音：FAXXX（传真）。就像一个导弹。

索菲娅：卢卡的爸爸说需要地址，还有信息，以及写信人的签名——这是很容易的。

卢卡：但是你不能放黏土做的东西，因为那样会把传真机弄坏，所有的东西都会弄坏，包括信。

罗伯塔：我也要寄一幅主题为友谊的画，这样我们的朋友就知道了，画中我们这些人就是他们住在维莱塔的朋友。

在我们看来，孩子们正在考虑传真信息，那是很简单的。他们似乎对如何用传真机的兴趣要比对写哪些信息内容更高。

贾科莫：
它就像底下装了个盒子的电话。也许在它里面装了很多电线，还有一台打印机把你要发的信件复制下来。

教师：那么我们来写传真，然后把它发过去好吗？我们该如何写呢？

露西娅：我们这里有好多人，因为当你第一次做某件事情时，你也许不知道如何才能把它做得很好，但其他人或许知道。

亚历山德拉：我知道！有一个知道怎么写字的人，我们可以让他做！

卢卡：我们可以叫一些会做难的事情的小孩，也可以叫一些会做简单事情的小孩……你得要有会做各种事情的朋友。

贾科莫：我们需要马特奥，他知道怎么写数字，还需要索菲娅，她知道如何画一幅很漂亮的有关友谊的画。

亚历山德拉：好，如果你讲一句话，其他人也讲一句话，然后别的人再讲另一句话，慢慢地想法就产生了……

准备

在儿童为开展小组工作而建立的许多规则中,最必不可少的一条规则是:小组中的每个成员必须知道小组正在进行什么活动。在传真发出去之前,每个成员必须看、讨论并进行表决。

从事传真书写小组的形成,部分是基于个人技能而由儿童自己划分的,部分则基于想参加活动的愿望。

马特奥:我知道怎样才能读得好、写得好,我妈妈也告诉过我怎样做!

贾科莫:我知道如何数到100,而且马特奥也是我的朋友。

露西娅:我认为我们需要一张画,一张好看的有关友谊的画。我们可以使用洛伦佐画的那张两个好朋友在交谈的画。

罗伯塔:我喜欢给我们的美国朋友们发一张传真。

在准备传真的时候,孩子们还一起讨论了什么时候发传真。

阿莱西奥:我们可以问问他们是否当我们这里是白天的时候,他们那里就是夜晚。

露西娅:我们可以等一

分钟,看看他们会不会给我们发一个消息告诉我们,他们已经收到我们发过去的传真了。

亚历山德拉:我们希望他们的答复如同光一样快。

马特奥:如同风一样快。

传真已经准备好了,在即将要发往华盛顿之前,班里的其他孩子也看了传真的内容。

马特奥:这是传真,我们一起做的。

西蒙娜(Simone):那是传真吗?那是一个信息,不是一台机器!

露西娅：对，你说"传真"。我爸爸说信息也可以叫传真！

亚历山德拉：那是你的说法！这就像当你说"给我5个"，但你没有给他们一个5，你只是伸出一只手，上面有5个手指。你说，好的，伙计！

西蒙娜：但这是一个非常普通的传真，它甚至没有什么颜色。

贾科莫：但是传真是看不见颜色，它不像我们肉眼看到的那样有颜色。它描绘了轮廓，但它里面没有颜色。

索菲娅：我们这样做，那样当传真机读传真纸的时候不会出差错。

马特奥：我们把它做成这个样子，是因为我们想看看它是否能很快传到那里，而不是因为传真应该要很漂亮。

传送

当孩子们在一起工作的时候，他们常常彼此相互支持，就好像他们要遵循一个处方似的。程序上的节奏、意见和时间选择都要强调每个人意见的多样性，就好像那是一个礼节，从中你可以找到团结一致的，以及在团体中的归属感，而且这还是一种巩固那些不是一直很清晰的动作和手势的方法，有助于建构新的知识。

索菲娅：你是怎么把纸张放进去的？

贾科莫：记住，我们必须把纸倒过来放进去，这样传真机才能把它读出来。

索菲娅：你的意思是跟复印机一样？

贾科莫：嘿！看怎么回事，传真机在吃纸了！

索菲娅：它是吃纸机……但……如果它把纸吃了，它怎么能够传到美国去呢？

贾科莫：也许在传真机的里面有一个像大脑一样的东西，它能复制信息并把它寄出去。

贾科莫：当传真机把信息放在嘴里的时候，似乎是在读我们写的字。

索菲娅：那么，传真机也许给我们的朋友做了一份传真。

罗伯塔：或者，也许传真机做了一张很轻很轻的纸，然后，它飘到美国去……

孩子们怀着好奇和疑惑，注视着传真机的自动程序。

在他们的头脑中出现了什么疑问呢？

他们是不是已经展开最初的有关传真机里面是怎么工作的假设呢？

我们如何给他们提供支持，以让他们的思维展现出来？

索菲娅：

传真机就像电话——打印机。你把纸张放入底部的槽里。在传真机里面有许多特殊的邮票与可以用来写和画的铅笔、钢笔。在传真机里面有许多会流出颜料的小孔，这些小孔会使纸上留有字迹。

索菲娅：

也许我们的传真纸搭上飞机，飞到我们华盛顿的朋友那里。它从意大利出发，完好无损地到了美国。

个人理论

迄今为止,在这个方案中,我们一直追随着孩子们建构各种假设的尝试,最初是有关如何使交流更迅捷,然后是准备和发送传真,现在是有关传真如何到达美国的假设。

作为教师,我们的一个任务是,能够重新发动孩子们讨论出现过的那些想法。

罗伯塔的理论:

我认为传真走了很长很长的路。它是自己飞过去的。现在,我要对此进行解释:这边是传真,那边是华盛顿,它们中间隔着有鲨鱼的海洋,纸张在传真机里面。那么,一张有图画的纸留在我们这边,另一张写有英文的纸飞到空中,飞机把它带到美国去。当它从传真机里出来的时候,它变得非常小,而当它到达美国后又会变大,这样美国的小朋友就能读到那张纸。白天传真纸从这里出发,晚上它就到达那里。

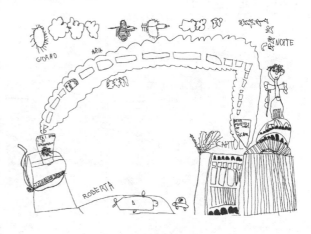

阿莱西奥的理论：

我认为，在传真机里面有一根很大的管子，这根管子一直通到美国。在管子里面有一个弹簧，它能很快地发射信息；在传真机里面有一只假手会按动弹簧并发射信息。

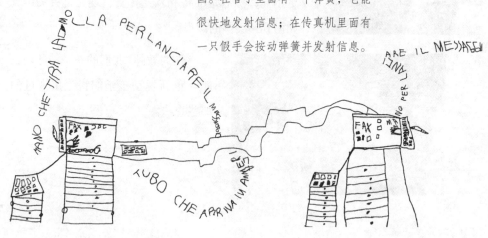

露西娅的理论：

我们的信息从维莱塔出发，然后进入空中。随着风吹飘得很高，跟着小鸟和飞机在云层当中旅行。它在全世界走了一圈，最后停留在华盛顿特区的样板早期学习中心学校。

走向团体绘画理论

团体的构成对于学习的动力学来说是重要的,这种动力学发生在团体内部。分享想法、评价和自我评价、尊重他人的观点,以及在个人研究目标和团体研究目标之间建立紧密联系等能力,是每个个体和团体本身进行学习的必要条件。在这个宏观和微观水平之间运作的框架内部,儿童比较了他们自己的理论,形成了一种强烈的对他人观点的尊重感,并认识到这一观点的某些部分可以共存,并可以一起创造一个更复杂的团体理论。

在团体中重访个人理论,最终使有关传真在瑞吉欧·埃米利亚和华盛顿特区之间旅行的理论的诞生。

罗伯塔:看见吗?在阿莱西奥的画里,你可以看到传真是如何到达美国的。它是在管子里走的,所以它不会在途中丢失。

阿莱西奥:这是一根非常长的管子,所以它可以绕过所有在途中偶遇的任何东西。

马特奥:但你分不清它是从那里出发,通向什么地方的。你分不清它走那一条路。

亚历山德拉:在罗伯塔的画里你能看得

管子从瑞吉欧出发
画上很明显地画着管子的旅行。当管子碰到树的时候,传真在管子里面走,管子朝上走,然后又恢复朝下。此时,管子是弯曲的。

管子在有鱼、海胆和章鱼的海洋里行走,它在地下走是因为它不想把传真弄湿,在走完大海后,管子又回到地面上。

很清楚，你可以看到传真穿越大海。美国在世界的另一端，在大海的另一边。

罗伯塔：在露西娅的画里，你能看出来美国在世界的另一边——它真的非常遥远。

马特奥：是的，但是传真是如何周游世界的呢？我们没有看到纸张在空中飘飞，并钻进人们的家里。

贾科莫：我认为，就像阿莱西奥说的，这里要有一根很长很长的管子，但这个管子走了很长的路。

孩子们似乎逐渐形成了这样的想法，即每个个体的理论都不能充分解释传真的旅行。在他们的讨论中，儿童试图发展一个临时的新理论，该理论利用了部分的在他们看来有价值的个人理论。

传真在空中跨越大海

露西娅的建筑物

卢卡：我认为我们可以叫阿莱西奥去取一张新的纸，一张更大的纸，并问他能否画他的传真，同一种类的，但更长的画。那样，我们可以把其他东西也画进去，像露西娅画的房子；罗伯塔画的大海……我可以写信息吗？

阿莱西奥的运输传真的管子

后来管子到了爱尔兰，一个完全不同的国家。汽车跳跃、房子像小棚屋，那里有山脉和湖泊，即便是夏季，那里也整天下雨。在爱尔兰，船也是不一样的，有两个帆。当管子到了爱尔兰，它是从山脉的中间穿过的。

最后，它到达了阿米利亚和我们的朋友们居住的华盛顿。在美国，管子经过摩天大楼，经过雕塑，进入到学校的机器里。那样，我们的朋友就可以读到我们的信息，我们将思考，就如我们所做的，传真是如何成功地如此迅捷地到达目的地。

贾科莫：我来画瑞吉欧，那是我们的家乡。

阿莱西奥：好啊！我来画爱尔兰，因为她在美国的前面！

马特奥：好啊！但我们不能把到达美国之前的每样东西全画进去，因为那样做的话，我们得用非常长的纸——就像这里到米兰那么长！

亚历山德拉：嘿，不，比这还更长……

贾科莫：我们要一起画才行，因为单单一个人是无法完成如此艰巨的任务的。

露西娅：你不能理解世界上的每一件事物——世界太大了。

通过比较各自的观点，孩子们获得了重要的信息，这使他们能够评价自己和他人的观点。

重新发动：适合儿童的传真调制解调器

总结要点和可能的重新发动

在方案的进行过程中所纪录的观察和解释，使我们有可能看到儿童是如何运用科技的工具进行实时交流的。这些工具不仅是用来交流的特殊工具，而且还是被用作训练儿童思维的"训练基地"。其他有待开启的问题：

现在我们如何将方案继续下去？

我们该如何保持多种形式和各种交流系统，使得儿童能继续使用这个最适合他们观察的方法呢？

我们该如何通过为儿童提供其他可以试验的技术以促进儿童的思维，并以此支持他们的交流呢？

为了实现这些，我们与家长一起，决定给儿童提供一种可以与学校的电脑连接在一起的传真调制解调器，以拓宽交流的形式，但首先是拓宽了为建构新知识而进行讨论的背景。

为了提供一个让这个学校的所有孩子和家长能够看到我们的工作并比较自己的思想与想法的场所,我们(教师和本小组儿童)陈列了在活动制作时的纪录,在墙上的普通区域运用了纪录嵌板。

249

瑞吉欧·埃米利亚市

乔瓦尼·皮亚扎
安吉拉·巴罗齐

主角
安娜丽塔（Annarita），5岁8个月
塞西莉亚（Cecilia），5岁9个月
弗朗西丝卡（Francesca），5岁7个月
埃米利亚诺（Emiliano），5岁6个月
贾科莫，5岁8个月
西蒙，5岁9个月

教师
安吉拉·巴罗齐
乔瓦尼·皮亚扎
特雷莎·卡萨里尼

方案提供者
乔瓦尼·皮亚扎
特雷莎·卡萨里尼

照片提供者
乔瓦尼·皮亚扎

本节的主体是城市：城市的形状、城市的关系、城市的转变以及城市特性（identity）的日益变化和在孩子们眼里被重新定义。在这里我们提供了一组五六岁儿童的反思，他们在做城市主题的几个月里交换过看法和观点。

随着研究的进展，我们看到部分男孩和女孩对城市有不同的理解（感知）。这个情节叙述的是被一组3个男孩和一组3个女孩用绘画表征的想法和意见，因为每一组都是集体设计和建构的。

女孩们的城市

在工作室里，3个5岁女孩弗朗西丝卡，安娜丽塔和塞西莉亚正跟老师一起围坐在桌子旁，桌子上放着各种形状、大小的绘画纸和绘画工具。女孩们已经同意老师提出的集体绘画表征城市。安娜丽塔、塞西莉亚和弗朗西丝卡都已经各自绘过市中心的画。

手头上有女孩们以前的绘画作品能让老师能再次观看并了

解她们的想法，并以此为前提开始他们新的工作。这能让孩子们比较自己和他人的想法，所以她们可以从交流想法开始，这也能激发她们的好奇心并培育一个小组"小气候"里的创作氛围。

女孩们一起选择了她们想用的绘画纸。纸张的形状和大小本身似乎表明了城镇中心的位置。安娜丽塔用手指着纸的中间并压下去。

对中心做拓扑性的区别也决定了她们的起点，不会是市中心而是她们的学校，学校位于城市的边缘。她们决定画一张从上面往下看的学校的画——学校的鸟瞰图。

弗朗西丝卡、安娜丽塔和塞西莉亚坐在绘画纸的同一边。弗朗西丝卡第一个画。

从一开始起女孩们就运用幽默建立关系，在小组内部营造了一种容易交流的气氛。

弗朗西丝卡：我们得画得像西蒙一样，那样你就能看到所有的屋顶。

安娜丽塔：对，它的确很漂亮，但是我们要把鸟类博物馆公园也画上去，这样你才能认出来这是维莱塔市。

塞西莉亚：而不是米兰市。

弗朗西丝卡：米兰市！那岂不是太傻了，难道我们疯了？我们要画瑞吉欧。

对学校的绘画表征花费了好长时间。她们在画画的时候，还一起讲了好多话，其中许多对话是有关校外的友谊，3个女孩始终用预言式的语言来交流她们打算画的东西。

她们从画一些著名的地方（例如，学校）着手，这样就鼓励并促使她们确定要分配给每个人做的任务。

用鸟瞰图表征城市包括一个用来比较个人绘画技能的练习，但在朋友的建议和帮助下很快就得到解决了。在地图上定义了拓扑方位后，女孩们开始讨论每栋房子相对学校的位置。

弗朗西丝卡画了一条她家旁通往公园的路。

塞西莉亚　弗朗西丝卡　安娜丽塔

地图遵循了女孩们要显示房子的标准愿望。孩子们的风格、节奏和兴趣是各不相同的。当弗朗西丝卡和安娜丽塔在互相邀请到对方的家里去做客的时候，塞西莉亚则在继续极其细致地画学校的院子。

同时，她与自己密切关注的朋友之间所发生的事情保持联系。

由于以真实生活为参照点,所以女孩们的绘画进展得很快。

口头语言常常先于行动,似乎行动需要得到小组意见的支持。

安娜丽塔:弗朗西丝卡,如果你是在画路的话,你画得有点太长了,都快画到我家了。但是你不要画那条路,我以后自己会画的。

安娜丽塔:我爸爸在小镇的另一边上班,现在我到那里画他工作的地方。

塞西莉亚:好的,去画吧!但是要画得小一点,否则就跟整个城市不协调了。

弗朗西丝卡:瑞吉欧·埃米利亚不是米兰,你晓得的!

253

孩子们审视城市的视角是变化的，她们的绘画表征了这些变化：从上面看；从旁边看；各种视角混合在一起。

孩子们对根据关系建立起来的城市的兴趣更胜于对城市的空间连接功能的兴趣。对她们而言，关系性功能是主要的：公园、街道和广场日常事件和行为发生的地方，充满了现实生活的经验，这些经验既可以通过绘画来表达，也可以用语言来表达。

弗朗西丝卡对公园尤其感兴趣，她开始画一个位于镇中心的公园。

弗朗西丝卡：这是一个每个人都玩得很开心的公园。一到下午公园里就会有很多人。城市里有好多公园，人们可以在那里游玩和休闲；如果没有那些公园，人们就不知道到哪里去休闲了。

街道成了连接两个有关系的地方的连接物，这里似乎有两条主要街道：一条是经过埃米利亚的街道，穿越小镇的主要街道延伸到学校；另一条是经过塞西莉亚所住的街道。塞西莉亚把弗朗西丝卡和安娜丽塔画的建筑物之间画了一条线连接起来，这样就建立了空间的分界线，使她们能对以后要画的东西有了更好的估计。

塞西莉亚开始画自己的家和位于她家所在的街道上的房子。似乎这组女孩要画一个连续的城市的念头非常强烈，在画中空间是交织的，彼此是迅速积累的（run up），街道成了微观世界里符号性的边界。

各自画好后，孩子们又交换了位置，她们现在一起围绕一个目标：城市中心和它的建筑物。

塞西莉亚：城市永远画不完。它们就像房子连接在一起。我家的房子跟另一座房子连在一起——这是双向的。

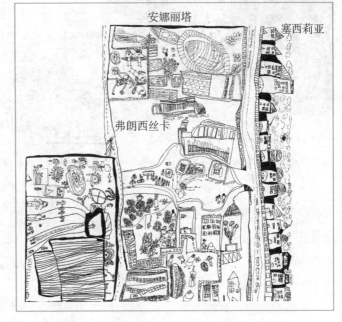

当她们将要开始表征熟悉的地方时，一场生动的讨论又开始了。

孩子们一致同意应该先画市长家的房子，接着在主要广场上画大剧院和带塔楼的教堂。

女孩们常常停下来看看自己的作品并一起评价一番，对她们已经画的部分表现出强烈的审美愉悦。

255

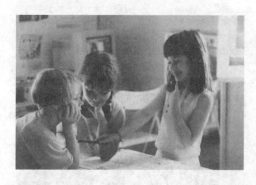

埃米利亚大街和广场再次成为城市的焦点,这也是孩子讨论接下去做什么的焦点。

弗朗西丝卡:城市里不止一两个广场,有好多,不像我们画的只有两个。

安娜丽塔:我知道有很多,有些在埃米利亚大街这边,有些在埃米利亚大街的那边。

最后,她们每个人画一个广场,把剩下的区域分成4部分。

画画快结束的时候,3个女孩对自己的作品进行了评论。

弗朗西丝卡:看,当你在小镇上走的时候,你能看清楚它的模样。如果你爬到屋顶,你就能看到你周围的城市和广场。

塞西莉亚:在广场的尽头,有人行道把所有的房子连起来。

安娜丽塔:广场里面有些乱乱的部分,那是代表人们在谈话。

由弗朗西丝卡、安娜丽塔和塞西莉亚3个女孩所表征的城市充满着关系和生活的印象。

例如:公园、广场、房子和维莱塔学校,不仅是构成鸟瞰图的元素,也是构建城市和人们的生活之间的关系的元素。

男孩们的城市

在工作室,埃米利亚诺、西蒙和贾科莫3个5岁的男孩围坐在一张很大的桌子旁,上面放有各种形状和大小的白纸,以及绘画颜料。他们的任务是一起画一幅关于城市的图画。

在开始画之前,老师问他们想不想再听听他们以前的谈话,再看看各自以前画的图画。孩子们表示同意。

经过短暂讨论,他们决定选择桌子上最大的一张纸来画画。

埃米利亚诺:要画这么大的城市,你得需要一张很大的纸。

西蒙:像地那么大——像城市那么大。

埃米莉亚诺和西蒙开始动手画了，而贾科莫还静静地坐在绘画纸的一旁。

贾科莫

埃米莉亚诺

西蒙

一开始男孩子们之间几乎没有什么交谈。似乎最初的协定（从哪里着手画城市）已经足够让他们画下去了。当埃米莉亚诺和西蒙紧挨着一起开始画城市中心的广场时，贾科莫用手支着下巴，好像决定暂时先看看再说。

在最初阶段，只有埃米莉亚诺和西蒙的绘画表征及所伴随的口头语言。

埃米莉亚诺：所有的城市都是从广场开始画的，广场是城市的中心。

西蒙：好的，我们在底部要留一点空间来画街道，那样人们出门的时候可以走。

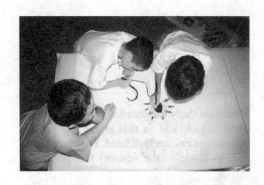

贾科莫似乎依然没有参加到小组的绘画中去。老师决定暂时不去催他一起画画；也许等他或等待相应的时机出现会更好。

此刻，埃米莉亚诺和西蒙正靠得很近地画画——他们手与手交叠在一起，经常交换位置，他们所画的弯弯曲曲的街道坚定地朝贾科莫坐的那个方向延伸。也许这是向他们的朋友发出最初的邀请，要他一起参加到方案中来。

西蒙：街道通向很多地方，在这座城市里一个广场挨着一个广场。

埃米莉亚诺：对呀！否则你会迷路的。我们就这样用曲线来画街道，一直通向贾科莫那里。

大约过了20分钟，西蒙清楚地向贾科莫发出邀请。

西蒙：贾科莫，你干嘛什么都不做呀？

朋友的询问让贾科莫感到有一丝的不快，这一次叫了他后，他做出了应答。

贾科莫：城市必须运转，我必须看看它是否运转。

埃米莉亚诺：贾科莫你看，这是一个不同的广场，它里面有一块给小孩玩的场地，所有的房子都不一样的。

埃米莉亚诺所做的解释给贾科莫创造了通过提供一种能力与另外两个孩子建立关系的可能性。

埃米莉亚诺：贾科莫，你会画房子的屋

259

顶吗?来吧!试试看吧!

贾科莫:我知道怎么画圆形的屋顶。

西蒙:那么你能帮我们画吗?

贾科莫:行啊!

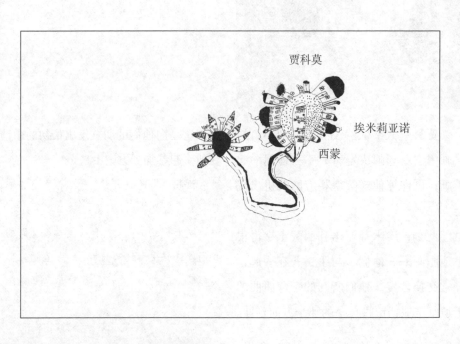

从开始画到现在已经半个多小时过去了,在这个阶段方案得到越来越清晰的定义。某个样式(广场)的重复,促使孩子们共同计划并付诸实施。现在是贾科莫在提建议。

贾科莫:我们再画一个广场吧。我确信城市里有许许多多广场。

西蒙:我们画一个有个足球运动员正在练球的广场好吗?

贾科莫:嗯,好主意!

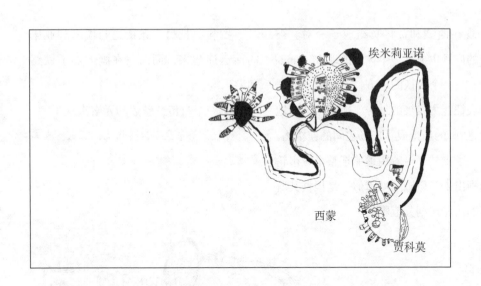

现在3个男孩正并肩画画，西蒙占据了小组的中间位置并与同伴一起讨论。但是正当整个小组形成的时候，小组成员又分开了。埃米利亚诺意识到3个人都挤在一起空间太拥挤了，决定挪到纸的另一边去画他的人行道。

贾科莫：在广场里面有很多人在讲话。

西蒙：这里有漂亮的广场也有丑陋的广场。还有用来停汽车的和踢球的广场。

埃米利亚诺：我想没有广场的城市是很奇怪的城市。

贾科莫：我想他们工作做得不好的原因是不知道有什么地方可以待。

西蒙：所有的城市都是通过街道和铁路连接起来的，对吗贾科莫？

贾科莫：嗯，是啊！街道能让城市连起来并运转起来，所以街道很重要。

现在西蒙和贾科莫组成了一对。被表征的广场也成了一个休闲的地方(resting point），一个交谈的地方，一个男孩们语言和表征能力发展的地方。能够很清楚地看到，所画的街道成了广场之间的连接物，成了一个支柱，沿着街道能把整个城市轮廓勾画出来。所画的城市似乎是根据其所履行的功能来划分范围的。

贾科莫把另一条街道与埃米利亚诺的街道连起来，而西蒙在画上加了铁路和游乐场。

第一个自传性叙述的元素出现了。

西蒙：下午我到游乐场玩，那里有火车经过。

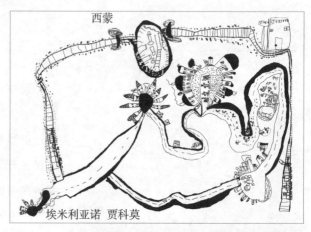

西蒙
埃米利亚诺 贾科莫

每个孩子都沉浸在自己的思想当中，小组成员之间的口头交流暂停了。

西蒙的铁路、贾科莫的通往镇中心的街道以及埃米利亚诺的正在加到地图上去的小广场，给地图增添了新的连接和复杂性。作为一个小组，男孩们想出自己有关城市的想法，并逐渐达成一致

的目标。最终的目标是画一个相互连接的城市：它必须可以找到一条能走遍整个城市的小路，每个孩子都脚踏实地地完成这个任务。

在这一点上，他们的城市似乎成了一个复杂的城市网络，因此，需要暂停一下来检查新的线路。

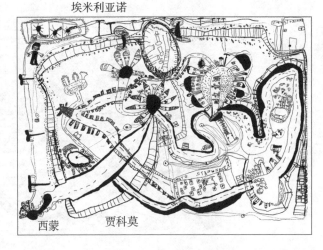

埃米利亚诺：我们需要看一看是否所有的建筑物都连接起来了。

贾科莫：我们需要确保整个城市都连接起来了，没有人会迷路。

孩子们在考虑如何来验证呢？最后他们一致同意用手指沿着街道走一遍。小组的每个成员都要做这项检验工作。走完了整个城市及连接的街道后，埃米利亚诺产生了一个新的绘画的冲动，他提了一个问题。

埃米利亚诺：伙计们，在这个城市里，你晚上怎么生活呢？我们的街道上没有一盏电灯，我们也没有电！

这次重新检查方案使新的想法出现，并要求小组内有人来承担这个新任务。

他们的工作完成后，孩子们和老师一起又重新看了地图，他们不仅对所表征的地图的审美效果进行评价，还对在工作过程中所表达的想法与最终所画的城市地图之间的一致性进行了评价。

贾科莫：尽管看上去有点乱，但我们画了一个美丽的城市。

埃米利亚诺：所有的街道都能让你到达某个地方。这是一个你不用担心会迷路的城市。

西蒙：这个城市可能是瑞吉欧·埃米利亚，因为这里有坎波迪马特，但是它不是瑞吉欧。也许它就是世界吧，因为世界上的人都可以住在这个城市。

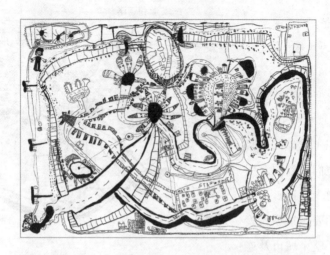

　　由埃米利亚诺、西蒙和贾科莫 3 个孩子表征的城市有完美的功能和连接。火车站、汽车站、沟渠、裁缝店和电力系统不只是鸟瞰的地界标，而是对真正的城市功能来说非常重要的元素，在人们生活中必不可少的。

女孩们所画的城市

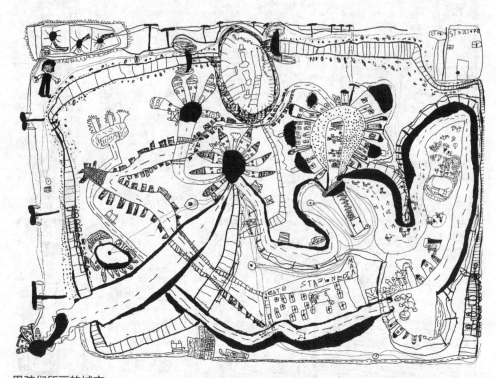
男孩们所画的城市

观点的比较

两幅地图强调了对城市进行表征所依赖的理念的不同。

女孩们对城市的想法是，城市是由许多可辨认的地方组成的，在那里他们曾经真的生活过，那里充满了记忆和生活在里面的人们之间的各种关系。维莱塔学校、女孩们的家、父母工作的地方、与妈妈一起去购物过的超市的广场、平日里与朋友一起玩耍的公园，所有这一切就是她们记忆中的城市。

男孩们似乎更热衷于描述，通过一种几乎是分析性的绘画手法，一个象征性的城市，一个具有能满足人们日常生活必须的和基本需要的有效城市网络的普通城市呈现出来：能够连接的、具有生存能力的、功能强大的并自给自足的城市。

女孩们的方案进展和成形过程中得到话题很广泛的语言的支持，一开始提供的信息和协商旨在建构一个对话的网络，让她们能够感知到方案的进展。在小组里每个成员完成自己的任务，一个人的作用得到了其他两个人的认可和支持，这是因为三年的朝夕相处让她们彼此都非常了解。

塞西莉亚似乎是引导关系的人，她说话非常清晰，非常信任朋友们的能力，做出表示友谊和团结的手势。弗朗西丝卡用能强化团队感的语言，谈具体的经验并描述她构造和设计的能力。安娜丽塔的语言很温和，她的语言能让她们在方案的设计过程中维持友谊感，这对于从不同的个体中形成凝聚力起到了重要的作用。此外，她那身体亲密接触的感觉使得小组成员在工作时挨得很近，彼此保持接触，这能增加团队感和彼此是同伙的感觉。

在男孩的小组里所构建的关系跟女孩们不一样。他们之间的对话更多的是用沉默或共同的注视进行。对话更多的是有关在方案进行过程中对已经完成的图画进行反思。埃米利亚诺和西蒙很快就开始磋商彼此的想法，论证和设计的语言使他们一开始就确定了方案从何处着手。贾科莫需要更长的时间才会产生自己是小组一份子的感觉。在朋友要求他履行作为小组成员的义务之前，他看上去像个局外人一样对同伴提出的想法漠不关心。

两个小组在时间的安排上也不同。

对女孩们来说，用于一起思考的时间非常重要，这使她们能在做什么和如何分配任务上逐渐达成一致。对男孩们来说，有一段时间是个人精心制作，很少交流，所讲的话也主要集中在有关他们正在做的方案上。

这些最初的反思主要建立在我们对不同纪录材料的讨论和解释的基础上，最主要的是，我们需要提高自己倾听的能力，以了解小组学习的策略，从而更好地了解小组学习的动力学、小组学习的创新性方面，以及男孩和女孩在知识建构过程中的不同贡献。

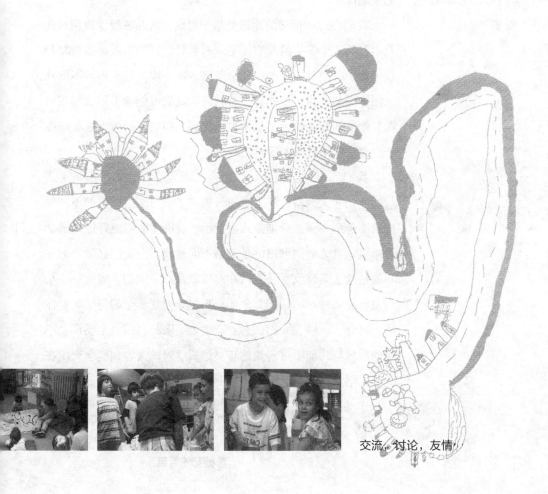

交流,讨论,友情……

学习小组的形式、功能与理解：来自瑞吉欧课堂的启示

马拉·克雷切夫斯基

绝大多数的教育经验都只在那些真正设计并实施教育计划的教师头脑中。在本书最后一章中所呈现的图片与文字，以及本章所提炼的建议，意在使这些可贵的经验可视化，帮助我们理解个别儿童及小组儿童如何学习，如何能在多种情景下为儿童的学习提供支持。本章中我们对早期儿童学习小组所提出的一系列建议都已在瑞吉欧的教育者那儿得到了印证。下面我们从零点方案研究小组的视点来理清这些教育建议。

七条建议

我们在此所论述的建议是基于对瑞吉欧儿童教育机构对儿童学习的三十多年的观察、纪录与解释。它们所置身的教育与政治背景是教师、家长、儿童及瑞吉欧·埃米利亚地区不同社区团体间的合作。虽然其中有些话语我们可能觉得似曾相识，在其他早期教育研究文献中也能见到，但它们的可贵之处却在于它源于教师日常的课堂实践。

我们列出了七条建议。第一条明确了影响学习小组形式与功能的六大因素；接下来建议提出了学习小组运作的不同维度；而最后一条建议则是八项指示，有助于我们更好地理解学习小组。虽然我们列出的是七条不同建议，但我们必须牢记在心的是这七条建议是具有内在有机联系的。例如，成为一个小组及形成一种小组认同与个体及小组如何逐步了解与明晰整体密不可分。所以，我们认为，"学习"既是名词也是动词：小组的形式与功能不可避免地与小组所学习的内容和概念交织在一起。纪录在这个过程中是一个有机整体。

这些建议是教师与儿童之间相互对话的结果，它们尊重儿

蔷薇花的篱笆

童在课堂中的经验，显示了学习的无尽的价值。我们认为它们的每一点与我们所读的课本和发展文献同等重要。这些建议应该被视为是灵活的、可以修正的：每一条在不同的班级实践中都可反复推敲与提炼。

> 建议Ⅰ：影响早期儿童学习小组的形式与功能及意义阐释的因素包括小组大小，儿童的年龄、能力水平与兴趣；性别；在一起的时间；友谊；学习材料的选择。
>
> 建议Ⅱ：在某个学习小组中的个体有他们自己的学习方法；他们无疑会受到其他人学习方法的影响，我们把这个现象指称为"可修正的指印"。
>
> 建议Ⅲ：当儿童共同探求观点时，学习小组遵循一系列的规则——某些策略或指导。
>
> 建议Ⅳ：学习小组根据一种对知识的审美或"(知识)联系的模式"*来选择观点。
>
> 建议Ⅴ：不同的学习小组有不同的学习风格，这类学习风格在本质上是和谐一致的。
>
> 建议Ⅵ：学习小组能够从合宜的学习机会中进行创造并从中获益。
>
> 建议Ⅶ：对学习小组的支持与意义阐释可以遵循以下几点：
>
> （a）儿童与成人都感到他们在为一个更大的更有意义的整体作出贡献；
>
> （b）儿童个体的发现成为该学习小组所思所想的一部分；
>
> （c）儿童表现出不断成长的感受与意识，他们的理论是暂时的，

---

* 运用审美的艺术的方法，瑞吉欧的教育工作者们指的是用来判断与评价解决手头特定项目的具有最佳效果的想法与理论的能力。他们也用这个术语来说明最令人高兴的、最具吸引力或最使自己或他人满意的东西。

他们乐于见到它们不断获得修正、发展与进步；*

（d）在一段时间之后，学习小组的成员，无论是单独的个人或作为团体，能确证、巩固并应用在一个场景下获得的概念与能力，使之迁移于其他场景或知识领域；

（e）儿童与成人能运用思维与情感的语言；

（f）该学习小组通过保持其在过程中的通力合作与工作本身的内容要求达到其所设定的目标；

（g）该学习小组能有效运用评价与自评来指导并定位团体学习过程；

（h）合作策略成为小组学习过程的一个综合性部分，并能决定学习的质量。

在本章中，我们参考了前几个章节的内容以及贯穿于本书的一些小故事。为了使建议更有说服力，我们也参考运用了下列资源：瑞吉欧教育工作人员撰写的其他文献；美国人以及其他教育人士对瑞吉欧教育的研究；瑞吉欧研究团队在记录与评价儿童团体学习的内部报告；零点方案研究人员在1997—2000年间的八次赴瑞吉欧的考察。在这些通常是为期一周的考察中，零点方案的研究人员观察了课堂，与黛安娜、维莱塔学校的教师、艺术指导及教育工作者作了深入的交流与访谈。一言概之，这些建议反映了瑞吉欧教育者们如何认识他们学校或中心的学习团体。我们的印象是，此类儿童学习团体在美国虽然也有此

---

* 我们用这个理论术语指的是"概念、策略与行动的系统，能为制造理论的人提供令人满意的解释"[1]（见"纪录与评估是怎样的关系"）虽然理论的特征在于其概念间的一致性与整体性，但它们不是静态的、恒定的，面对新的事实与证据，它们永远是开放的。[2]

等方式的功能，但却很少像他们做得那么成功。建立并培育一种像瑞吉欧·埃米利亚的学习团体所具有的那样一种文化直接关系到成人与儿童在学习团体中形式与功能的有效性。这种文化的关键之处包括团体运作的价值；对范围的注意；质量、材料的选择；成人作为研究者与促进者的作用；把环境视为学习有力工具的观点；大块不受打扰、不作安排的时间；把儿童视为一个强大的、有能力的研究者的教育假设。像这本书的其他章节一样，读者能在这些建议中看到我们对这种文化的反思。

建议Ⅰ：影响早期儿童学习小组的形式与功能及意义阐释的因素包括小组大小，儿童的年龄、能力水平与兴趣；性别；在一起的时间；友谊；学习材料的选择。

（a）团体大小

一个学习团体中儿童的数量会直接影响到团体如何学习和学什么内容。两个、三个或四个孩子的团体在培养复杂互动、冲突建构与自我调控上尤其有效。[3] 小的团体与大的团体相比，允许成员之间有更频繁的、更动态的交流；儿童能够发展倾听、合作与协商的能力。每个儿童给团体带来其独特的视点与思维的方式，从而更容易被团体中的其他儿童认识到他的价值，教师也能更好地倾听儿童。在频繁的交流中，儿童使自己的所思所想看得见。

一个学习团体大小是否合宜，更多地是取决于这个团体把握交流节奏的能力，或者是专注于项目及冲突协商的能力。

儿童正在建构彩虹团体应小到不抹杀团体中每个人的努力与贡献。当然，有些孩子偏好单独学习，有些喜欢结对，而有些孩子则喜欢在三个人小团体中学习。在非结构化情景中，儿

孩子们造彩虹
（一盆水和一面朝着太阳的镜子）

童喜欢两个人、三个人（这或许是最普遍的）或至多四个人待在一起。有时候，当第三个孩子加入到一个两人小组时，他或她可能便中断了一个原本在两个孩子间更容易展开的对话。[4] 但交流却有可能由于这第三个孩子而变得更加丰富，因为他（她）有可能活跃或协调原本孩子间的讨论。三个一组的儿童往往需要为彼此的交流投入更多的组织策略，因为它需要建构的平衡难于两人小组。在"合适的价格"中，里卡多与亚历山德罗都想方设法地向西尔维亚解释里卡多的计算方法。

在不同大小的团体中分享某人的工作也是不同的，当与一个大的团体交流时，儿童的描述往往更概要，而交流的深度则不够。在"光的景观"中，儿童探究产生人造光的不同仪器，如投影仪与幻灯片，在向一个大团体报告时，儿童只谈及了他们在投影仪上实验的不同物体，而对其他论及甚少。而在一个小团体中，交流则更细致，用的话语也更有效。当在小团体中解释他们对投影仪的发现时，孩子们作了如下评论：东西变了，成为了另一种光。光变了，那么东西也随之而变。当你挪开一件东西，在另一面上的东西也消失了。

有关投影仪的项目活动

（b）儿童的年龄、能力水平与兴趣

为了在一个学习团体中能够达到最有效的互动，瑞吉欧的教育人员认为儿童的年龄与发展水平不能相差过于悬殊。[5] 不仅是教师，儿童也需要考虑相关的最近发展区——儿童能够独立完成任务的水平与在更有能力的同伴或成人帮助下能达成的水平间的差距。[6] 此外，就像我们在前面几个章节中所看到的那样，在一个学习团体中儿童的不同能力水平和兴趣与手头的任务并不一定匹配。一个都善于口头表达的学习团体与一个有口头表达、图像表征与音乐表达能力组成的学习团体所习得的

274

东西肯定是不一样的。在"光的景观"中,教师让儿童结对往往是由一个语言表达较强的搭配一个动手能力较强的。兴趣也是个显要因素,在瑞吉欧,小团体通常是需要邀请一个对该学习专题有着浓厚兴趣的孩子加入,而成人在观察团体对专题的初始探究后,则需要不断作出如上调整。

有关材料选择的团体讨论

瑞吉欧的教育人员试图糅合儿童间不同的交流策略与学习风格。在"瑞吉欧·埃米利亚的城市"中,在考虑了几个孩子的图像与言语表达能力后,教师把3个男孩与3个女孩划分为两个不同的学习团体。在男孩组中,西蒙爱说,并对城市的连接网络很感兴趣;贾科莫感兴趣的是事物如何运作,但只在必要时才发表意见;埃米利亚诺则关注城镇中心发生了什么。在女孩组中,塞西莉亚善于言语描述,弗朗西丝卡擅长绘画,而安娜丽塔则长于三维建构。把这些孩子组织在一起的一个目的就在于想看看儿童的不同能力在学习过程中是否是相互影响、相互支持的。

(c) 性别

就像文献中所说的,年幼儿童团体的学习与功能不同取决于团体中的性别组成:都是男孩?都是女孩?抑或是男女混合的?[7]瑞吉欧教育人员有目的地按同性别与混合性别分组,旨在深入研究女孩与男孩不同的学习风格。研究文献也指出,女孩子一般比男孩子更偏好小的团体,[8]就像我们前面看到的那样,女孩子喜欢两三人的学习小组,最多是四人;而男孩子的学习团体一般会大些,但如果人数超过六个,就比较难以保证交流的节律,交流不仅容易被人打断,研究与讨论也难聚焦。

男孩与女孩通过不同方式达到学习目标。例如,在一个5岁儿童的班级,教师把3个男孩与3个女孩分为两组,要求他们画一辆自行车。3个男孩每个人都从画他自己的自行车着手——物体的一种"所有者产品",以此与他人的做比较。

在比较的基础上,男孩子们选择出了他们所认为的组成自行车的最基本部件。对剩下的部件(不用来组成一般性自行车

男孩组的自行车作品

的)他们建造了一个车库用来存放。(两组儿童看来都十分精打细算。这使他们努力想保留所有个人与团体活动所做出来的东西。这也可解释为尊重成品及他们参照主观性的标记。)*

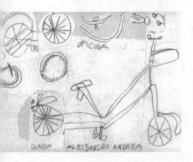

男孩子组博采众长的自行车画

而3个女孩却立即采取了一种有组织的方法。她们在同一张纸上一起作画。她们努力协商,力图使每个人都满意:你想怎么画?如果你画那一部分那么我就画这一部分。你想的是什么?诸如此类。当她们第一次碰到问题时这种学习和合作方式尤为明显。然后,当同样的问题再次发生时,男孩子们也倾向于运用女孩子的这种策略。我们并不清楚为何会这样,或许当一个问题是全新的时候,儿童通常会选择一个带有男孩风格的更快捷的方法。但当问题再次出现时所采用的方法则更具反思性,也更体现协商与共同工作的学校文化。

此外,男孩与女孩的审美及选择"最佳"的工作标准也有所不同。例如,在"瑞吉欧·埃米利亚的城市"中,女孩子所呈现的城市充满了真实生活的体验与联系,而男孩子们所创造的城市则围绕着空间的功能联系。[9]在"光的景观"中,在运

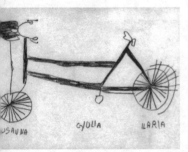

女孩子组集思广益的自行车画

----
* 瑞吉欧教育者们所用的"主观性"(subjectivity)这个术语指的是使每个人独一无二的认知的、心理的与情感的积累。它还包含英语中个性、认同与个别化等词的涵义。

用投影仪的过程中，男孩子们创造了一种言语描述，而女孩子们则更多地运用视觉描述，平面图中用了多种材料，显得生动有趣。

（d）在一起的时间

孩子们在某个背景下待在一起的年月长短影响他们对自我与他人的认识。在"瑞吉欧·埃米利亚的城市"中，西蒙与埃米利亚诺相互认识已三年了，他们开始共同画这个城市，紧挨着坐在一起（如图），不断地握手并交换座位。反之，在"美丽的墙"中，一个男孩和一个女孩相处时间不长，显然合作方式也更文明，但也更疏离，即使挨得很近，看来也像是各自为政（如图）。

当儿童有机会自己选择学习团体的成员时，他们也或多或少地遵循成人的标准。在一起有几年的孩子通常根据同伴的能力来加以选择。甚至在婴幼儿中心（一般0—3岁），瑞吉欧的教育者们注意到孩子们也以他们各自经验"取"人。儿童对需要某些能力过程的特定背景越有意识，他们也越倾向于以此选友。而对工作性质不甚了了的儿童则往往按照友谊深浅来选择同伴。也有一些孩子同时参考友谊与能力来选择同伴。

（e）友谊

像成人一样，儿童的友谊通常是选择团体的一个标准。在"瑞吉欧·埃米利亚的城市"中，女孩子组都是熟识的朋友，但她们各自的能力与学习风格不同。在前面的章节中我们知道友谊是儿童间强有力的联结，有助于发展好奇，交换彼此的观点。塞西莉亚、安娜丽塔与弗朗西丝卡都从纸的同一侧开始作画，相互交流很多，能够以热心与幽默巩固团体凝聚力。朋友

间也更能相互激发并促动去尝试新的事物。

早期儿童研究文献表明，作为朋友的幼儿相互更能合作，也更能提出不同观点，而且这种不一致不至于引起过度相互对抗、抵触或者是破坏相互间的友谊，反之，这种不一致更容易解决。[10] 为了保全友谊，儿童看来能更好地把握冲突的度。

对多数儿童而言，友谊通常是能力与安全的一个保证。儿童喜欢与朋友一起工作，因为他们想他们是我的好朋友，所以他们是好的。有时候，一起工作的机会也能巩固一段处于萌芽的友谊。在面对新鲜事物时，友谊也能提供自信。甚至当儿童知道在解决某个问题时需要的是一种特别的能力，他们通常仍是把友谊作为选择团体成员的首要标准。当儿童向他们展示工作时，朋友是最恳切的观众。

(f) 学习材料的选择

如同我们在"学校的日常生活"中所见，学习材料的选择与环境布置能在很大程度上影响成人与儿童在团体学习中的方式与内容。[11] 瑞吉欧的教育者们将"学习材料"界定为那些可以提出问题、引发好奇与鼓励动手实验的材料。学习材料包涵了一种简单与复杂的平衡。有些材料只是引导儿童按某种方式操作，有些材料则更具启发性，能促进发现与探究，产生故事、想象与游戏。这种材料能给人以惊奇与兴奋，激发儿童不断地去探索它们。像投影仪这样的材料能引发儿童不断地修正自己的观点，鼓励儿童运用不同的表达方式，因此，它是一种十分诱人的材料。

投影活动中的自选材料

此外，用以探究问题或表达想法的材料选择的可得性与有效性能促进学习团体不断深化研究。如果儿童有机会用不同的方式绘制或表达他们的想法，他们的理解能力与他人交流的能力就能不断提高。在"瑞吉欧·埃米利亚的城市"中，儿童有机会选择纸张的大小与种类、画图的工具。一个女孩说，这城市没有尽头，而选了一大卷的纸。而我们在下面的"车轮和运动"中，儿童试图寻找各种材料去达成使机器人能动的目标：不同质地、重量及大小尺寸的纸张；皱纹纸板；木头；电线与陀螺等。

在巴吉·兰金（Baji Rankin）描述的"恐龙"活动中，一小部分儿童在一张纸上做了不同比例的恐龙模型。[12] 艺术教师为儿童提供了有衬的、没衬的各种不同的纸板，这种选择是十分关键的，因为它迫使小组成员形成更具体、更可行也更公众化的假设。

在公园展示的巨幅恐龙图

建议Ⅱ：在某个学习小组中的个体有他们自己的学习方法；他们无疑会受到其他人学习方法的影响，我们把这个现象指称为"可修正的指印"。

甚至非常小的孩子也有他自己的学习方法。[13] 然而这些方法像遗留的指印一样是可变的、有章可循的。既能够影响别的孩子，也能受别的孩子的影响。虽然学习团体中的每个个体都有其自己的学习方法（指印），但根据瑞吉欧的教育人员观察，幼儿对他人的学习方法是相当敏感的，而且也能有机地吸纳他人方法的优点、策略或解决办法。当儿童注意到自己的方法与他人方法存在差异，他总是能开放地对待这种对他而言的"新"事物。而在一个学习团体中的每个个体总是努力使自己符合团体"规范"。

在"瑞吉欧·埃米利亚的城市"中，三个女孩子每个人都提出了表征城市的不同方法。塞西莉亚画了一个布满房子、街道的纵横交错的城市；安娜丽塔画的是一个长而狭窄的城市；

而弗朗西丝卡则一心想着由不同广场组成的城市,每个女孩都有不同的视点与表征城市的方式,但她们都接受了弗朗西丝卡用鸟瞰形式绘制城市的想法。在"合适的价格"中,西尔维亚需要计算她自己的钱时也采纳了里卡多的计算策略。通常我们按照弗洛伊德的观点来考虑认同,即儿童认知特质来自于父母。但在以上背景中,我们可以看到智力认同的吸纳来源于同伴。[14] 儿童的个性化学习方法并非简单地与生俱来,相反,儿童的个性化学习方法是通过与学校中其他孩子、朋友、姐妹、父母、祖辈合作与互动中的点滴观察而逐步建构起来的。

建议Ⅲ:当儿童共同探求观点时,学习小组遵循一系列的规则——某些策略或指导。

当学习团体中的幼儿共同探究时,他们往往遵循两个本能的参照点:一种强烈的公正感与力求一种愉快的合作氛围。瑞吉欧的教师指出,3岁的儿童通常专注于学习共同讨论的规则——例如学习如何尊重他人的学习方式。3岁的儿童已经能体会共同讨论的乐趣。而到了4岁,儿童已经具备了一种能力,认识到争论的适切性或保持讨论不偏题(当然,这些态度与能力出现的早晚与大小往往取决于背景)。

一个学习团体能够运作的前提是团体中的每个人都具有一种共识,即在讨论某个问题时,每个人都可表达自己的意见或阐述想法。孩子们希望团体中的其他人表达自己的想法。如果有人不说,那么他人会鼓励他说。在"瑞吉欧·埃米利亚的城市"中,西蒙与埃米利亚诺首先画了一条街道给贾科莫看,或许是想鼓励他的参与吧,然后西蒙问道:"贾科莫,你不做些什么吗?"这类实践确保了小组成员的民主参与:如果没有参与交流或项目的开展，孩子们就会觉得不舒服。

在"美丽的墙"中，3对孩子共同设计一面墙，当孩子们选择最佳设计方案时，有一对孩子提出来把墙分为三列，使每对人员都能展示自己的设计，从而能"集思广益"。然而这些孩子最终选择了琪亚拉的建议，他的设计叫"大家在一起"，这样每个孩子在得到他人同意的前提下自己负责一块，通过这种方式，小组中的每个成员都"有所表现"。

一个最佳理论的最终选择总是基于一个复杂的认知：审美与社会因素网络。一个学习小组最终的决议总是那些能兼顾问题解决与能体现他们的公正和民主的方案。孩子们力图在不断的对话中达到他们的目标。孩子们的完全参与使大家能集思广益，从而使学习的效果与质量大大提高。

通过参与，每个孩子的认同感不仅没有丧失，而且获得了丰富与提高。每个孩子在认识自己独特风格同时也领教到了他人的独特。学习团体具有相互尊重的强烈愿望，他们渴切地希望宣称所有人的创造成果，由此去巩固每个个体在团体中的独特作用，或去分享一种公正与民主感。个体的贡献得到了多重的认同，如同一处构造完整的风景，既具有整体的特征，也可以作局部欣赏。

儿童在学习团体中其他需要注意的有：

• 在活动开始时与小组其他成员要保持一定的身体距离，但随着小组活动展开，身体接触会增加；

• 控制团体大小，小团体为佳；

• 以第一人称复数进行言语表述（我们能做这个，来让我们一起来做）；

• 运用多种形式的身体语言（手势、面部表情、语调）来邀请儿童加入；

用天然材料构建雕塑

- 当达到协商的目标或儿童对主题与项目的兴趣减退时解散学习团体。

建议Ⅳ：学习小组根据一种对知识的审美或"（知识）联系的模式"来选择观点。

从很早开始，儿童就发展了一种对知识的审美。他们在这方面的能力表现在能从众多理论中选择"最佳"理论，并在团体工作成果中认同那些发展较好的概念或较佳的问题解决方案。无论是独立学习还是团体学习，他们都具备一种对"优秀"的直觉，即便是男孩与女孩的审美有所不同。（可能电视里的丰富想象与其他流行媒体或多或少地发展了儿童这种对知识的审美。）例如，在黛安娜学校的一个黏土活动中，每个孩子都力图做一个黏土的马。孩子们相互观看各自的作品，并选择了埃莉莎的马作为小组其他成员的一个模板。选择这个模板是因为它看起来像一匹马，或者说这种结构孩子们比较容易把握与仿造（一系列的拱状黏土条形成了一个横跨式的马身）。无论怎么说，这个选择是审美的：它能够促使他们去积极动手——做一匹马。

如同我们所见的，瑞吉欧的教师们时常要求儿童去比较不

埃莉莎（3岁6个月）做的黏土马，班级里产生了跟风与模仿

马可（Marco）成功地仿造出了拱状，但没有完成其他部分

米歇尔被一个圆形底座吸引，忘记了马的结构

费德里卡完成了仿

同的作品，让他们选出某一特定任务或方案的最佳作品（为达到团体的普遍性目标，教师与儿童都不怯于比较与选择某个个人的作品）。在"人群"的方案学习中，儿童通过不同的语言探究人群这个主题。教师在简要总结先前儿童对人群的评述后要求一个小组去再次审视自己的图画。[15]

她们在评论达里亚（Daria）的图画：

小组评论他们先前的画作"人群"　　小组分析的其中一幅画　　儿童在解释自己的图画

多米尼克：哦！不！

达里亚：（预料到他人的批评）我画的只是一小部分人群。

伯纳德塔：但你画上的人都走在一条路上！

达里亚：他们都是朋友，所以他们都朝一个方向走。

伯纳德塔：但在一个群体中，你知道吗，人们总不会都是朋友或亲戚的。

当儿童在一个小组中探究并发展他们的思维时，他们的用词与想法会涉及几个不同知识领域。审美成为衡量观点、方法的质量及激发深入学习的一个维度标准。当我们学习并建构知识时，我们把事物放在关系中，根据吸引我们的模式来评价我们所做的工作。在我们投身的这类活动中，基本的审美或"联结的模式"[16]引导我们评价并修正我们的解释性建构，并以此"诱导"他人关注我们的理论、观点与作品。在学习团体中的

儿童也投身于这类审美：他们被最令人愉悦或最"美好"的模型所吸引，并以此作出决定。在"合适的价格"中，里卡多的计算方法被班上其他孩子所吸纳，部分原因是这种方法的乐感、身体运动、拍击的声音令他们着迷。

建议Ⅴ：不同的学习小组有不同的学习风格，这类学习风格在本质上是和谐一致的。

如同每个人的"指印"各不相同，不同学习小组的学习风格也各不相同，这种学习风格在团体内部是和谐的，具有乐感的。个人的学习节拍与集体的学习节拍得到了平衡。在与团体成员互动的过程中儿童不断地修正他（她）的学习风格与策略。学习节律的变化取决于组成团体的儿童人数及在学习过程中出现的不同的认知或其他张力（比如，如果出现了一个特别困难的问题，或者选择了一个团体成员所熟悉的题目）。儿童与成人的学习团体从组内的认知张力（不一致、冲突、协商）中获益良多，但这类认知张力不能过剧。有两个关键因素能使这种认知张力得到生发：（1）成人倾听儿童；（2）用交谈的文本或照片加以纪录。教师的作用是作为学习团体的一种记忆，提醒儿童先前说过的话或把先前的小组图画或作品再次呈现给小组。在"瑞吉欧·埃米利亚的城市"中，教师带来了他的笔记和孩子们早先的图画，儿童可以重温他们的学习。

学习小组中的子小组也有他们自己的学习节律与认同感以服从不同的学习功能。在"美丽的墙"中，女孩子们进行了更多的协商、提问与分工合作。（如果你做这个，那么我可以做那个，她可以做另外一个。）她们拓展讨论，举出更多的例子，讲了更多的故事。男孩子看来更具陈述性风格，他们有很多更

一个小组以不同态度倾听方案的初始建议：可能的、渴切的、怀疑的

具目的性的巧妙应对。（你做这一部分，我做那一部分。）这些不同子小组的时间架构也很不同。但学习小组新组建的时候，为了展开学习，不同角色的特定的作用是根本的，如"怀疑论者""协商者""协调者"。这些个体的出现影响了整个小组的学习节律。就像我们在"对理解的好奇"中所见，费鲁乔在男孩子们用黏土捏桌子的过程中扮演了一个协调者的角色。在"合适的价格"中，亚历山德罗作为一个协商者身份出现，向自己与西尔维亚解释里卡多的方法。

重复既能帮助西尔维亚理解，也有助于亚历山德罗自己达到理解。

建议Ⅵ：学习小组能够从合宜的学习机会中进行创造并从中获益。

教室里的每一天都同时会发生很多不同的体验，儿童不断地相互交换信息、评论与观点。通常当儿童投入于一个长期的方案学习时，学习小组中的"主角们"在这个不断发现的过程中都能从身边的同伴那儿得到很多的观察或反馈。有些孩子只是徘徊在团体周围，观察团体中发生的事；也有的被团体中的所言所行感染。当这些小组边缘的孩子从观察中逐渐成长并沿着小组的学习轨迹前进的时候，他们对小组的审视也变得更为频繁——提出问题、作出建议、评价小组正在开展的工作。

从头顶的投影仪投射出的影像

灯光桌

在"光的景观"中，三个紧邻幻灯机工作的儿童向学习团体建议考虑探究的视觉感应。他们指出材料的层次过多会使投影变暗；他们建议放在幻灯下的物体如果向中心移动会看得更清楚。由于这些有能力的"观众",学习小组由此也变得更有能力,因为这些作为"主角"的孩子必须反思并寻求其他方法来建构他们的所知所学,以此回应他们的同伴。另一种有能力的观众是由那些对活动任务有经验的儿童组成的。这些儿童献策献力。学习小组有时候会拓展,把这些有能力的观众包含在内。

在我们谈及建议Ⅶ前,我们不得不提及,对任何的个体理解的复杂性进行表征是很困难的。尼克森(Nickerson)说过,"是否我们能够——或者我们不能够——去表征单个个体的知识,去挖掘它的丰富与内涵,不同程度的特性与确定性,在事实与信仰中包含的显性与隐性涵义,它的不连续性与矛盾,及其他的理解,或多或少的数不尽的概念、原理、关系与程序,这实际是个非常复杂的表征"。[11] 从这个意义上来说,我们可以把建议Ⅶ中的学习指导视为是一种参照点,从而有效地引导教师观察,帮助教师对儿童的个体学习与团体学习变得更有意识,对儿童学习提出新的建议。这些指导是灵活而开放的一种理解,允许教师根据不同的班级情况进行实时调整。

建议Ⅶ:对学习小组的支持与意义阐释可以遵循以下几点。

(a)儿童与成人都感到他们在为一个更大的更有意义的整体作出贡献。

瑞吉欧的儿童与成人都致力于创造两类更大的共同体:一个知识的共同体与一个民主参与的共同体。卡尔·波普尔(Karl Popper)的"世界3"概念表达了一种在更大的共同体背景下进行团体学习的思考。[18] 波普尔对三个世界作了明确界定:世界 1 是物理世界；世界 2 是指存在于个体头脑中的知识世界；而世界 3 则指的是超越个体水平的一种抽象的知识世界，比如科学与其他学科从其长期发展来看不是独立的，而是在构造一个知识的集合体。[19] 个体不仅仅在建构个体理解，随着时间推移，会达成一种超越个体理解的公众的、集合式的理解。可以说，瑞吉欧的学校与课堂正在这个维度上进行实践或对实践赋予这种理解。

对儿童的学习进行纪录是形成对这类知识共同体认同感的一个关键因素。纪录提供了一种研究定向，创造了文化制品，并作为一种集体的记忆。它为儿童、父母、教师与他人提供了一个讨论与反思儿童学习、生活方式的平台。在维莱塔学校，教师留出了很大一部分的墙面张贴前一个 5 岁班级对机器人专题的学习纪录，因为这个新的 5 岁班也要进行这个方案的学习。有些孩子把这些纪录视为是上一个班级留给他们的"说明书"；有些孩子把它们视为别的儿童如何思考机器人的例证；但另一些孩子则认为只是用来支持他们理解的，因为机器人是很难理解的。这些材料同时也是新教师的专业成长工具，家长也借此理解孩子们的学习。在另一个学校，一群孩子决定保留他们创造的一个三维世界，称作"晶体城"，送给下一个班级作为礼物。这个新的班级对这项作品表现了极大的尊重，不但保存完好，而且考虑到这个城市没有人，他们制造了几个人放在这个"晶体城"中。

这种知识的共同体会同时产生两类知识：关于一个特定主题的知识（如机器人）与关于儿童如何学习的知识。组成共同体的人不断地给这个知识共同体注入活力。通过这种民主参与，在方案学习与基于学校或瑞吉欧·埃米利亚小镇的作品中产生了集体性知识建构。儿童不仅为自己的工作作出贡献，也为他

机器人方案学习墙面记录

人工作献策献力。瑞吉欧的学校有很多，研究也是多年积累的，每个学校的工作成果都很重要，别的学校都可以不断分享这种成果。有个关于学校宗教与道德维度的研究，包括了几所学校乃至整个瑞吉欧学区的合作。经过一段时间，家长的兴趣会从只关注自己的孩子转移到关注其他孩子或整个团体，乃至对儿童的一般发展的关注（这也是世界3的一个例证）。例如，在维莱塔学校，家长与教师协同工作，理解儿童对新技术（如机器人）之类的投入。这类社区参与是瑞吉欧教师专业发展的一个很有价值的方式。

（b）儿童个体的发现成为该学习小组所思所想的一部分。

根据对知识共同体的描述，学习团体取决于多重因素，如成员的人数以及个体对团队所作的贡献种类。当个体在影响参与表决的时候，个人的所有与发现便成为团体思维的一部分。为了真正成为团体思维的一部分，儿童个体的发现需要组织、表达并讨论。在团体学习中的个人拥有的那个时刻需要得到保证并尊重，使每个儿童能够表达他或她自己的理论与观点（瑞吉欧的教育者总是要求每个儿童用图画表征在小组讨论中已经用语言表达过的理论）。把这些假设与观点及时进行小组讨论，不仅能使观点得到提升，而且学习团体也产生了属于团体本身所认同的知识。

在"传真"方案学习中，团体应用并修正了有些儿童关于传真运送的理论，使其最终形成了属于团体中每个人的理论。在"车轮和运动"中，女孩子们对如何让机器人移动产生了很多理论，她们的观点作了很多的变动与增加。这个学习团体分分合合几次。在找到了一个转轴，并观察它如何围绕着轴心转动后，爱丽斯（Alice）对轮子的中心产生了兴趣，而费德里卡

（Federica）与艾丽卡则关注轮子的外周，两个小组把她们的设计结合起来。虽然女孩子的观点已不再是个别化的，但她们不会有失落感。相反，她们获得了一种作为团体一份子的归属感，与团体中的其他人同心协力去达到目标。

（c）儿童表现出不断成长的感受与意识，他们的理论是暂时的，他们乐于见到它们不断获得修正、发展与进步。

当儿童单独工作时，他们一般不会通过比照他人理论来测试或商榷自己的观点。而在学习小组中的儿童则更倾向于感受到自己理论的暂时性，因为他们体验到知识是一个持续协商与反思的过程。[20] 成人对正确答案的开放性态度为这个过程提供了一个有利背景。在方案"鸟类的有趣公园"中，儿童与成人为鸟类创造了一个有趣的公园，里面有喷泉、水轮、漂浮船等设施，菲利波（Filippo）质疑他的水轮是否能正常运作，并把轮子放在水槽中进行测试。[21] 安德里亚（Andrea）则用图像表达他对喷泉的构想，这个构想后来引起了菲利波与乔治娅（Gioraia）的讨论。当安德里亚试图解释他的理论时，乔治娅说，"我不认为水会真的像你画的那么转动"。当他再次努力解释时，菲利波说，"但是这个地方画得不对"。由此，安德里亚对他的理论作了些微改动，并成功得到了他人的认可。

当儿童自我评价时，他们一般都能意识到自己观点与理

是什么引起了他们对影子色彩的反思？一片很轻的羽毛？一个色卡？测试，假设，讨论

论的暂时性。在"光的景观"方案里，5岁与6岁儿童在探究教室建构区中的光与影[22]。当老师邀请里卡多与韦罗妮卡（Veronica）去试着制造一个有色的影子时，里卡多虽然声称自己的理论是对的（在屏幕前放一条色卡），但仍愿意尝试韦罗妮卡提出的建议，用一种很轻的东西（像羽毛），即便他认为羽毛只能形成一个灰色的影子。"好吧，让我们尝试一下，但接下来也试试我确信对的主意，因为我常做实验；我喜欢实验。"

儿童知道，不同的观点是可以共存的。在他们尝试完两种建议后，他们发现没有一种真能产生有色的影子，他们又产生了另一种想法，但还是失败。"让我们把这卡（红色）放得离光近些。天哪，全黑了……或许我们应该等会儿，让这卡片变热：如果卡片热了，可能颜色就融化了，由此产生一种物质并蒸发，从而对屏幕上的影子上了色。"但这两个人最终产生了一种理论并实验成功。他们感觉自己成了一个玄妙魔术的缔造者。在这种背景下儿童面临并处理诸如此类的游戏困扰，一种由评价本身或感觉被评价而引发的冲突与紧张得到了有效缓解。

装扮角中的透明物

（d）在一段时间之后，学习小组的成员，无论是单独的个人或作为团体，能确证、巩固并应用在一个场景下获得的概念与能力，使之迁移于其他场景或知识领域。

不论与手头的方案相关或无关，儿童与成人展示、建构理解的机会就像"星座"一样是不可计算的。在"车轮和运动"中，女孩子不仅在特定的项目工作时间从事她们的研究，也在其他时间里在教室的其他角落中探究这个主题，例如在教室的建构区建构其他种类的轮子。在"光的景观"中，儿童在用投影仪的过程中学会了透明这个概念，同时当他们在窗边游戏时也在装扮区学习"透明"。

就像我们在"蔷薇花的篱笆"中所见到的那样，瑞吉欧的教育者通常创设类似的问题情景来检视个别儿童或团体中儿童能否把他们在一个情景中学到的知识应用到另一个情景中去，或者检视学习的时效问题。在一个案例中，教师要求儿童用二维图表征一个三维物体，儿童首先计划说明书，而后观察这个物体，用言语进行描述，对如何用图画表征作出预想，先个别画，再对个别画进行小组反思，另作一幅画，并对这两幅图画进行反思。

在另一个研究中，教师关注儿童作笔记的策略，看看这些策略能否迁移到其他情景中去。这三个情景是：在打光的桌上用同一色度打出不同阴影；记录商店中物品的价格；把颜色与声音相联系。对这些问题的探究不仅可以检视儿童对概念的掌握与迁移，而且也能表现儿童思维的周全性，体验并理解在团体中工作的乐趣。

研究文献表明，知识与技能的迁移很少在没有明确的支架或支持的情况下发生。[23] 为了能让儿童所学的策略与方法有效迁移，他们首先要能注意不同任务间的相似性，找到相互之间的联系。[24] 然而儿童不是经常能感知这种结构性相似；他们需要提醒，这是支架的一个关键点。瑞吉欧教育者根据儿童的学习需要为儿童创设类似的情景是促进此类迁移的一种方法。

（e）儿童与成人能运用思维与情感的语言。

在学习小组中的个人通常运用一种思维与情感的语言：

儿童：

- 你在想些什么？
- 我有一个主意。

- 按照我的观点……
- 按照你的观点……
- 你喜欢它么?
- 你同意吗?
- 我能帮助你吗?
- 你喜欢这种方式吗?
- 我不同意。

教师:
- 你能作出多少种发现?
- 为什么你们不试着一起发现呢?
- 重温你说过的每句话,我们所想到的能让你更好理解的是……
- 我们需要作个决定……我们如何把这些东西带给你的朋友。我们如何才能让他们明白你在这里所做的一切?
- 你有时间尽兴发现。

5到6岁的孩子用黏土做的人群

儿童学着把自己视为不同观点的思考者。不论是同意与否,学习团体中的儿童接受他人的观点与情感,也表达自己的观点与情感。儿童与成人通常相互建构。在"人群"方案中,学习团体出现了分歧,因为男孩想用黏土制作人群,而女孩想用画表达人群。这时,埃琳娜(Elena)提议:我有一个想法。如果我们帮你们用黏土制作人群,你们就欠我们一个人情。那么你们就必须也帮我们完成图画。当在瑞吉欧的成人在要求儿童对他人的观点或理论进行评述时总是用一种思考与情感性的语言。如同我们所见,比较并不视为是负面的。在"蔷薇花的篱笆"中,达维德说这个蔷薇花的篱笆很美,全亏了菲利波的好主意。是他让篱笆变美了。

当然，之所以会发生有意义的交流并不仅仅是语言相同，而是因为产生了交流与理解的愿望。在"光的景观"中，有一对女孩，费德里卡与朱利亚（Giulia），不仅口头语言一样，连目标、情绪与身体运动也一样。她们提出疑问，寻求答案，发出惊异的感叹，从而引起了他人的注意，获得支持。她们跳着笑着，分享着她们审美与视觉上的乐趣。

从头顶上的投影仪投射到地上各种光影图像，孩子们就在这光影中打滚

（f）该学习小组通过保持其在过程中的通力合作与工作本身的内容要求达到其所设定的目标。

为了成功地解决问题，同时又能保证小组所有成员的不断参与，维持学习小组的凝聚力，学习小组积极地寻求并选择概念化的、有组织的程序。在"车轮和运动"中，虽然学习小组经过了多次的分、合与重组，但各个子小组总能时刻意识到他人正在做的工作，而且从未忘记制造一个会移动的机器人这个总体目标。在"传真"中，当小组综合个人的理论时，他们就

洛伦佐对于传真如何从瑞吉欧·埃米利亚传送到华盛顿的理论

   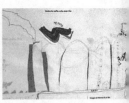

儿童对每个人理论进行比较　　亚历山德拉的风传送传真的理论　　儿童决定把亚历山德拉的理论附加到洛伦佐的理论中　　儿童结合了两种理论，创造了第一个用图画表征的团体理论

传真如何穿越海洋的问题努力构建一个令人满意的解释。儿童力图找到一种属于每个人的理论，但他们也意识到需要在众多想法中选择一种最佳解释。他们最终选择了洛伦佐对电线与电力的观点，又补充了亚历山德拉有关风的想法。

在"瑞吉欧·埃米利亚城市"中，反复描绘广场使所有男孩都用言语和图画参与到设计与任务运行中来。描绘街道也是为了让小组共同学习，深化他们所创造的这个功能性连接的城市。在任务的最后，小组同意每个成员对街道的连接情况进行测试，视其是否已达到了他们要创立一个整齐一致城市的目标。

（g）该学习小组能有效运用评价与自评来指导并定位小组学习过程。

在对自己与他人的想法赋予意义的过程中，儿童需要对自己与他人作出评价。对此，瑞吉欧的教育者们指的是一种非正式的、"过程式"的反思行为：儿童在做的过程中暂停，看看他们目前的进展与他们希望达到的目标之间关系如何（不同于较结构化、正式化的档案袋评价或行为评价）。这些评价与自评在学习过程中是很有必要的，因为这样才能使个人与小组去定位、修正、提升他们的思维。这类评价不在事后，而在学习的某个瞬间，因此，它不是孤立的不带情感的，而是充满了热情与情感。

在有些情况下，评价本身就存在于学习过程中：机器人会动还是不会动？水轮旋转了没有？当某个儿童或某个团体的理论起了作用，自我评价与社会地位也会随之提高。有时候评价可能并不是如此直接的：这些人看起来像个小组吗？这幅图画表达了我们想要表达的心情吗？"美丽的墙"究竟应该如何美丽？这些情景中儿童根据目的产生自己的标准。

在"瑞吉欧·埃米利亚城市"中,女孩子们不停地停下来评价她们的工作,比如,注意到她们需要在城中画更多的广场,当她们完成绘画后,她们的首要举动之一就是与她的朋友们分享她们的努力成果,去探知这个城市是否真的"漂亮"。男孩子们也一样,不停地停下来用手指沿着画上的街道比划,确认是否达到他们想要制作的内部四通八达的城市。在结束的时候,男孩子们也和教师一起评价了他们的工作成果,当然这是基于他们自己的审美感觉与观点的一致性。在"合适的价格"中,西尔维亚向教师解释她所学到的数的知识,哪些对她而言较难,什么东西、什么人有助于她学习。

当小组中的个体能够监控自己的想法时,对自己的学习承担责任,自己能认识到什么时候对某些事物有了理解或有了一个发现,学习小组则表现出了一种理解。与他人的争辩和讨论促进了自我评价过程。帮助儿童发展了元认知能力。瑞吉欧教师运用的一个策略是要求儿童一起讨论他们自己的图画。在"人群"方案中,在如此讨论后,儿童认识到他们需要学习如何从侧面与后面画人物。[25]

教师:如果你画另一群人,你会如何做?

伯纳德塔:我们需要一张大纸。

费德里卡:然后是一千个小人。

斯特凡诺(Stefano):我们不把所有人都画成一个方向,要像玛蒂娜(Martina)与菲利波一样,从背面与侧面画。

科西莫(Cosimo):我不知道从背面怎么画。

爱丽丝:我也不知道。

多米尼克:我们应该学会这项本领。

费德里卡:从背面画很容易的,画得没有眼睛就可以;从侧面画,只要画一只眼睛。我知道他们怎么从侧面画的,我可不笨。

斯特凡诺:我也不笨!我知道人们从侧面看起来是什么样的,但是我没有这么画过,因为我从来没有想过这一点。

多米尼克:听着,你不知道如何画侧面的像,是因为你需要大量时间去学习如何知道这是个侧面像,否则他们看起来像怪物。

在热烈的讨论之后,有个学习小组宣称他们已经知道如何从背面与侧面画人了,而另一个小组说他们需要学习。爱丽斯说,我想说一个办法:你不得不一而再、再而三地画侧面像,直到你学会为止。多米尼克回应道"对呀",其他人说:"哪一类人群称'那个'?"通过一个民主讨论过程,产生了提高小组完成任务的能力。我们再次指出,这类有趣的"困扰"可以用来作为一种社会性中介以维持一种轻松、有趣的学习氛围。

足球比赛(来自人群方案)任务能力的决赛
——乔治(Giorgio),5岁9个月

(h)合作策略成为小组学习过程的一个综合性部分,并能决定学习的质量。

儿童从很小开始就在学习团体中计划、探究,学习如何有效应用各种合作策略,如协商的技能、灵活地思考、倾听他人观点、幽默、统和并建立小组的观点等,从而使自己的想法更富成果。瑞吉欧教师时常要求儿童在关系中创造并描绘事物。26

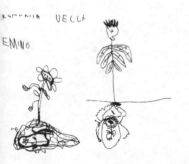

关系中的植物

教师:你们想和其他东西联系起来画你的植物吗?

如其他植物,你朋友的植物,一个昆虫?或有人在为植物浇水……由你决定。

马可:让我们画两棵相爱的植物。

艾尔(Ale):不,它们正在结婚。

教师：你们需要决定你们的两棵植物在干嘛……你们要意见统一。还记得那个根吗？记得去年你称他们为"生命的小细腿"。

孩子们一起并排画了植物。通过这类体验，儿童花了大量时间探究不同事物之间的关系，所有水平的关系模式都被视为是决定学习质量的关键。

在"瑞吉欧·埃米利亚城市"中，女孩子们通过提问题开始她们的方案学习，以此来澄清小组的学习意图与表征的几个关键性因素。她们把幽默作为一个交换观点、培养团体归属感的策略。分享她们对即将要画的内容的构想为小组顺利完成任务提供了有力支持。在男孩组中，西蒙与埃米利亚诺画城市的街道，以便于他们接近贾科莫，他在此时还没有参与到小组活动中来。在"光的景观"中，费德里卡与朱利亚运用了很多合作与联系的策略，他们用复数的第一人称，用滑稽的鬼脸、手势与音调称呼每一个人。她们笑着、交流着，表达着对投影仪与集体共处的兴趣与热情。朱利亚充满情感地叫费德里卡"姑娘"，不停地寻求她行动上的肯定。"姑娘，准备好了吗？我们也能在投影仪上放这个吗？"关系主要由朱利亚维持了下来，她与费德里卡分享她们所创造的审美性作品的欢乐：我们正在做一件多么有趣的事呀，现在我们马上放上去吗？我们再放一个类似的东西吗？看看多好！你看有多漂亮，真是太美了！

费德里卡与朱利亚一起玩投影仪

结语

在《听听孩子们说什么》一文中，幼儿教师薇维安·佩利（Vivian Paley）反思了她对录音的发现："录音机，以它的坚定、连贯与逼真捕捉到了（孩子们）那些未听清与未讲完的嘟哝、令人误解与困惑的背景。那些脱离肉体的声音在寻求澄清、寻求安慰。它也捕捉到了当孩子们力求注意、赞同与公正时我声音中的不耐烦。录音使我产生了强烈的愿望——想知道更多教与学的过程,以及把我自己的班级作为研究的一个独特窗口。"[27]

在提出以上建议后,我们认识到每一条建议都有待于在每个独特的课堂社会背景中进行深入研究。这些建议如何在年长学生甚至成人的学习小组中起作用?对其他文化与背景中的学习小组而言,这些建议又有什么样的涵义?是否具有文化普适性?显然,在瑞吉欧的学校培植了一种文化,在这种文化中,学习得到了深入与提高。这种文化中究竟有哪些要素可能对其他文化背景也同样有用呢?

此外,有些建议提到了成人作为学习小组一员,我们就想更近地审视一下与建议有关的成人学习。例如,成人的学习风格如何受小组中个体的影响,他(她)又如何对小组中他人产生影响?成人如何参与某个特定方案或产品的小组目标的制定过程的?如何产生一种审美的知识的?

佩利谈到了对她自己教学与研究十分重要的一点是好奇——不仅仅是关于儿童的学习与儿童的观点,而是关于她自己在教与学过程中的作用。我们把这些建议视为当教师成为,用佩利的话说是"自我最佳证人"的时候所出现的情形中的一个例证。通过纪录的过程,教师把理论与实践结合了起来;他们成为人类对教与学的研究者。这些建议说明了纪录在学习中对教师与学生所起的强有力的作用!

大象接吻

RE
PZ

故事主角

奥丽莉亚（Aurelia），5岁9个月

费鲁乔，6岁

贾科莫，5岁7个月

卢卡，6岁2个月

教师

劳拉·鲁比齐

学校

黛安娜

摄影与文字

维卡·维奇

有一段时间，我们计划并发展了一些教学情景来支持和鼓励儿童交流与交换观点。这种交流甚至可以超越时空界限。我们在每个教室都设置了一个区域，里面放置了一些个人的小抽屉，每个孩子、教师、艺术辅导、厨师以及来幼儿园帮忙的志愿者都有这样一个属于自己的小抽屉。在幼儿园的三年里，孩子们送发的短信的数量与质量都不断提高，很自然地，他们从"提供"小的物件发展到了绘画，有的可以用文字书写。（当然，审美的标准还是很重要的。）

一封来自小组的信

教师向一个学习小组的儿童建议，他们可以给任何想交流的人写一封信。这些孩子有不同的书写能力：奥丽莉亚能自己读和写；卢卡能认识并书写所有的字母，并开始学着把字母组成字；贾科莫认识所有字母，但是对如何把字母组合在一起成为字的能力还有待发展。（费鲁乔是后来才加入小组的）

小组的孩子们想给外星球的人写一封信。他们自己先提出了一大堆问题：他们应该用什么语言写呢？信的内容是不是只画图画就可以呢？怎么送信呢？

卢卡：可能他们只用声波或磁波交流。

奥丽莉亚：他们可能是不会死的，或者像爬虫一样，把它切成两半就变成两条虫了。

他们想知道但又不知道的东西太多了。他们认定回答这些问题最可靠的人应该是宇航员。所以孩子们的第一封信应该先写给宇航员。

卢卡：唯一可以问的只有科学家和宇航员！

（从左到右：卢卡、贾科莫、奥丽莉亚）

孩子们准备了用来写这封美丽的信的材料，因为就如他们所说：读到一封美丽的信是一件多好的事，那么他们回信时也会写得很好。

现在孩子们该决定如何组织他们的工作了。

卢卡：让我们看看谁应该来这封信。

三个孩子看起来确信他们能写这封信。

他们三个人都同时报了三次数，想用作弊来确定由自己来写这封信。

卢卡与贾科莫两人有了一致意见，但奥丽莉亚平静而固执地等着，她确信只有她一个人才知道怎么写。

一直在一边听着的老师进行了有技巧的干预，使讨论能持续下去，至少在问宇航员哪些问题上达成了共识。

教师及时地退出了。孩子们得到了三长条颜色各异的很轻的纸片，卢卡准备要写了。

奥丽莉亚：他不能写，因为只是他一个人的想法。

卢卡：你的主意也在这儿，让我们每个人写一个字。三个字怎么样？

问题马上出来了，因为卢卡与贾科莫能力上还欠缺一点。先是卢卡，后是贾科莫向奥丽莉亚求助，让她看看他们写的，并提些建议。当她在大声用正确语调读时，教师强调（或者说是解释）的一个问题是应该关注收到信的人的想法，因为写的不是问题而是你们的主张。孩子们不知道问号的目的是什么，他们讨论如何让交流清楚明白。

卢卡：我们用"我问你"来提问。

当孩子们已经试验并有些理解口语与书面语在交流上的差异时，教师会与他们谈一些像问号那样直接交流的符号。

孩子们犯错误后，嬉笑打闹，这些错误扭曲了词语或使它们变得毫无意义。在此错误得到了认同，并成为学习的一部分，有时甚至成为后继学习的动力。

费鲁乔被他们的快乐所吸引，也加入到这个活动中来。他取代了卢卡的位置，卢卡对这个活动有些厌烦了，他离开了教室去玩别的东西。

在小组中，费鲁乔的自主写作能力最弱，甚至是贾科莫也能像奥丽莉亚那样做他的"老师"。

这时由错误引起的兴奋达到了高潮。

话语上的提议已经不够用了,奥丽莉亚像专家一样亲自上阵。

费鲁乔在他两个同伴的"看护"下完成了他的句子。两个人尽心尽力帮到最后。

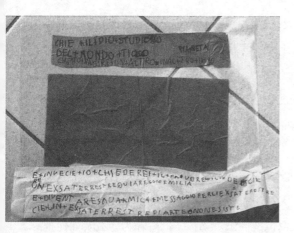

信写完了。在教师干预后他们又作了最后讨论,使句子更清楚明白。接下来几天这信还在继续,不同的孩子又加了几个问题。

给最有经验的宇航员的信

你有没有帮助外星人生过孩子?

外星人是怎么说话的?

我确信他们会说话,他们不是傻瓜。

但是我们不知道他们用什么语言。

外国人与外星人是不是不同的人?

我们是不是另外一种人呢?

他们住的地方都是用绿岩石吗?或者是电?他们那儿也充满了氧气与二氧化碳吗?

外星人是不是不会死?

我们能邀请这些外星人从外星球到我们地球来吗?

你认为他们坏不坏?

他们有城市吗?还是只有气体?

如果他们碰到我们并知道我们的愿望,他们会不会高兴?

如果我们送他们一些地图或许他们会更确信。

穿越大西洋

本·马德尔
（Ben Mardell）

维莱塔学校

迷你工作室中的织布机与放映机

在1999年冬天，零点项目研究小组的几个成员参观了瑞吉欧·埃米利亚的维莱塔学校，午饭后我们参观了一个5岁班级的聚会。我们就坐在20个孩子围成的圈圈后面，他们的教师正在讨论早上开展的活动。3个孩子的一个小组开始向班级报告他们正在探究的有关计算机制作与手工制作间的关系的一个方案。

在他们研究的当前阶段，孩子们正在装饰一张长条状的纸，然后把它穿入一个大的织布机。在织布机的后面放着一架投影仪，上面放着一张白色的底纸。当孩子们解释为什么及如何把几条新的长条纸加到他们的模型中时，共同参与方案的教师偶尔插入评论；其他教师与同学在下面提问。报告持续了十五分钟，占用了大半集会时间。

当然这三人报告用的都是意大利语。在解释的过程中有一个孩子对我们变得十分关注，这些坐在后面的陌生人居然不理解课堂里正在发生的事。他停止了向班级的演示，穿过教室直接走到我们那儿。问道"capita？ capita？"（你懂吗？）通过我们的翻译，我们回答"是的，我们知道了报告的大概内容"。但这个男孩并不满意，他的反应其实是对的。尽管我们的翻译尽了最大努力，我们还是不懂他想让我们知道的。他分享的标准很高，所以他再次用意大利语向我们解释了报告，并再次问我们"capita？"

现在我们反过来问"capita？"（你懂吗？）就像这个来自维莱塔学校的男孩一样，我们感到向大家阐明观点的一种必要。如同上面这个简短的故事解释的那样，小组能够对某一水平的工作与学习提供支持，它的复杂性甚至让人感到惊异与鼓舞。我们相信，在小组中学习的观点与在此呈现的纪录对丰富美国的教育背景具有极大的潜力。像来自维莱塔学校的男孩，我们怀疑尽管有这些启发性的散文与前几章图文并茂的文章，但是要达到充分的理解还是很困难的。

我们的怀疑是有根据的。我们自己就曾对这些复杂的观念深感困扰，我们也有向美国教育工作者解释这些观念的经验。我们的报告引发了最大的兴奋也引起了最大的怀疑。虽然很多人对促进小组学习的可能性一知半解，一个普遍的反应是："这与合作学习是不是一样？"面临着人们会把这些观点同化进已有种类的趋势，把我们的立场和其他观点与活动相区别对我们而言是个挑战。

瑞吉欧的教育学尤其困难。对瑞吉欧实践的各种反响也证明了这一点，它在美国教育者的头脑中的确引起了一定的混淆。例如，许多人一方面有感于孩子们杰出的图画与雕塑以及教师们所做的那些美丽而强有力的纪录，另一方面也有很多人告诉我们幼小的孩子在没有成人干预的情况下是不可能做出如此出色的作品的，只有那些忽略了更重要职责的教师才有那么多的时间加工这些充满想法的纪录。诚然我们可以从这个模范的教育型社区中学到很多东西，但在瑞吉欧发生的事情也不可能简单地打包并携带着穿越大西洋。我们从这些学校中获得的启示远非那些表面上的东西。

在这一部分，我们仍然围绕着本书的两个主要问题：什么是集体学习的本质？如何用纪录支持这种学习？我们希望在这个章节能够澄清我们对这些问题的观点。当我们把它引入美国背景，我们要加上另一个问题：为什么我们对于学习集体与纪录的观点，尤其是瑞吉欧的实践会对美国人的理解产生那么大的挑战？我们认为直面这个问题为我们战胜这些挑战、深切理解这些观点的重要性提供了最好的机会。

作为"让学习看得见"研究小组的美国一方，在零点方案工作的很多美国同事的工作促成了我们对这些问题的思考由来。三十多年以来，零点方案的研究者们对儿童、成人，意在理解和提高思考、学习与创造的组织方式进行了大量研究。他们的努力通常融合了理论和实践，把基本的研究与学校实际结合起来以形成更有生命力的教育实践（有关零点方案的背景信息参见附录A）。

本章我们提供了几种有助于回答以上三个问题的几种思维方式：

（1）文化情结——有碍于充分理解的假设、信仰与价值观；

（2）瑞吉欧作为一面镜子——用瑞吉欧的学校作为比照，有助于我们更清楚地认识我们的实践；

（3）错误两分法——没有必要把教育上所做的努力简单化地认定为"不是/就是"。

我们力图让大家了解我们是如何形成我们美国人观点的，或者说是如何让瑞吉欧穿越大西洋的。

文化情结

留意你是如何界定这个世界的；因为它就像你认为的那样。
——埃利希·海勒（Erich Heller），《被剥夺继承权的思想》（*The Disinherited Mind*）

教育决策，从如何安排一个聚会交流到干预一场两个孩子的冲突，再到如何在黑板上演示，都是基于对教与学的假设、信仰与价值观。简而言之，就是基于教育观。拿写板报作一个例子，板报演示的可能性是无穷的。包括运用外面购买的艺术品，张贴鼓动性的标语（"我们都是一条战线"），纪录小组儿童所做的研究（照片、交谈记录、作品），或由班上每个儿童完成的一件工作。一般来说，教师在此所做的决策来自于他们的世界观。例如，决定张贴每个孩子的作业有可能是基于如下假设：在这类演示中需要对所有孩子公平，坚信对每个孩子所取得的成绩进行祝贺是很重要的，而最终的作品能最完美地展现这些成绩。而其他的假设、信仰与价值观则会导致别种选择。

教育观——教与学的工作理论——是根植于文化中的。对课堂与学校意义化的过程与受文化影响的教育观是不可分离的。教育观能限制认识，有时会妨碍教师、行政官员、家长、政策制定者正确地认识形势，预见各种可能性。从这一点来说，假设、信仰与价值观就变成我们所说的文化情结。这么一种情结在维莱塔学校的故事中可见一斑。虽然绝大多数美国人看到了儿童向班级同学解释他们的工作的价值，但还有许多美国的教育界人士惊异于只有三个孩子的报告居然可以占用绝大半的集会时间。我们认为让少数儿童主导一个公用的集会时间是不公平的，这样的反应正是来自于对个人与团体关系的一种假设、信仰与价值观。总体来说，美国人对集体主义总有点敬而远之，认为如果加入一个团体就会有丧失个人自由的危险。我们相信的是个人只有远离团体才能得到保障。一个通行的保障机制就是确保团体成员间的平等。因此，在美国幼儿园课堂的集会时间里教师一般都会安排结构性的交流，让每一个孩子都有机会对既定主题简短地谈一下自己的看法。儿童常常不允许作第二次发言，除非每个人都有机会再轮一次。很多教师认为再也不可能有别的什么办法。但是公平并就不等于绝对的一刀切，如此的阐释平等可能会牺牲重要的信条，如深入讨论的重要性与儿童向他人报告自己工作的强大力量。我们把这种限制交流的假设、信仰与价值观视为一种文化情结。

这种情结是很难解开的。我们深陷其中，很大程度上是无

传信的鹤

意识地往我们熟悉的思维套路上走。我们总是倾向于把现实同化于我们已有的世界观中，而不是根据实际经验去顺应我们的理解！[1]更甚的是，由于世界观深植于社会文化中，通常也不会受到任何检验。[2]组成情结的假设、信仰与价值观是我们文化契约的一部分，是不容易转变的。然而，以一种自我反思的精神面对强有力的观点与教育实践将有助于我们认清并理解隐藏在课堂实践后的要义。

瑞吉欧作为一面镜子

跨文化比较为检验文化情结提供了有益借鉴。因为其前设就是认为不同假设、信仰与价值观会形成不同的教育决策。[3]面对其他文化的教育实践，我们能清楚地看到我们自己所隐含的教育观，使我们有机会反思我们教学的概念性基础。实践的对比能让我们清醒意识，就如同艾略特（T. S. Eliot）将置身于他人之中称为"让熟悉变陌生"。[4]

因为文化差异而对瑞吉欧教育实践的理解困难也是一个视点。其实，正是瑞吉欧·埃米利亚这个地区学前学校的教育学为我们提供了丰富的机会来审视我们对教与学的理解。在瑞吉欧的教育学与美国的进步主义教育之间存在着很多的相似之处。在这大西洋的两岸，都致力于让学生进行长期的合作。两种文化都认为教育的价值在于培养完整的儿童，促进儿童的个体潜力，为儿童成为所在社区的积极一员而做好准备。瑞吉欧学校吸引我们的地方就在于它呈现了一种实现这些目标的独特途径。我们看了"儿童的一百种语言"展览，参观了维莱塔学校，欣赏了儿童的画作"蔷薇花的篱笆"，我们不断地寻求理解。

"在我们理解瑞吉欧·埃米利亚的经验前，我们首先必须理解我们自己的传统与主导话语"，斯德哥尔摩教育学院的教授冈尼拉·达尔伯格（Gunilla Dahberg）如是说道。[5]达尔伯格在过去的二十多年里一直参与瑞典和瑞吉欧的教育对话，也是与瑞吉欧接触时间最长的国际知名的教育人士。为了充分理解瑞吉欧的教育观点，瑞典的教育工作者们不得不努力克服他们原有的对教育实践的假设、信仰与观点。例如，瑞典人曾引以为自豪的"以儿童为中心"的教育理念在遭遇瑞吉欧的观念冲击后，他们开始检视这个术语的意义，反思这只是言语上的一个修饰，要探究如何达到这个目标。这种反思的效果是深远的，它激励了儿童、家长、教师，甚至是政治人士（那些已经参观过瑞吉欧学校的）去创造并更新教育情景。瑞典人谈及瑞吉欧，认为"它是一面镜子，通过它我们能以一个更谨慎的方式更好地认识我们自己与我们的传统"。[6]

我们相信美国人也能达到与瑞吉欧相似的一种精神境界。通过瑞吉欧这面镜子反射出来的有与无，我们能对美国教育获知良多。例如，在美国的学校我们听得很多的是合作、小组学习与儿童协同工作的重要性。面对瑞吉欧学习团队的形式与功能，迫使我们审视这些术语的意义，检视我们是否也只是在玩修辞，探讨如何充分利用学校的社会本质去达到这些目的。

错误两分法

当我们反思瑞吉欧的教育学时，应该指出的是我们中的很多人都持有许多的两分法——教对学、理论对实践、评价对课程、思考对感觉、成人主导的课程对儿童主导的课程、个体学习对团体学习——但在瑞吉欧学校则不存在。虽然按照非此即彼的方式思考问题比较方便，但许多的两分法却把我们引入错误境地。通过简化教与学过程的复杂性，危害了我们对课堂的正确理解。确认并澄清这些两分错误对我们理解集体学习与纪录中的一些复杂观点是很有帮助的。

如果我们再次回顾对维莱塔学校的访问，我们看到很多流行的教育两分法不见了。孩子们向班级的报告代表了个体与小组的学习吗？它是成人主导课程的一部分还是儿童主导课程的一部分？儿童与教师在学与教吗？报告包涵了教学或者学习的纪录吗？儿童的工作包含了以上所有内容，甚至更多。儿童的解释既反应了他的个别学习，也反应了小组学习；在报告中儿童与成人都扮演了一个积极的角色；当儿童组织他们的观点并对同学与教师的问题作出回应时，整个班级也学习了这个主题；同时，小组三个人对他们研究的理解也得到了加深；所以他们既是教，也是学；通过透视儿童的思考与能力，这个报告又何尝不是一种评价？

简化、把现实组装成可控的种类，是人类的一个强烈本能。两分法就是遵从这个本能的一个一般性策略。虽然两分法提供了一个对现象归类的有效途径，但可能导致对世界的复杂性过度简化。引用一段卡尔维诺（Italio Calvino）《看不见的城市》（*Invisible Cities*）中的话可能比较合适：[7]

"马可波罗描述了一座桥，都是用石头垒成的。'可哪一块石头支撑了这座桥呢？'（忽必烈汗（Kublai khan）问道）'这座桥不是由哪一块石头可以支撑的'，马可波罗回答道，'但是所有的石头垒成拱状就撑起了一座桥。'忽必烈汗依然沉默，他在思索。然后他加了一句：'你为什么向我提到了石头？对我而言只有拱形。'马可波罗回答：'没有石头哪来的拱形。'"

如同卡尔维诺（Calvino）的箴言和瑞吉欧学校所例证的那样，有时候某样东西并不是这样或那样的事物，而是两者兼而有之。当我们在理解集体学习与纪录时这种认识是很重要的。

形成一种美国的观点

在本书的前面几个章节中已经对瑞吉欧·埃米利亚34个幼儿园与婴儿—学步儿中心的集体学习与纪录的理论和实践进行了论述。在本章中，我们以一种更一般化的方式对这些问题进行论述。尽管我们对这些实践已经"打包"并穿越了大西洋，但我们意大利同事的影响却贯穿本章始终。在对本章开始聚焦的三个问题进行回答的过程中，我们不仅对来自瑞吉欧的观点与实践进行反思，也对来自美国的观点与实践进行反思。在随后的四个章节中，我们沿用零点方案的若干启发性研究，用几种独特的写作风格，针对不同的学科对这些主题进行进一步的剖析。在我们的解释中，我们为集体学习构建了一个框架。把瑞吉欧的理论与实践作为一面镜子来揭示美国教育所处的困境。我们也重新审视了教学与研究间的关系，它为我们进一步地运用这些观点指明了方向。

我们指代的教育范围更大。瑞吉欧的学校把关注点集中在婴儿、学步儿与学前儿童，我们把学习背景引申到中小学。把美国K–12（幼儿园到中学）的教育实践与意大利相对较小的小镇的学前教育相比较，给人的第一感觉可能并不恰当，但我们认为在集体中学习与如何做纪录是学习的一个部分，是超越年龄与学科界限的。这本书着意的是如何运用这些观点更好地支持个体与集体学习。这不是一个一般性的挑战。我们依然坚信，正确理解如何在集体中学习与纪录是我们迈向新的实践和重新演绎我们自己的传统中有价值的方面的重要起点。

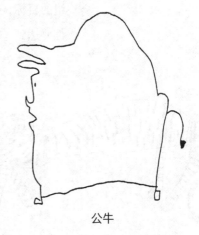

公牛

> 决定不同生活质量的教育存在于团体中。
>
> ——约翰·杜威《民主主义与教育》

在小组中学习的四个特征

马拉·克雷切夫斯基

本·马德尔

在校内外发生的学习,如果不是说大半,但也有很多是通过小组中的互动来实现的。其实,当儿童在学校里他们总是待在一个团体里。但是这些都是学习小组吗?在绝大多数的美国学校,聚焦于评价的实质和教学的各个方面都只是为了促进个体的工作与学习。但是要求与/向他人学习的愿望是如此强烈甚至在倾向于孤立儿童的机构,仍然阻断不了学生与/向他人学习的倾向。不论是学生个体还是小组,教师究竟如何才能够支持并拓深学习的质量呢?

要区分小组学习还是个体学习并非是一件十分容易的事。粗略一看,好像美国的教育实践更多集中在个体学习,而瑞吉欧实践则更多侧重小组学习。很多美国教师把学生视为是独立的发现者与自我意义的建构者。他们通常力图把天然的集体背景——学校个别化;每个儿童从事自己的个人作品。但即便是这般强调个别学生与个别作品,活动类型、所提供的材料和学习的时间架构还是会对班上的孩子一刀切。虽然没有集体或小组的目标,但仍蕴涵着一种一致性——在小组中的所有个体的都要达到一样的个体目标。

在本章中,我们对小组学习进行概念化,为我们理解和培养课堂中的个体与小组学习提供一个框架。我们对小组学习进行定义,并描述了它的四个特征以区别于其他的团体学习概念。这些特征调和了现今教育中一些盛行的两分法观点,包括教学是成人的,学习是儿童的这类信仰;纪录和评价是与教与学的过程相分离

老虎

的；学习与教学是认知的，而非情感的、审美的和行动的；学习小组关心的是个人的知识而不是小组的知识，等等。在澄清这些观点的过程中，我们把在瑞吉欧·埃米利亚的幼儿园与婴儿—学步儿中心的儿童、教师和家长的经验作为在早期教育中小组学习的一个丰富例证。

对于本章与前面的建议和论述的联系可以一言概之：建议更多的是表述个体与小组学习的策略，而这里所说的功能则着重强调了我们与瑞吉欧同事在合作研究的过程中所强烈感受到的小组学习的四个方面。虽然还可以概括出其他特征，但我们认为这四方面是小组学习的核心。没有这四点，小组学习的核心就流失了。而且这些特征区别于其他以学校为本的团体学习概念，有助于我们确定学校中某个团体与一个学习小组相似的程度。虽然这些建议也能这么应用，但它们是瑞吉欧教育者教育研究的直接成果。它以各种可见的与文本的方式阐释了瑞吉欧幼儿和成人组成的学习小组的形式、功能与理解演示。而特征则以更一般的视点来理解多种学习背景。

与学习本质和小组的本质相关的两大原则指导了我们对小组学习的探究。首先，从学习层面上，与减少儿童和成人的思考，学习通过简单问答而得到片段的、具体的知识相反，我们感兴趣的是学习的过程和在文化中具有意义的伴随解决问题、创造产品而得到的结果。它与加德纳有关智力的定义"某一文化中富有价值的问题解决与创造产品的能力"是相一致的。[1]我们既反对简化个体与小组学习的复杂性，也反对简化学习的内容。我们感兴趣的学习是统和了认知、情感与审美的。它面对的是真实世界的问题解决，在此，批判性和创造性思维与学科内容和技能同样重要。

其二，在小组学习上，我们指的不仅仅是个人通过小组中的参与来进行学习,而是一种更广意义上的学习。研究表明我们有必要重新思考我们人类的认知观念——一种存在于个人头脑里的,把知识视为是社会建构的,分布于各个个体、团体、文化工具及产品(如书籍与计算机)[2]的认知。我们相信参与小组是建构个体学习的关键。我们也相信小组学习能够引导人们创建超越任何个人认知的社区文化或集体性的知识。

我们对一个学习小组的界定如下:通过情感的、智力的与审美的方式致力于解决问题、创造产品与寻求意义的个人的集合——在这个集合中每个人都自主学习,也通过各种途径向他人学习。学习团体促进了一种与个体学习截然不同的学习。当然,甚至在小组中,个人也是自主学习的,自主地建构对这个世界的个人理解。从这个意义上说,所有的学习都是个体的。但是当儿童与成人都在小组中时,他们向他人学习,也和他人一同学习。在小组中我们遇到了新的观点、策略与思维方式,让我们从他人身上学会更多。而与他人一同修正、拓展、澄清和丰富我们自己的观点与他人的观点。在提出这些小组学习的观点时,我们也上溯了团体学习观念的历史——从社会心理上对团体归属感的研究到当前教育对合作学习与以方案为本学习的兴趣。虽然认知与发展心理学对个体发展的关注是有传统的,但在过去的几十年里,对学习的社会与分布性本质的兴趣有了戏剧性的增长。例如,根据维果斯基的社会文化观点,发展在本质上是社会性的。[3] 维果斯基坚持认为所有的想法首先是在人际水平展现的,然后才是个人的内化水平。[4] 他相信我们的思维方式是变换了的社会性互动的内化形式。发展的社会化本质存在于人类经验的方方面面。我们绝大多数人从出生开始就被家庭、同伴和他人塑造成特定的思维、情感与行为。哪怕是独立工作时,个人也依赖于社会所创造的工具与产品。从这个意义上说，所有的认知活动都受制于社会背景。

近些年来，美国教育者对合作学习的兴趣日增。在美国，合作学习通常以技术性形式被教师采用，用来组织课堂活动。[5] 在小学一年级开始首先被结合在课堂教学中。大部分研究都把合作学习策略的效果定位在对内容与技能的掌握。[6] 典型的合作学习策略包括在个体取得成就后进行小组奖赏，对小组的个体成员分派特定的角色与任务，或者进行同伴指导。这些小组工作的技巧，比如建立信任、处理冲突、决策制定是保障学习成功的关键。虽然我们对小组学习的概念与多种形式合作学习的基本原理是共通的（例如，为保障儿童相互学习而提供经验的义务），但与合作学习的研究和实践还是有很多差异。现在让我们来描述小组学习的四个特征。

> 学习小组的成员既包括儿童也包括成人。
>
> 纪录儿童的学习过程有助于让儿童的学习看得见，勾画正在进行的学习。
>
> 学习小组的成员也在学习中投入情感与审美，如同学习的智力维度一般。
>
> 学习小组的学习关注点超越了个体学习，而在于创造一个知识的集合体。

1. 学习小组的成员既包括儿童也包括成人。

我们对学校中的小组学习观点有别他人的一点是把成人也作为学习小组的成员。在绝大多数的美国学校，当我们让学生从事小组学习时，我们习惯性地就把儿童视为是学习者，而成人则是教师。在许多合作学习方法中，成人的作用是作为"活动落实者"。在有关同伴教育的一篇文章中,威廉·达蒙(William Damon)提出,"在同伴合作小组中,成人作为监控者首先要让儿童把注意力放在手头的任务上,其次是在任务结束后与儿童共同回顾所学知识,在儿童小组讨论时成人不应介入自己的知识与观点"。[7]

虽然我们认同在一个学习小组中成人与儿童扮演的是不同的角色,但我们相信学习小组中的每个成员都会致力于探究,学校中的所有个体都要为教与学的文化贡献自己的力量。与儿童相比,教师理所当然会给这个文化带来不同的背景与技能,提供发现与快乐的时刻,并在关键时刻进行干预。通过系统地观察与纪录儿童的工作,教师发展了有关教与学的新观点。课程就像是一次旅行,学习的主题成为研究的方案。教师不再被视为信息的唯一与首要的来源,而是帮助儿童积极参与和同伴的认知与情感交流。教师同时也作为小组的记忆见证,提醒儿童他们早先的工作与评论。

在美国学校,我们惯于为学生设立学习目标,一般很少考虑到教师的学习目标,即他们从课堂经历中学到些什么。瑞吉欧教师为他们自己设立了如下目标:我们如何拓展并深化自己对儿童建构知识与技能的理解?头脑想象、记忆、口头语言与可视性语言之间怎样连接起来?用什么工具能够提炼儿童最具认知与情感色彩的过程?他们聚焦在学习行为,教师努力让儿童的学习看得见,并收集各种信息为儿童设计别样的学习经验。通过书本、展览与其他作品,教师与同一学校、其他学校的同事及他人共同分享他们所学到的东西。

家长通过提供自己的经验与支持,帮助纪录儿童在学习小组中的工作,从而能积极地参与这种文化。例如,维莱塔学校的教师注意到在学年开始,儿童花了大量的时间实验、玩耍水。

一次家长会

[8]在密切观察儿童并纪录他们的对话后，教师认识到儿童正在创造关于水的运动的理论与假设。教师把他们的观察结果与家长分享，他们一起决定选择一个"专家"委员会对儿童的假设进行探讨。委员会设计并建立了一套气泵与导管，使儿童能够继续试验水。

在学习小组中，家长不仅对自己孩子的学习产生兴趣，而且在一般意义上学习了儿童发展。家长把他们对自己孩子的认识、他们的教育期望与价值、他们的能力与兴趣带入了学习小组。在瑞吉欧的家长通常会产生他们自己的研究问题（如儿童怎样在家里与学校里庆祝生日？在儿童游戏时，动作形象的作用是什么？），然后与他人分享自己的发现。

社区成员与组织拓展了学习环境，使其不再囿于课堂，将儿童与社区的生活联系起来。这不是简单地把社区成员请进来进行孤立的、一次性的访谈，教师与儿童都把社区作为学习团体的编外成员，能对正在开展的研究提供支持。[9]当黛安娜学校的儿童认定他们的教室还需要一张桌子时，他们叫来了一个木工。木工到了学校以后，他解释说他还需要桌子的具体尺寸。于是，测量桌子就成为一小组儿童当前务必要接受的挑战，他们还要让班上的其他儿童及时知道活动的进展。当儿童着手创立一套测量体系时，教师的作用就在于理解并支持儿童的这个学习过程。

木工与孩子们在一起

2. 纪录儿童的学习过程有助于让儿童的学习看得见，勾画出正在进行的学习。

我们的概念核心是纪录和评价在突显个体与小组学习本质及让学习看得见中的作用。当教育从知识传授发展到探究定向时，纪录儿童的学习成为教师与儿童学习中的一个关键性工具。

通过纪录，儿童和成人有机会对个体与小组的、他们计划并在实施的工作与活动进行重温。

在许多进行合作学习的美国课堂中，课程与评价是割裂的。评价范式仍定位于测量与评估。儿童被要求掌握相对组织良好的信息或技能，它们能用快速、有效而"客观"的方式进行测量、评定与展示。在这种模式中，教师作为学生思考、活动与学习的纪录者的作用是无关紧要的。我们对小组学习的概念正是要避免这种倾向，而要促进包含教师观察与纪录技能的评价。

纪录向儿童与成人展现了儿童知识建构的方式，包括关系与情感方面。教师与家长共同分享儿童的所言所行。当他们谈及儿童时，他们偏好引用儿童的交谈，并从中摘录一部分，与儿童作品一起张贴在墙上。教师也会产生并公布他们自己对方案或经验的反思。纪录儿童的学习不是为了创造美丽的展览，而是为了遵从与勾画知识建构的过程。它深化了教师对儿童强项与兴趣，不同知识领域的语言，他们自己的行动与教育决策以及学习过程的理解。

教师们在讨论纪录

纪录儿童的学习有助于创造一个有关小组的集体记忆，让儿童有机会回顾他们的想法与观点，不断地在个体与小组的活动中重新发现自己。当儿童研究的方案与作品只是存放于自己的角落，没有机会同他人的观点和活动进行交流与比较，那么小组仍然只是一个个体的集合。例如，我们在下一章中会看到的档案评价，就是一种个人作品的收集。让教室里的学习看得见，让儿童在小组中协同学习能够培养儿童的团体认同感，使拓展与深化学习成为可能。回顾早先的画作并进行评论，使儿童能提升并批判地看待他们先前的想法，倾听同伴的反应，从而使他们的理论得到发展与修正。用这种方式记录儿童的工作让每个人都在一般意义上学习了一个具体的方案，了解了儿童学习的过程。这种纪录也有助于儿童讲述他们自己的学习故事，保持他们经验的连续性。

进而言之，纪录这个行为改变了教师对教室里所发生的事情的理解，鼓励他们去反思并理解某种学习经验背后深层的意义与价值，迫使他们去比较他们认为能观察到的与实际发生的事，便于他们对下一步作出决策。纪录儿童的学习需要选择最有纪录意义的时刻与经验，纪录并非是要讲述一个完整的故事，或对每个孩子的每个活动细节事无具细地记下来，它需要教师对纪录的东西作出甄别与决策。因此，它不是对一个学习小组的经验作简单描述，而是需要对选择纪录的内容进行深度挖掘，挖掘其背后的目的与过程以及结果间的联系。因为它经常需要通过与他人的讨论，我们也由此逐渐明晰了我们的信仰与价值。与同事的合作是这个过程中尤为重要的一部分。瑞吉欧的教师及其受瑞吉欧实践启发的美国同仁都认识到了为深化与促进学习而进行的纪录、学习、集体分析儿童个体和小组工作的重要性。[10]

纪录也有助于儿童形成自己与他人如何学习的理解。它向他们提供了一个反思、评价其他孩子的理论与假设及进行自我评价的机会。并由此提供了一个结构化的途径让儿童回想他们自己与他人在学习过程中的进步、知识、犹疑。如同我们所看到的那样，瑞吉欧教师不断要求儿童和他们的朋友或教师分享他们从某个活动中所学到的东西与体验。在从事一项方案时一个普遍的问题是"你能为你回想所做过的事以及与他人的交流做些什么？"更甚的是，当儿童学习如何在一个小组中进行学习时，他们也逐渐对同伴及自我反馈产生依赖，这些与教师反馈同等重要，教师已不再成为信息的唯一来源。这种转变的另一个结果是让教师腾出更多时间进行纪录，与一个或多个儿童进行拓展性的互动和交谈，而与此同时，班级的其他儿童可以不受干扰地继续从事他们自己的工作。用这种方式纪录儿童的工作传递了一个强烈的信息，即儿童的努力与观点是受人重视的！

3. 学习小组的成员也在学习中投入情感与审美，如同学习的智力维度一般。

根据我们的观点，在团体中学习——就像所有有意义的学习一样——情感投入与智力投入同样重要。许多教师在选择符合课程学习目标的研究主题时，都会试着考虑学生的兴趣，但认知学习目标与其他形式的学习目标是没有关联的。合作学习等许多方法关注的是学习基本的技能、事实性知识与法则的应用。[11] 而在我们看来，学习团体中儿童与成人在进行认知维度学习时不能撇除情感和审美维度。

瑞吉欧教育者把环境作为"第三个教师"。他们通常审视材料与环境促进了学习的哪些过程。他们寻求能化平淡为神奇的材料与现象。例如，在研究光时，儿童尝试把各种不同物体放在投影仪上。教师积极寻找能让儿童感到迷惑、惊奇与蒙蔽性的材料。他们决定向儿童提供牛皮纸，这是一种建筑用纸，看起来透明，但投射的影像却十分模糊。他们还提供一个装水的碗和一个塑料瓶，以创造流动与运动的不平常的效果。

通常，在向班级介绍一种特定材料或工具前，瑞吉欧教师自己先会对这些事物进行探究。他们关注材料所能引发

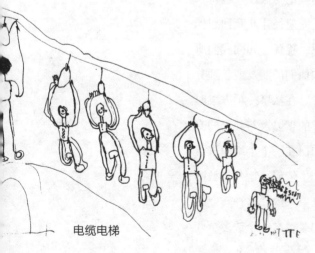

电缆电梯

的智力的、情感的与审美的过程。例如,教师可能会自问:"这些材料能促进儿童的惊奇感吗?它们会产生超出期望的变化或强烈的审美效果吗?"他们相信愉悦是审美性的,能协调儿童的行动。当儿童从材料中获得乐趣时,例如,在光的方案中儿童的反应,这种体验对他们而言弥足珍贵。瑞吉欧的孩子培养了一种对审美的敏感,使他们能在许多的竞争性观点与理论中作出合理选择。

教师从知识和情感的维度选择学习主题与方案时也要考虑成人的学习。教师从中培养自己敢于尝试的勇气与意愿,为遵从儿童的多种兴趣承担必要的风险。教师也经历了与儿童一同学习的快乐。实际上,他们所提出的方案有可能自己也不能确定会出现什么样的结果。在兰金(Rankin)描述的"恐龙"方案中,成人决定向儿童提出一个挑战——让儿童画一条仿真大小的恐龙,并设法挂起来,使它能够直立在那儿。[12]教师自己也不知道儿童能否成功地完成这个任务。他们完全是基于儿童所表现出来的对恐龙大小的强烈兴趣,这些都是教师通过纪录而发现的。

小的小组对这类学习尤其有效,一个小组一般不要超过5—6个孩子(见建议Ⅰ)。有研究对不同大小小组的学习与互动进行了对比,结果发现最佳的合作学习应该是4人小组。因为规模小,这就能让儿童对专题抱有更高的热情。其实,如同我们所指出的,瑞吉欧教师在组织学习小组前总是不断地发起对某一专题的初始性探究,他们以此来观察哪些儿童有更大的兴趣与热情。

当教师在纪录儿童活动时,他们要保持对学习的智力、情感与审美的多方面的注意。在研究和分析谈话录音时,成人听到了那些最让儿童感兴趣与最富热情的主题。在"光的景观"

中,教师注意到儿童至少用三种方式使用投影仪。有些孩子基于惊奇和审美的乐趣运用特征对此进行讲解与描绘;另一些孩子运用光束作为舞台创造了他们自己的表演;而还有一些孩子全神贯注于光学上的探究与发现。这些认识有助于教师把握机会,去激发、拓展并深化儿童的学习。在这个例子中,教师决定让儿童与家长在早上来校时在投影仪上放一种自然材料,如树叶,它能产生一种强烈的审美效应。一段时间内,儿童开始从家里带来各种东西放在投影仪上,教师最后把投影仪安置在儿童午睡室的床的上方,并设计了一个节目表,逐个演示孩子们带来的物体。

对学习小组这一特征的思考还有一个方面,就是一个学习小组所学到的东西与其学习的方式是不可分离的(另一个错误的两分法)。学习小组的形式和功能是与小组的理解和学习整合在一起的。工作、感受和思考的过程与学习内容同等重要。在美国,甚至是在合作与方案学习的课堂中,课堂的关注点也多半集中在个人的技能上。我们绝不认为认知能从体验的其他方面剥离出来。卡拉·里纳尔迪指出:由儿童对生活在校园中的猫的兴趣而引发的一个研究方案也是一个研究一切与猫相关事物的过程。[14] 它绝不囿于我们对"猫"的片段知识,而是从更大范围探究与猫相关的有意义的事物,它囊括了文化的、情感的与科学的领域。

在黛安娜学校一个有关树的方案中,儿童至少用三种方式学习树:用感官探究它们;密切观察并用不同媒介表征树;交谈并描绘树的方方面面,包括他们如何在不同情景下感受与观察树。[15] 为了把树与孩子们更密切地联系起来,成人建议孩子们去领养一棵树。成人既充分关注儿童对树的科学知识与审美的获得,同时也重视儿童对树的情感与态度的发展。

黛安娜对树木方案的想象

4. 学习小组的学习关注点超越了个体学习，在于创造一个知识的集合体。

根据我们的观点，学习小组更像是科学共同体，既关注个体知识，也致力于构建集体的知识。绝大多数的合作学习与其他的团体学习技巧首先是作为一种教学策略来提高个体的学习成就。合作学习有时被指称为"给—取"学习，因为在儿童创作自己的作品和最终成果之间通常就是这么一种给与取的关系。[16] 按照合作学习拥护者们的说法，"合作团体的目的是使每个学生成为更强大的个体……学生们一起学习如何做得更好"。[17] 教师对个别学生能够予以一对一注意的其他方法还有混龄团体与同伴协商。

虽然我们认为学习总是个体的，但考虑社会建构与知识的存在状态是很关键的。在一个小组中进行的学习所能达到的学习质量完全有别于个体学习。一种对集体理解的关注——要求不断比较、讨论、观点修正——使告别单枪匹马的学习成为可能。个体的观点立即被投放到小组中进行讨论。集体运动项目为我们提供了一个教学例子。当个体学习如何在一个队伍中共同学习时，他们需要学会的是如何协调相互间的动作。虽然运动员的所学取决于他们自己的头脑，但作为个体，知识对他们大体是无用的，因为他们的技能只有在场上与其他人在一起时才能表现出来。在学校中，就像在运动场上一样，不要人为地把个体从学习团体中分离出来，这很重要。每个人都应置身于他人的背景中予以考虑。

就像我们前面指出的，对学习与认知的跨学科研究表明，如果我们认识到知识的个体化特征与作为文化工具和产品的本质，我们就能对人类的学习与发展理解更多。[18] 例如，安·布朗（Ann Brown）与她的同事曾设计过一种课堂环境，在社区的所有学习者之间创设了一种分置的专家网络。[19] 马琳·斯卡德玛利亚（Marlene Scardamalia）、卡尔·贝赖特（Carl Bereiter）与他们的同事提出了一个知识建构共同体模型，在这个共同体中每个人都能分享并提高小组的知识。[20] 在这类课堂中，学习已经超越了个体，朝向推进知识本身而努力。学习不再是简单地完成一系列具体的活动与任务，儿童与成人都感到他们在致力于发展一个更大的、更有意义的知识整体，在这个知识整体中他们能相互分享并交流。

作为产生集体知识过程的一部分，学习小组中的成员有时会试着创造瑞吉欧教育者所说的"在一致下工作"。儿童与成人对一个方案与作品中需要分享的一些要素达成一致意见——比方说，在表征人群中泥捏的人物大小、在制作城市地图中公共场地的作用等。这些统一不仅形成了一种一致感，也形成了一种审美整体感。小组的表现与作品是建立在每个个体工作之上的，两者并不矛盾。教师在其中扮演了一个微妙而复杂的角色：他们不仅有助于促进小组讨论或形成小组目标，也作为一种资源，并在儿童陷入困境时及时地进行干预。

纸做的人群

很多美国人把学校视为是一种途径，通过帮助儿童获得一定的技能、关键性的知识与观念、思维的习惯等为儿童成为一个合格公民作准备。尤其是幼儿园，在我们的文化中一直没有得到足够的尊重与重视。幼儿园只是被看作是起社会化的保管作用，或者是一个发展前阅读、前书写与前算术技能的地方。在瑞吉欧，学校——学前学校——被看成是纪录人类学习的地方，儿童声音得到倾听、尊重并得以与更大社区分享的地方。学校建立在关系的网络上，在这里儿童不是为成人或今后的生活做准备，而是生活必不可少的。在瑞吉欧，学校是个有特权的地方，在那儿文化得以复制与发展。它们也是教育研究基地，使我们对知识是如何建构有了根本性的理解。教师把他们的日常工作作为一个永不停歇的研究过程。通过系统地纪录儿童的学习，教师与儿童共同创造了学校的一种文化。学校由此也不再只是反映周边文化，而是对这种文化进行了精加工与发展。从这一点来看，学习小组不仅是传递，而是创造了文化与知识。

杜威宣称决定不同生活质量的教育存在于团体中。政治学家罗伯特·普特南（Robert Putnam）的著作提出我们公众的生活质量——不是私人的——将由我们身处的团体决定。[21] 普特南的论述表明社会网络和公民参与对我们社会机构与民主生活方式所起的关键性作用（实际上，普特南就以北意大利作为一个积极的例证，在那儿，民主社会成功地延续了七个世纪）[22]。瑞吉欧·埃米利亚的婴幼儿机构的实践向我们提出了挑战，让我们重新思考我们对个体学习与小组学习关系的理念。就像卡拉·里纳尔迪所说："通过团体而产生的智力与情感上的学习创造了个别化知识无可企及的质量。我们不仅学习如何成为社会人，而且学会通过这种社会化让我们成为不同的个体。"[23] 在美国，围绕着团体的巧言与做法是不一致的。我们的未来取决于我们如何向儿童提供机会使其成为"不同的个体"——这种个体知道如何倾听；知道了解并尊重不同的观点；知道如何与他人一起解决问题，并以日益增长的复杂方式理解并解释这个世界。

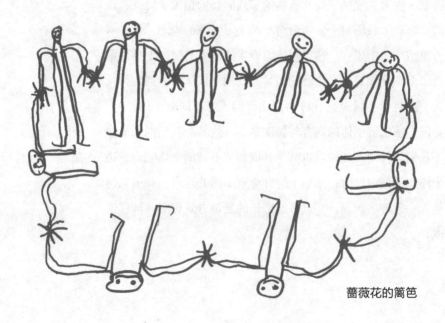
蔷薇花的篱笆

故事主角
爱丽斯，5岁零8个月
费德里卡，6岁
教师
西蒙娜·莱亚科纳
乔瓦尼·皮亚扎
学校
维莱塔
摄影
乔瓦尼·皮亚扎
文字
乔瓦尼·皮亚扎

车轮和运动

在我们生活的时代，孩子们和年轻人有着越来越多的机会来玩耍和实验智力的与互动的机器模型。在他们家里，我们发现了许多各种各样运用不同技术和机械系统的玩具，例如小类人猿和变形机器人。

这些玩具复杂的技术性、变幻莫测的功能、运动和转变的魔力，使得它们具备了一种立即捕捉住孩子们眼球的神秘气息。

在我们看来，正如孩子们在讨论中经常陈述的那样，它们似乎能够不仅通过智力，而且通过人类的敏感、心情、期望和思想来察觉到这些使得机器人像活着似的运动的复杂关系。在学校也同样，孩子们可以从他们可获得的材料中发现玩具机器人，或者如果孩子们愿意的话，他们可以像带其他玩具一样把自己的玩具机器人从家里带到学校。

在一个方案内,一组女孩决定搭建一个机器人。在开始阶段,女孩们选择用纸来开始方案,因为纸具有柔韧性,她们也习惯用纸来工作。

然而,纸这种材料,尽管在多个方面适合这个方案,结果却展现出许多和建构有关的问题,这些问题是孩子们始料不及的。

费德里卡:嗨,你知道昨天发生什么事情了吗?机器人跟我们开了一个玩笑。

爱丽斯:是呀,一个玩笑。它站立不起来,因为我们建造的车轮不稳当,所以它总是要不停地倒下去。

费德里卡:我想它会不停地倒下是因为我们安了好多的车轮,但我们安装时又犯了个错误,所以它才不稳定。

艾丽卡(Erica):看,我的也倒了,全部都倒了。

爱丽斯:我们不得不更认真地想想!我们需要更结实一些的车轮。我打算弄得更宽一些,这样它们会更坚固一些。

组员们又返回来开始行动了,爱丽斯在工作室里搜索着寻找新的灵感。她认真地从一个柜子搜到另一个柜子。也许她早就有了一种还没有意识到的直觉,也许她不会用口头语言表达。

爱丽斯:我们需要一些圆形的东西。

艾丽卡加入了费德里卡的行动;在一起玩着,他们想到了最好能够做一些新的和更结实的车轮。他们重新拿了白纸板开始切割。

艾丽卡:我们必须做一个用来支撑起机器人的小圆筒。

费德里卡:又好又结实,像柱子一样坚固。

同时,爱丽斯找到了一个有着多种色彩的会旋转的陀螺,陀螺很快就抓住了她的注意力。

爱丽斯:那就是我要找的东西,一个圆的车轮。看看它是怎么转的……你看它转得多快呀……它的内部是有能量的。

爱丽斯站在桌子一侧,费德里卡和艾丽卡站在桌子另一侧,三个女孩琢磨出了一些新的策略来做车轮。在这个工作阶段,行动远远多于口头语言,他们作出的不多的评论使得他们探索中的操作更有力度。

爱丽斯:这是一个牢固的车轮,看它转得多好呀!要是你推一下它,它转得才叫快呢。

爱丽斯确实把她们做车轮的工作向前推了一大步。
她拿出来一张白纸板,把陀螺放在上面,描出两个车轮的图样,并很认真地描出车轮的中心来。然后她用铅笔弄大了车轮中心的孔,并检查一下看看车轮是否能转。

爱丽斯继续她的探索,并开始为她的车轮做圆片。费德里卡和艾丽卡做的纸圆筒吸引了她的注意力。她似乎对他们探索的新进展很感兴趣。

 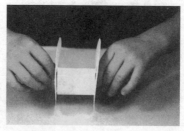 

在观看了朋友们做法之后,爱丽斯借助了艾丽卡的纸圆筒想法,又琢磨出一种做车轮的新想法,也就是把小组内正在起作用的两种新想法给结合起来。

爱丽斯对她做的新车轮十分满意。

爱丽斯:费德里卡,你喜欢我的车轮吗?看看它转得怎么样?

费德里卡:喜欢,我看过了,真是太棒了。它几乎就像是一个真车轮,我们的也很棒呀!

艾丽卡和费德里卡的想法开始作用在了车轮周围。她们对如何把车轮弄得牢固非常感兴趣,正如她们一直做的那样,她们做出了不同的轮子模型在机器人上做实验。

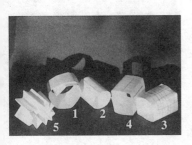  

不同的车轮模型展现了她们有关轮周探索的进化过程。尽管从滚筒到正方形筒到星状筒,车轮的形状存在着变化,车轮并没有达到足以支撑机器人的稳定程度。

试图坚固纸筒的努力看来已经取得了成功。女孩们用手来检验纸筒,看看纸筒坚固的程度,并宣布它已能够支撑机器人。

艾丽卡和费德里卡非常满意。当纸筒被投入实际检测时,纸筒能够支撑机器人的重量,但不能转动。

费德里卡:我想你需要在里边的中间像爱丽斯一样插一根小棒子,这样它就能转了。

艾丽卡:也许那正是我们这个纸筒需要的。

爱丽斯的方法清楚地显示了一种可能结合的新的探索。从一种原始的模型开始,她继续做出包含两种、三种、四种元素的构造物。在这个工作阶段,口语的用处很小,爱丽斯只在检测她的模型时讲话,同时她还会不时地瞟一眼桌子另一端,看看其他人正在做什么。

爱丽斯用一节电线来绑住一节木棍。

爱丽斯用一根电线绑住了木棍。

爱丽斯：这个车轮正是我们的蜘蛛侠机器人需要的。你所要做的是拿一根电线来绑紧车轮。它当然没有螺钉，它是纸做的。

费德里卡：我想你需要车轮的外面部分，这样它看起来会更加像车轮。

艾丽卡和费德里卡让爱丽斯向她们解释一下她们需要什么。爱丽斯感觉到作为一个车轮方面的专家，她的角色是如此重要。

在这点上，建构模型都是基于相同的模型，个体和小组的策略有所重合。当与不同的结构相结合时，模型给出了不同的形式，但是它们都可以起作用。检验模型将会为不同的技术和机械特点提供比较。

 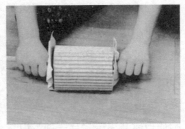 

支撑研究的原则急需找到一个公式来形成系统。

正式和直觉地接受一个模型是不够的。现在需要的是找到一个属于整个小组的建构原则。

爱丽斯：艾丽卡，你的车轮看起来像一个卡车的车轮。它能滚动且真的很强壮。看！你可以把你的双手放在上面，它也不会坏。

费德里卡：你的车轮是四轮的，爱丽斯。有四个轮子，且转得很好。但是圆的外面部分显得瘦，看看如果你压的话，轮子是怎样弯曲的？

女孩们共同建构的新的车轮表示了每个孩子研究的集合。看起来似乎功能更全，更有吸引力。女孩们把它用作模型来为依旧有需要的其他机器人制作轮子。

费德里卡：等一下！我们只制作了三个轮子——我们还需要更多的，我正打算数一数还需要几个。

艾丽卡：更多的车轮，总是车轮，真没有意思！我们已经知道怎样制作他们了。

费德里卡：好的，但是如果你不帮助我们，怎么知道机器人是怎样工作的？

艾丽卡：看起来有一长排的车轮。

爱丽斯：我们所有的车轮排起来是一长排。

在他们的建构过程中,女孩们把她们遇到的错误作为一个原因来重新理解运动的含义,并再找到一个新主题。

在小组中的个体学习过程聚焦了对属于小组知识的进一步建构。在经验的最后阶段,女孩们对作为一个小组共同参与研究的感觉逐渐变得牢固起来。

她们也逐渐显示了另一种意识,那就是,无论是个体还是共同体,她们都能够从小组共同的知识中提炼出来建构新知识,这种知识不是和任何个体的知识的唯一性联系着,而是小组中的任何人都可以利用之。

在美国理解纪录开始（运动）

史蒂夫·塞德尔

大多数美国学校有关纪录和评估的实践与瑞吉欧·埃米利亚学前教育机构的相同类型工作形成了鲜明的对照。这些实践的差异性是多样而深刻的。当然差异性是源自于瑞吉欧·埃米利亚学前教育机构与美国学校的社会、政治和历史背景之间的深刻差异性。确实，两者对话中的核心词汇——评估、纪录、教、学、共同体——在某种程度上的差异如此之大，以至于质疑如何能够为一种富有意义的对话建立基础是具有合理性的。

我们合作的每一个方面都引起了对这些核心词汇意义的对话、辩论、沉思，背景如何传递意义，理解力和价值观如何影响实践。严格地讲，在瑞吉欧我们的方案并不是一种对实践的单向学习。它更像是，对分开和联合理解在共同体中自然学习的协同研究，以及纪录能在培育学习中起重要作用的方法的协同研究。从两种文化中得出的经验和观点都为此作出了贡献。我们把瑞吉欧的经验作为我们对学习共同体研究的重要基础，因为它提供了对美国实践和观点进行反思与再考虑的基础。然而我们对学与教方面的理解在很大程度上取决于对共同价值观和意义的鉴别，同时又不否认重大领域的差别性。

在本章中，我们将考察美国纪录和实践的某些方面，探索零点方案的这些领域，思考纪录、评估和学习共同体的可能联系，许多美国教师倾向于把这些活动分开来考虑。本章将反映我们在可以令人产生希望和得到鼓舞的观点与能引起挫折和不适感的观点之间的摇摆不定。我们认识到在美国教育中我们的经验作为内化非凡张力的许多方面，特别是，在儿童和童年、教师和教、学校及其与社区之间关系等方面的不同看法。

蜻蜓

纪录作为评估的工具

在瑞吉欧·埃米利亚学前教育机构,纪录被称作是"评估的工具",正如本书前面出现过的对可视文本的展示一样,在瑞吉欧的其他书中,在瑞吉欧教育机构墙上的纪录框里,纪录既是产品又是一个寻求用语言和想象来表示工作、玩、共同学习、单独学习的过程。

在美国,评估(assessment)的实践通常被认为是评价(evaluation)的同义词,在美国文化中,评价是一种判断、测量或者把一项工作同其他工作相比较的过程。纪录通常被认为是一本纪录书的标志。当用更加精巧的词汇来考虑纪录时,它成为某种与时间无碍的事情。与这个主题有关的还有相当多的挣扎和张力。在整个上世纪,尽管有着明显的例外,美国学校中的评估主要由进行考试以决定孩子们是否学会了他们被要求学的实践支配着。这些考试采用了多种形式——从突击考试到书面考试到整个地区、州,甚至整个国家的学生都被要求参与的标准测试。尽管在美国学前教育机构中几乎没有标准测试,但来自学前教育工作者的轶事证据表明,最近几轮对二年级学生的测试对学前和幼儿园课程具有重大影响,推动它朝着更具传统色彩的"技术和操练"发展。

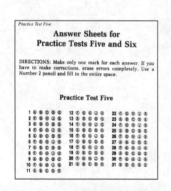

标准测试分数纸

事实上,所有这些考试的特征是一种趋势,即短答案、多项选择、对有关"非情景化"的事实问题作出快速反应。能够代表个人想法的选项很少能够得到。速度被赋予了高价值。[1] 这些考试很少允许孩子们在一起思考和工作,更不用说在一个接近真实生活的环境中解决问题了。简短地说,我们评估的方法是个别的、非情景化的,聚焦于用教过的规则系统来解决问题。

在零点计划中,在评估和评价中作一个明显的区分是有意义的。不同于把它们看作同一过程的是，我们认为应该把评估认同于来理解学与教方法的许多和不同方面的过程。评估可以直接和一个特定的孩子、一群孩子，在遵守或者违反特定的纪律情况下工作有关。这个概念是对学的一种更深层次的理解和对一种激励学习的环境的发展。在零点计划中，我们同瑞吉欧视角中的纪录和评估建立了密切关系，这让我们认识到对评估和评价的区分在美国并不是普遍存在着。

当然这些实践的对照和由我们瑞吉欧的同行展示的纪录是富有戏剧性的。在美国学校中，把"纪录当作评估工具"或者把纪录当作一个有效的学习共同体中不可缺少的因素并不是普遍存在着。

在传统范围内所具有的密切关系

我们美国的学校和瑞吉欧学前教育机构的许多方面都是有着海洋一般的距离的——无论是地理位置上还是比喻意义上都是如此。然而，许多实践，许多美国学校中的教育传统提供了与瑞吉欧学前教育机构思想和教学方法的丰富联系。如果这些实践和传统的力量没有被广泛地接受，那么瑞吉欧教育和独特的纪录也不会对许多美国教育者产生深刻的吸引力。尽管表面上有着重大差异，零点计划中相当多的工作也证明了我们和意大利同行之间的研究在深层基础上的密切联系。

很明显，光谱方案发展了在早期教育环境中进行评估的方法，并与瑞吉欧有许多共同的关注点，包括儿童的能力、智力、尊重材料的完整性、依赖于儿童工作的细致观察和纪录等多个方面。进一步讲，光谱方案与瑞吉欧在深层次上共同涉及了向儿童提供多样化的材料和向儿童提出问题等方面。这种需要的紧迫性来自于一种信念，即儿童需要在多样化的语言与智力环

孩子们卷入了视觉艺术和音乐光谱方案

境中生长、发展和学习。[2]

除了零点方案外，美国教育中有关进步传统的许多因素还有儿童的想象力、教师以及能够和瑞吉欧产生共鸣的课堂。20世纪与21世纪之交的自然学习运动[3]、1925年由威廉·赫德·柯克帕特里克（William Heard Kirkpatric）发起的"方案教学"[4]以及儿童学习运动[5]建立起了一种课程与评估实践，这种课程和评估实践关注行动、语言、思想以及在有着复杂问题的丰富环境中的孩子。"实验"学校的增多直接发展自约翰·杜威和他的同事们的工作，这些工作先在芝加哥展开，后又发展到了纽约和其他地方。[6]这些学校也是继续研究的中心所在，其传统尽管有着很时髦的形式，有着宽泛的教师主动研究和学习或探究共同体。它们中的一些直接和学校主动提高有关，其他一些进化于费城学习合作体的努力，该学习合作体把探寻和研究作为教师专业实践的一个重要因素。[7]

近几十年来，帕特丽夏·卡利尼（Patricia Carini）和她的同事们在教育研究希望档案中心，在佛蒙特州北本宁顿的希望学校所做的有特色的工作，证明了创造一种学校环境的可能性，这种学校环境把细致观察孩子们看作是教师工作的中心。教室里得到的大量的纪录为卡利尼观察儿童和检验儿童工作的开创性的分析工作提供了材料。[8]教育研究希望档案中心拥有着成千万件儿童工作档案和无数件关于儿童在学校工作与玩耍的观察纪录，它是教师们和其他致力于儿童学习与童年生活研究的人们的灵感的源泉。许多人做的事与拥有的观念都把这些多样化的经验和实验与瑞吉欧的工作联系起来：把儿童想象成具有非凡能力的，在解决问题和探索世界时有着智力的、社会的、道德的与审美的潜质；儿童们用优质材料工作的权利；学习具有社会性；在学习共同体中儿童和成人都具有合作意识。

我们教育传统之间的另一个相似之处是对教学经验中心的认识论问题的关注。[9]我们怎么样理解和经验世界？我们怎么样改变与自己有关事情？为何会有这样的想法？怎么样发展和深化我们的理解？一个人怎么能够理解另一个人的理解？努力明白他人的理解可以以何种方式成为严肃教育学的基础？

通过美国最近关于学校教育的目的和实现这些目的的最佳方式的教育辩论的呼吁，一些声音坚持把理解作为学校生活的基本目标。在零点方案的工作中，"教是为了理解"在前十年就作为一个关注的中心出现了。这项工作要回答一些基本的问题，诸如：理解是什么？它是怎么发展来的？当我们看见理解时，我们如何知道那就是理解？我们怎样创造一个学习的环境来支持和丰富深层次的理解？

这些问题以及探索那些可能看起来像是在不同年龄学生的教室中有关教与学真实实践的答案的努力，导致了一种评价标准体系的发展，这种体系把"过程评价"建构到了学习经验结构中，既评价教师也评价学生，而且为自我评价和反思某人的工作与学习提供了充分的机会。尽管焦点在于产品和"对理解的执行情况"，关注点依然是人们怎么能够理解观点和现象，以及人们在一个把理解看作是动态与进步的环境里如何表露那种理解。[10]

在这样的认识论环境中，教室中的纪录占据着一个特殊的位置。纪录关注构成理解的元素——观点、理论、假说、感情、实验、演绎、因果观、想象、直觉、执行情况，以及经验、技术、知识和洞察力之间的关系，在试图知道某事时的认知过程。瑞吉欧的纪录里随处可见这些元素，在纪录中，我们看到记录、展现儿童们的动作和互动可以揭示观点的起源，而且在与团体成员共享时，可以产生新的观点、问题和发现。

比如，在可视资料"蔷薇花的篱笆"中，我们可以看到儿童个体的想法，他们试图尽力解决把三维生活用二维表示这一内在问题。在资料中，我们追随着孩子们就不仅会看到儿童个体的想法，还会看到孩子们如何相互交流，孩子们如何清楚地表达自己的观点和思维方式，最后还有一些人如何恰当地运用他人的思维方式。在对黛安娜学校一间教室的生活片断作细致研究后，我们从朱利亚、李奥纳多和乔瓦尼三者的交流中看到了孩子们真实思想的诞生。出于许多原因，不仅是因为我们文化中传统哲学的限制，还因为对我们教师的培训，这些元素在美国的纪录形式中远没有可能占据中心位置。我们在许多学校中有关纪录的努力是一种典型，展现出的作品很少关注他们代表的艺术元素，很少关注暗含在产生这些展现作品的活动之中的解释和学习的可能性。当然，许多有关精确努力的分析存在着，但是他们中的许多人在试图对个体学生的成长和发展作纪录时保持着一种对测量的关注。教学活动——学生、教师、材料、主题和家长在学校中的复杂互动——很少成为我们纪录的核心关注点。然而行动确实是课堂生活的核心。在美国背景中，我们受一种愿望驱使着，这种愿望就是想要报告结果、成绩或者一段特殊时期后儿童的变化。

文件袋评价的前景和问题

在美国，文档最常见的形式是在过程开始和结束时，以及在过程中孤立的时刻拍摄的快照。在20世纪80年代末期90年代初期，多种形式的评价流行于美国，包括学生作品展览和表现评估，就是这种快速评估方法的例证。他们致力于在真实评价和任务之外，再增添一些评价方式，这么做是对传统考试评价的一种重大转变。在最好的情况下，这些形式的评价对教师、家长和学生都非常有用。

在探索纪录和评价之间的关系时，我们发现另一种形式的评价——文件袋，主要是一种解释性的实践。作为学生工作的基础，文件袋为思考儿童在学校的经历提供了一系列生动具体的参考点。在美国的许多学校里，文件袋成为学生、教师和家长对话的焦点，文件袋在学生们讨论他们的学习中扮演着中心角色。

确实，文件袋对美国的教育实践具有重大而深刻的意义，为我们重新思考我们对待儿童在学校应该做什么这一问题提供了可能。传统上，我们认为学生的作品基本上是可以丢弃的，这么多年来，K-12班级的孩子们被要求创造出成百上千的作品——纸工、绘画、图表、地图、数学和科学问题卷、实验、项目展览等。总的来讲，这些产品被创造出来，交上来，给出一些通常很粗略的反映，返还回来，然后它们到哪里去了？（人们可以想象在天空中有一个充满了孩子们在学校做的作品的大黑洞，然后又消失了，很快又会完全遗忘了。）

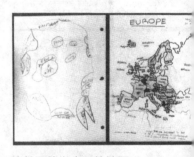

比较两位学生画的地图

这种对待学生作品的方式在我们的许多学校都很明显地存在着，特别是在早些年：对孩子们的作品几乎没有投资，对孩子们在学校做的事情持无所谓态度，关注事务的外在价值而不是内在价值——从与教师或其他学生共享自己作品的经验中学到些东西。

把一些作品收集到文件袋中可以为孩子们被要求参加的合作共同体恢复自尊。这些作品不仅被收集和保存起来，而且更有意义的是，可以为以后偶尔回头看时提供反思的机会，庆祝、沉思、再思考以及考虑面向未来的方案、目标和方向。用这种方式，文件袋帮助我们把对待学生作品的态度从可以任意处置

一位八年级学生
档案袋中的作品

一位一年级学生档案中的作品

两位学生年末反思的对比

转换到了绝对有必要收集。[11] 尽管许多州（如马萨诸塞）把文件袋评价方式从他们全州的综合评价系统中给除去了，但许多教师仍然在他们的教室中应用着文件袋的评价方式。

我的文件袋，你的文件袋

这种转换的意义是使得对学生作品的收集不再被低估成为可能。但是，尽管文件袋在许多教室与学校中被证明是丰富和有用的，他们几乎总是被看作为个体成长发展经历的纪录。我的文件袋就是"我的写照"，而不是"我们"。我把我的文件袋带回家，你把你的文件袋带回家。确实，许多在他们的教室中运用文件袋的美国教室遇到的难题之一都与以方案为基础的课程有关。许多学校方案的设计目的是使学生参与合作。最终，一个学生作出的贡献难以与任何其他学生的贡献区别出来。从许多方面来看，这都是完美的。然而，关系到每个学生的文件袋时，就产生了明显的问题。从实践层面来说，让成员中的哪一个把作品放进他或她的文件袋中，他们中的其他人又拿什么作为他们工作的纪录来收藏。更基础地来讲，也许在评价中，我们对每个个体的最终关怀使得我们在与团体工作有关的评价中处于无助状态。我们经常能感觉到一组儿童在一起工作很长时间后个体知识的发展。我们知道他们在一起发展出的能力会超过他们中任何一个儿童的单独努力，我们欣赏并以这样的成绩为荣。但是，在美国的评价实践中，我们几乎没有办法来展现这种儿童在一起发展来的知识。

仔细阅读"瑞吉欧·埃米利亚城"能够使我们看到集体知识是如何发展的一种示范。这篇文章聚焦于两组儿童，他们在一起绘画他们所在的城市。每个儿童的贡献都是看得见的，但是只发生于产品产生的大背景和他们合作的过程中。绘画成为了由教师和美术老师制作的纪录的中心部分；有时候通过在学校展示，有时候通过书或小册子的形式使这些作品公开化。

评价作为一种合作努力形式在理解学和教方面作出的努力

从1985到1990年，零点方案同匹兹堡公立学校、教育考试中心参与了艺术推动计划，该计划是一个合作项目，其设计目的在于探索文件袋作为一种评价形式如何在初中和高中阶段的音乐、视觉艺术、想象写作等方面作出贡献。[12] 在这样的背景下，文件袋被构想为可以同时达到多个目的：可以作为学生学习的工具，反思交织在课程结构中的工作，可以作为提供学生学习情况信息时的一个基础，延伸来说，可以成为提供学校成功经验的基础，可以作为教师了解学生学习情况和教学工作的信息源。

艺术推进计划产生了一个意想不到的后果，那就是发展了教师有关学生的学习情况对话的草案结构。这种发展来自于对教师有关学生学习情况特殊细节对话的关注，这在大多数学校都是非常不平常的事件，而且并不是很快就能显现出怎么样使得这些对话有效起来。对所有参与的人来说，往文件袋里收集学生作品产生了丰富的机会来展开有关教育实践的对话。在艺术推进计划的工作中，教师和研究者开始用一种能够引出新的视角、观点以及有关教和学的问题的设计草案来建构他们有关学生作品的合作测试。

在这个过程中和随后教师们有关学生作品的对话中，最有意义的发现是传统意义上认为这些作品只能评价一个单独的儿童的智力和努力，而现在，这些作品可以认为是有关儿童和他的学习环境的评价。例如，一个学生有关死刑的文章当然包括作者有关这个对话的独到见解，它还会有参考资料（可用的报纸、网络资源、书和文章)、语言、观点和学生在学习环境中了解的观点。文章不仅会反映从环境中得出的有关这个主体的观点，还会反映出怎么样引起争论，什么组成了可以用的语法等有关文章是什么的观点。当然，从某种意义上说，环境包括这个学生可以活动的所有世界。但是该作品主要反映教室和学校，教室和他的同学们。概而要之，学生作品不仅仅是一个孩子，甚至一群孩子的作品，还是信息源、资源、有影响的人或事务、价值观、材料，最重要的是，对该作品的思想和与作品的互动等情况汇集而成的结果。

当然，确实有时候孩子是独自而且用一种特殊的方式工作着。但是，即便如此，孩子作出的这些贡献也不是绝对孤立的。概要分析，不管个体表现得多么特殊，每样作品都是团体工作的产物。我们把团体作为一个学习、纪录、评价的共同体是因为认识到着迷于对个体的关注会否认了我们已经发现的学生作品的生态意义——即便是作品有着非常特殊的形式，它依然是整个系统的产物。

两种差别

我们已经提到了在我们美国学校和瑞吉欧的评价倾向之间的两种深刻差异：首先，不同于瑞吉欧关注团体以及个体活动、互动、贡献和学习"其他人学习的方式"的是，我们的关注点、纪录和报告都有仅关注个体的倾向；第二，不同于瑞吉欧关注教师活动、学习、玩、思考和其他认识论的是，我们关注结果、成就以及测量一段时间内儿童的提高。

重要的是这些不同不仅是因为美国实践的主流，而且因为我们学校中的一些采用进步主义方式的评价。我们不是为了争论支撑这些倾向的相关价值观的方方面面，而是为了努力确认我们和瑞吉欧海洋般差距的重要方面。可能这些差别的重要意义是瑞吉欧的实践对这么多美国教育者特别具有挑战性的核心。同时，也许是我们关于儿童、教学、学习的价值观和视角与瑞吉欧的密切程度，解释了瑞吉欧的教育实践对美国教育者的吸引力。这两种力量都很重要，因为如果没有吸引的话，也就不会有面对挑战的意愿。

牝鹿

成为比自己大的整体的一部分

史蒂夫·塞德尔

很多年轻人想：为什么他们要在学校里？为了要学习，当然，我们是这样告诉他们的。但是为什么要学习？最终目的是什么？他们提出这样的问题是很正常的。成为对社会有用的人，教育是你得到机会的入口和路径，我们这样提醒他们。但那是将来，他们抗议，学校在现在、今天、生命的此刻跟我们有什么关系呢？对很多年轻人来说，在学校的经历是为了成为重要的人的一种等待。他们在学校努力的合理性好像仅仅和一些看得见的将来有关。而现在只不过是具有过程性的价值，更深的意义、理解、贡献、满足并不是这里的目的。儿童期只不过是一种模式，是在通向成熟的路上的一个阶段。儿童不是被看作有能力做出特别有用事情的人，除了为做出有用的事情而"做准备"。这种对儿童能力的不加考虑，对儿童期独特价值的摈弃，在我们教育系统中是极为常见的。难怪年轻人会质疑他们为什么要在学校里。

小组臂膀里的个体

带着孩子的母亲

成为比自己大的整体的一部分——或是一个小组，或是一个社区，或是一个企业，对他人有益——使人在经历中获得现在的意义和满足。当很多个体一起完成在任一领域里的一项复杂的任务时，这往往推向更高的目标。对个人有限性的认识和个人雄心的结合使这个小组团结在一起。即使一个小组在数量上很小，它也是一个比个体大的实体。一个小组有着大的目标——在学习和生产的意义上——扩大了这个小组的意义，但有意思的是，它没有减少个体的意义。相反，小组的成员有着大目标、高标准以及严格的要求，成为社区里或是班级、学校、邻里、学科领域以及其他群体中有潜力的、主要的人物。

然而，在美国的文化背景中，个体的经验、权利、自由是国家所传承的光荣。从宪法和权利法案对个体的保护，到社会各阶层对正面行为和枪支控制的讨论，我们对个体的保护经常是优于对集体的考虑。这些讨论充斥在我们国家的谈论之中（即使当个体的权利、物质财产远远超过他人，甚至以他人为代价时，仍然是神圣的，是道德范畴以外的问题）。

我们的个人主义和对群体主义的趋向之间的矛盾使我们迷惑并把自己区分开。我们把这种对个人的关注带入到学校和教室中，即使当桌子不再按行排列，学生们彼此分离，我们的课程和教育仍然建构在把个体作为单独学习单元的基础上。即使当我们在设计小组活动时，我们评估的默认设置仍然是针对个体。（评估非常个体化，以至于学习的成功失败与教学的成功失败之间好像没有联系。我们的评估似乎是：教学是没有问题的，是孩子们没有学习。）

尽管有重要的研究结果提醒我们学习的社会性，大部分班级仍然将小组作为个体的集合。实际上，学校中的学习被看作一个个体的行为，独立于其他人。小组，在学校的设置中，经常被视作为个体的敌人。我们害怕在小组中失去自己的身份，害怕我们的需要得不到满足。

瑞吉欧的同事及其学生的经历表明，我们对于个体需要的关注不必完全左右我们的教育哲学、价值观和实践。实际上，他们的工作和研究对于本书的贡献提醒我们：权利，贡献以及个体的学习并不与小组相矛盾。实际上，很可能恰恰相反——个体因作为有意图、有目的的学习小组的一个部分而将得到大量的机会，从而得到最好的教育。我们可以看到个体在小组的怀抱中得到关心、尊重和爱，而不是像在一些巨大冰冷的容器中，个体的权利、需要和身份不可避免地丧失掉，使个体的心灵受到破坏。我们觉得，正如我们在本书中讨论的，小组学习是个体发展的理想环境，当他们付出他们的理解、想法和见识，并且考虑别人的想法和见识时，他们就会发现自己的想法以及潜力。小组包含了每个成员的贡献，不管怎样不同或冲突，它都为个体体现鲜明的身份提供了确切的背景。争论、实验、磋商，通过这些学习小组的工作特点，每个成员就能看到并及时评估他人特别的或特殊的素质。对每个成员贡献的尊重意味着每个人不仅要尊重别人，也要少给别人带来麻烦。

但是，再次重申，认识论关心的是高功能学习小组的形成和培养。如果小组的目标不包括每个成员对他人的理解，小组的焦点就会微妙地、迅速地转移到其他目标——成为最好的、赢、最先完成、得到最高的成绩等。关注于理解并试图跟随每个人特别的贡献和想法，这可以很好地把一个学习小组从其他种类的群体中区分出来。实际上，我们相信，当我们定义一个学习小组时，这种关注是含蓄的，即学习小组是个体"投入于解决问题、制造产品、产生意义……其中，每个人都自动的学习并且通过学习别人来学习"。

与别人一起学习和向别人学习

美国的教室还是保留着这样的环境，桌椅成行排列，暗示着个体是自足的小岛，注意力集中于教师。尽管这样，同伴还是具有更大的吸引力（偷偷传送的纸条是同伴社会互动的表现，尽管可能的惩罚是被认为具有"不合适的行为"）。在这种环境中，实际上学习上的合作看起来是一种较远的可能。相反的是，保拉·斯特罗齐在"学校的日常生活"一章中所描述的"一天的早上"中，瑞吉欧幼儿园的特点是通过所创设环境，通过空间、设施、材料，在一系列的互动和活动中，儿童投入于广泛的现象和问题中去作研究。在黛安娜学校的门口，在欢迎小组——欢迎学生、家长、教师的小组中，有一块提示牌，上面写着劳瑞兹·马拉古奇，这个学校创始人的话："任何事情都要有欢乐在其中。"

在学校里，我们所有人——学生、老师、家长、员工——是个小组，我们学习的成功或失败不可避免地取决于我们对于如何和别人一起学习或从别人那里学习这个问题作何种解释。在美国，我们经常把教和学定义为一种单向的关系，教师作教的工作，每个学生，在很大程度上是自己来学习。当然，这不是唯一一对教师和学生的关系，或对教和学的过程下概念的途径。它仅仅存留于我们美国教育传统的主流模式之中，尽管几十年的研究已揭示出这种模式的局限性，对于改革实践也已进行了无数次的努力。

很多美国班级缺乏或根本没有把参与者作为学习社区或小组的成员的意识。大部分的美国学校毕业生太知道在教室里面孤独和与人隔绝的可能性。在同一房间或同一座建筑里的事实并不能让一个群体自动成为一个学习小组。这些群体的划分经常具有任意武断的性质：他们被指派在一起，经常是由于年龄相同，但是也有其他的考虑——例如，学校或班级的种族平衡，第一语言，或者学业技能。

这次合作研究的核心观点是学习是发生在小组成员之中和之间的。要明确的是，不是班级中的每个人都有相同的角色和责任。相反，在班级学习小组中，每个人具有或将发展特别的角色、专门擅长的领域，以及学习和教学的可能性。所有这些，我们瑞吉欧的同事提醒我们：这是可能的，而且可以在欢乐的气氛中达成。

黛安娜学校中的
"美丽墙"

意图的作用

在这个合作研究中，我们学习小组的概念首先是关注比班级小的小组上的，经常是3—5个人的小组。正像我们在学习团体的四个特点中所指出的，成人和儿童在教与学方面都是很活跃的。考虑一个人是否融入了小组取决于他是否用有效的、有动力的方式和大家一起工作，提供支持，迎接挑战，为大家的努力提供多样化的想法。我认为性别、兴趣、年龄、经历、友谊是形成这些小组的创造性的元素。实际上，组成这样的小组需要教师们周全的考虑。

为什么小组能聚在一起——出于什么目的、方案、问题，或对一个特别现象的研究——是一个小组身份的不可分割的一部分。对深奥问题的调查、制作奇妙物体的可能性、使用独特的符号系统和多样的材料，使小组聚在一起。从一开始，这些新的聚集起来的小组必须找到他们利益和致力于小组的共同点。这些共同点并不意味着所有成员必须有绝对相同的利益，而是允许在共同认可的目标背景下的巨大的差异。

在"美丽墙"中，装饰学校的院子成了小组所有成员的共同关注点；而每个儿童在展现时有着不同的兴趣和视角，大人们则有其他的动机并带来其他的问题。不管是在意大利还是美国，在一个小学中作壁饰时，小组的所有成员都分享讨论壁饰将来的样子，但每个人将贡献不同的力量。一个人可能特别对所用的颜色以及人们在壁画上所用的颜色之间的关系很注意。另一个人可能关心壁画上人物的精确描绘，使这些人物可以被辨认出来。还有一个人可能对呈现于两个维度上的深度所带来的挑战特别关注。艺术教师可以对最后的作品进行平衡，并纪录小组的学习经历。

多样化的关注点和兴趣点不仅影响壁饰的质量，也影响着小组中个体的学习经历的质量。（在作壁画时，小组学到了很多经验教训，在小组学习的同时，个体也在学习——尽管说小组所学到的每件事情并不是个体都学习到了。）随意组合的学生群体——经常是挨着坐的，和学习小组之间的一个区别是：他们一起工作时，目的性和群体创造性设计的程度不同。

马萨诸塞剑桥弗莱彻
学院外墙壁画的详示

学习小组从全体艺术中得到的经验教训

　　检视那些需要协作和小组努力的艺术工作——例如舞蹈、戏剧、音乐，对于教室中的小组工作提供了很多想象和参考点。在舞蹈团、演奏乐团和剧院，还有其他的全体艺术组织，总是很难在高效工作完成任务的同时使每个人都得到学习。在很多这样的团体中，无论是专业的或是教育类的，日常生活的压力（例如，时间或金钱上的匮乏），迫使很多团长、指挥，或负责人仅仅去"完成任务"，失去了在演奏厅中达到新境界和对体系风格更深的理解的机会。

　　这种损失不仅仅来自于外界的压力和匮乏的资源。它也来自于把见识、思想和理解与全体艺术工作割裂开来的想法。然而，当学习和理解不可避免地与制造效果的过程连接在一起时，剧团成为一个学习小组的潜力就会被发挥出来。结果与过程、学习和演出、个体和小组之间的对立开始溶解，因为这些元素中的任何一个都被认为是无法独立于对方而存在的。同样，正是小组中的每一个成员对于其他人的理解、意见和疑问的关注，使学习团体的特点更加生动。

　　在专业艺术领域的努力中，艺术总监和每一个成员决定在艺术实践中理解所具有的或应该所具有的核心程度。然而，在教育环境中，把艺术工作作为学习经历的责任是不容置疑的。达到这个目标的方法是开放地进行辩论和诠释，当然，我们在意大利对幼儿园的学习小组的研究提供了一些启示。同样，检视在美国的学校中进行表演的团体对于我们理解学习小组的本质也具有价值。一项由零点项目组进行的研究由于这项协作研究中的发现而获得了轰动的影响。因此，我们把焦点从瑞吉欧·埃米利亚幼儿园的学习小组的纪录转移到马萨诸塞州西边的波克夏郡山区的体育馆和剧场中。

"莎士比亚和伙伴"中的登记活动环节。

从1995年开始，零点项目组的研究者们就开始研究专业演出团体"莎士比亚和伙伴"（"Shakespeare & Company"）的教育项目。二十多年以来，这个团体一直致力于演出和教授莎士比亚的作品，他们不仅在波克夏郡的学校中实施该教育项目，还在本区域内的其他团体中实施该项目。零点项目组的研究关注一个针对高中学生的项目——莎士比亚的秋季节日，以及一个针对高中教师的夏季学会组织。其主要发现之一与我们对于个体在小组中学习方式的理解特别相关，说明了那些比瑞吉欧幼儿园的孩子们年长得多的学生、演出人员和教师的学习特点，为我们提供了借鉴。

为了做的学和为了学的做

经过约两百次的访谈和广泛的观察，研究组开始认识到Shakespeare & Company计划中的高中生已经深深地被学习和表演莎士比亚的作品时所暗含的挑战所吸引。戏剧效果的两个方面加深了我们理解学习小组的讨论。首先，理解包括Shakespeare & Company教育计划的原始意义及其目标，而且理解是通过各种活动得到的。这个作品的原始材料是指心情／身体，包括声音，与其他表演者、导演和设计者的互动，当然，还有莎士比亚的文本。导演不停地问学生们／演员们，问个人或者小组，问他们对于文本（一个又一个的场景，一段又一段的台词，一行又一行的话，甚至一个又一个的词）理解了什么。

　　第二，年轻演员被认为是与这些经典作品相称的演绎者。导演们认识到他们对一句话、一个角色或者一个场景的理解，经常被他们一起工作的这个特殊群体推到了新的水平。解开了迷惑，共享着一些观点，而且不仅是口头上的解释，他们还在表演。理解就是在互动，是声调，是加强感情。确实，感情被看作是一个点，通过感情可能浮现对这些文本最好的理解。通过这种方式，Shakespeare & Company 的工作就和学习小组的第三个特征产生了共鸣，即注意学习的感情和艺术纬度。

　　在 Shakespeare & Company 的预演中，理解被认为是暂时的：这只是我们今天理解这场剧的方式，明天可能会产生新的看法、新的可能意义。高中学生不再因为对文本的不断深化的理解而表达失败，他们开始变得着迷于文本所允许产生的多种理解。发现对文本的新的理解和表演方式可以带来欢乐和成就感。这些十几岁的演员的这些思想、感情的表达支持了在"学习小组的形式、功能与理解"一文中提出的观点，孩子们表达了继续成长的感情，意识到他们的理论是暂时的，他们很高兴看到这些理论被修改、发展和提升。

　　排演被描绘成一种时间被悬置起来的感觉。很少有匆忙的感觉。时间被用来探索，一遍一遍地再现，慢慢产生新的观点。观察和想法都被关注了，每个人的感情都被考虑了。Shakespeare & Company 教育计划的导演凯文·科尔曼（Kevin Coleman）说："每个人都被包括进去了。"这种经验被学生们描绘成是完全不同于学校教室里学习莎士比亚的作品。

　　在学生报告中有关他们在这些学习小组中经验的其他相关方面是：证明他们"同时在四个领域中学习"，因为他们和伙伴一起学习。[1] 其中两个领域涉及艺术本身：学习莎士比亚的作品、他的语言以及阅读他的剧本的方式;学习表演和演戏。其他两个领域与学习表演有关:把自己的知识与社会的发展、智力的发展联系起来,通过这种方式来学习;学习在一个富有想象力的小组中工作。尤其是,学生们把学习认为是"一种强烈的感觉,即认为小组可以由一些对莎士比亚的作品有着共同兴趣并一起努力来理解他的戏剧的人发展而来"。这些学生把一个强大群体的形成和极力理解某事并分享其意义的努力联系了起来。

这个研究揭示了在小组中学会工作的其他方面,因为来自10所中学的参与者使得参加这些剧目的益处清晰起来。一些人特别提到学习就是每个人都能对小组的工作作出重要的贡献。换句话说,他们认为属于一个环境是一个强有力也很直接的原则,尤其是当能够提供一个让成员可以发展自身的环境时。其他人提到了在这样的环境里怎么样令人对集体项目产生深思,每个人都被推动着理解了超出他或她个人的局限性的事物。他们意识到每个人都需要来自小组的支持和注意,小组努力的最终胜利取决于这些为个体提供的支持和注意。开始具备高水平的理解力和纪律是在一个富有创造力的小组中工作的两个重要因素。

在讨论到他们作为学习者关于自身发现了什么时,大家认可了许多不同的点。其中两个学生尤其着迷于小组对个体了解自己有帮助这样的方式。有几个学生把他们个人的成长或智力的发展同相信他们的观点和感情、把他们的思想向矛盾的观点开放联系了起来。有人提到善待自己,其他人也用善良和大度对待自己有利于提高大家承担风险的可能性。[2]

这种 Shakespeare & Company 计划存在于学校的边缘。预演在放学后举行,学生借用学校的剧院或者体育馆，在门厅或者任何其他空地方。虽然如此，经验对于大多数参加的同学来说都是最有用的。他们发现在这些排演和表演中，建立了一种与同伴、成人认知和身体上的要求有关的联系方式，这种方式和使得他们的智力被激励、感情被激起（在Shakespeare & Company 的工作中，没有认知和感情之分，也没有心情和身体之分）。学生们和一些写得最美的诗和戏剧亲密接触。他们报告说感觉被关注、被欣赏，成为比自己更重要的小组的一部分。他们说感到更聪明了些——部分是在说反语，因为这些整体变为了一个使他们认识到他们的理解的不确定性的环境。他们形容他们爱上了工作，爱上了小组，甚至爱上了莎士比亚。

建立学习小组

在学校和教室里的学习小组几乎没有受到什么限制。小组学习的一个特征就是，在教室中成人和孩子一起工作与学习。在任何时刻，教室中好像都存在着几个从事着不同项目的学习小组。只要他们参与的项目持续下去，小组也就会持续下去。教室的节奏来自于这些小组承担的研究和项目的特点。一个个体可能同时是几个小组的一部分，充当着其他小组的"称职观众"。（这样，教室像是我们自己的研究组织。零点方案中的个体经常参与多个项目，从一个转到另一个，加入新的小组，成功地完成从一个项目到另一个的角色和身份转变。我们经常花时间来对其他小组的工作作出反应，成为了一个对他们的观点和结果都非常有礼貌而严厉的观众。）

瑞吉欧和许多美国学校的成人也形成了小组来解决问题和从事项目研究。这些成人小组的研究过程（纪录、收集资料、分析、理论提升、设计、反思等）也反映出了教室中孩子们的学习小组的情况。如同教室和研究机构一样，学校也成为一个学习环境，在这里多个小组同时从事有用的、有目的的项目。通过参与这些小组，如同瑞吉欧的孩子们和马萨诸塞西部的高中学生一样，这些成年人继续发展他们作为参与者、思考者、问题解决者的自我意义。当然，他们是带着特殊的观点、倾向性、局限性和可能性来参与的。教师不仅是镜子，而且为孩子们参与这样的过程树立了样板。这些研究项目的意义，个体为了小组达到目的而承担的义务，小组成员都认可了的他们对其他成员依靠的程度等，这些因素都为实验的最终质量和群体努力的结果起到了好作用。

安·布朗（Ann Brown）的工作为美国人通过明确地利用专业研究小组作样板而努力在教室中建立学习小组提供了另一个例子。布朗，已故的加州大学伯克利分校教育学教授，曾通过引用四十年来心理学习理论和认知研究中主要的有影响的结论，试图创立一种旨在"引导学生在典型研究小组中扮演角色"的教室教育学。[3] 她的研究小组的许多特征与本书描述的学习团体的特征产生了共鸣。在布朗的学习团体中，学生们互相学习而且在团体中扮演多个角色，包括"行动者和观众"这样的角色。这样，布朗就和瑞吉欧的"称职的观众"这样的概念联系了起来。

"团体中的每一个人都既是教师又是学习者；每一个人在某种程度上既是行动者又是观众。观众感是团体的一个重要的方面。无论是成年人还是孩子，作观众都需要团结一致，需要高水平的理解力，需要满意的解释，需要阐明模糊的地方。学生不是必须像通常在学校做得那样，应对教师——这一个唯一的观众；观众感不是虚构的，而是真实和可以察觉的。学生们被迫去学他们知道的事情，这通常是学习者在再次注意之前，意识到那些需要他们注意的知识差距的原动力。"[4]

布朗关于这些学习团体的想象主要聚焦于"植入、迁变、观点的专用性"等方面。再次与本书探讨的观点相呼应的是，她认识到在孩子和成人之间"互相学习"的巨大可能性。她和约瑟夫·坎皮奥（Joseph Campione）建议道："各种年龄的学习者、各种层次的专业技术知识与兴趣为环境植入了观点和知识，这些观点和知识适合于不同程度的不同学习者，他们可以按照他们的需要和他们目前所在的最近发展区（来各取所需）。"[5]

我们相信，比学习团体和我们在这里探索的学习小组之间的任何差异都更重要的是：在教室这一社会环境中对角色、责任、互动模式和目的感等的共同关注。布朗想知道，为什么鼓励学生和教师隔离、只关注知识点的教室结构和教育学仍然统治着教育实践，尽管认知理论早已发展到不再相信这些方法。"为什么呢？我想是因为新的理论要求太难了。用脱离背景的技术来统治或管理164个行为物体，再用这种统治或管理方式来组织（教室里的）操练与实践要比创造和维持环境培养强有力的思想容易些。我们对学习团体中的每个人都提出了很多要求。"[6]

在赞美把教室和学校作为人在个体学习与小组学习时潜在的、可以取得巨大成绩的团体的同时，我们提醒自己紧密关注这些小组中不同水平的工作。正如布朗指出的那样，这只是潜在的，真正实现是很难的。

对作坊、教室和学校的欣赏

有时候，当我们在一个完全不同的领域看到模拟情景的时候,就很容易意识到新的可能性。在艺术史研究方面,一些学者正在寻找方式来改变通常那种围绕着个体取得的巨大成就进行讨论的做法,这就把我们的注意力引向了小组。伊万·盖斯凯尔(Ivan Gaskell)在一个"泥土模型"研究中,那是在17世纪乔瓦尼·洛伦佐·贝尼尼(Gian Lorenzo Bernini)的作坊里产生的雕塑的模型,重新评价了作坊的意义。

"我们现在有机会用一种更加复杂的方式来接近这些雕塑模型——一种是,尽管我们尊重个体的成就,但是不认为个体的成就必然超过小组的成就;另一种认为个体成就看起来并不必然是一种不必证明和无条件尊敬的艺术财产;还有一种认为小组成就和小组中的任何个体的成就都同样值得尊敬……在这一时刻看起来我们更加迫切地需要认识到,除了尊敬这些那些使我们迷惑、必然战胜我们的产品外,我们也可以把作坊作为一个社会实体来尊重,因为雕塑模型从多方面显示它不仅是一件完成的雕塑作品或者是预先设计的模型,更是一种历史成就。"[7]

盖斯凯尔认为我们可以从"把作坊当作一个引起争论的事物中"学到许多东西。当我们考虑从幼儿园起直到第十二年的这些教室时,看起来同样是可以学到许多东西。创造一个有用的、新颖的环境,无论是雕塑坊、演练厅、四年级教室或者是幼儿园这样的环境,都是大成就。这需要一个努力和质量的非凡的统一,包括想象、技巧、政治智慧、计算天才、热情、耐心、谦逊、骄傲、艺术感,一个认可人的努力的价值的小组,以及有足够的时间和金钱去实验。

每当我们将要创造这样的学习小组和团体时,哪怕它们只存在很短的时间,我们都认可它们作为一个有重大意义的成就的能力,都可以作为我们分析曾经做了些什么以使之可能出现的开端。认可、尊敬、记录、理解这种成就是这项研究的目标。正像学者在三个世纪后,用检验手指印这样的方式来研究为天使和其他雕塑而准备的"泥土模型",以更好地理解工作时的手和想法一样,在教室和办公室里,我们可以很容易地发现细看工作中手和想法的可能性。

纸牌游戏

主要人物
5 岁到 6 岁的孩子们
学校
维莱塔和黛安娜
教师
安吉拉·巴罗齐
乔瓦尼·皮亚扎
劳拉·鲁比齐
摄影
维卡·维奇

孩子们有关学习小组和小组学习的讨论

　　一个偶然的机会,维莱塔和黛安娜学校的教师们建议那些孩子们——这里举的例子里的主要人物,来讨论、反思一下教师们自己正在讨论的话题,即个别学习、小组学习和在小组中学习。

　　目的是加强我们和孩子们有关这些主题的意识。

教师：我和奥林匹娅（Olimpia）经常建议你们一起工作和玩或者组成由不同孩子参与的小组，你们是怎么想这个问题的？

安吉拉V.：我喜欢在小组中工作，因为这样快一些。如果自己做会花更长的时间……我们可以一起决定如何做。在小组中大家可以一起做事情，这对我们每一个人来说，都是很有意思的。

教师：你们怎么样决定事情？

安娜C.：首先，大家会取得一致意见，但在最后做决定前大家还会不停地去说呀说呀的。

阿西娜：有时候虽然同意了怎么做某件事，但是还可以做得更好一些。

安娜C.：因为你的脑子可以想得更好。因为当大家都大声说出自己的想法之后，这些想法就汇集到了一起，当所有的想法都汇到一起后，就有了一个巨大的想法！所以你在小组中就可以想得更好一些。

教师：你们是不是认为在小组中总是可以想得更好一些？

安娜：有时候不是，有时候比自己独自做事情好一些。比如，我在学习怎样跳绳。我练习的时候就必须很认真地想跳和绳子（之间的关系），这时候周围是不能有人的，否则的话，我就搞糊涂了，我就跳错了。

安娜C.：当我给我的朋友写一个特殊的信息的时候，我就喜欢自己去做，因为这是一个秘密，而我是唯一一个应该知道的人。

教师：你们更喜欢和男孩子一起工作呢，还是更喜欢跟女孩子一起工作？

阿西娜：女孩子比男孩子更知道怎样把事情做得更好。

安娜C.：但是男孩更聪明一些，因为他们的脑袋更大一些，还装满了各种各样的想法。

安娜：比如卢卡——他的脑袋大如同他的智商高一样。

安娜C.：我更喜欢和女孩子一起工作，因为男孩子太讨厌了。他们会嘲笑你，还会搞恶作剧。

安娜：所以当你选好朋友后就很容易一起学习了。你选择他们是因为他们也知道怎样去做事情。我们互相教，同时又互相学习。

安娜C.：我认为选一个最聪明的人更好一些，那样的话她可以帮做更多的事情。

阿西娜：但是有时候尽管一个人很聪明但她总是不停地抱怨，比如拉蒙纳（Ramona），不选她倒更好一些。

安娜：我喜欢选朱莉亚（Giulia），因为她总是很好很宽厚，而且她也总是听从安排。

安吉拉V.：在小组里如果有人知道怎样做不同的事情会更好一些，否则的话，就总是学到同样的事情。

阿西娜：我认为女孩子在小组中比男孩子要学到的多一些。

安吉拉V.：因为不知道（如何做），所以你必须看看是否有人更聪明一些。

安娜C.：我喜欢和雅各布（Jacopo）共同搭材料，因为他总是说一些有意思的事情逗得我大笑，尽管都是他瞎编的。

安娜C.：像洛伦佐，他也喜欢瞎编，他连搭材料都还没有学会呢。

教师：当选择小组时，你们是喜欢选同样的一组小朋友呢，还是喜欢改变一下？

阿西娜：有时候必须选不同的群体，否则的话，就会对总是同样的小朋友感到厌烦。

安娜：一个小组里可以有许多孩子——甚至于我们整个学校里的所有孩子。

安吉拉：也许只有七个或者八个，甚至于三个会更好一些。

阿西娜：我认为，在一个小点儿的组里学到的更多一些。

安娜：你会学到不同的东西呀。比如，在一个大的组里就有更多的想法存在。

安吉拉V.：有时候当两到三个孩子开始做一件事情时，如果事情确实很大，就会需要其他的孩子过来帮助，否则就不能完成了。有时候老师会决定要谁过来帮助和做什么，但有时候就由我们来做决定，或者只由我们中间的一个人作决定。

阿西娜：当一个人做决定的时候，其他人都得听他的。

安吉拉V.：噢，得啦！必须先同意才行，如果有人不同意，他可以去做别的事情的。

安娜C.：有时候我们必须都同意才行，要不然，我们就做不成任何事情。比如去年我们做那个大壁画。要是我们不是都同意了怎么做的话，我们就永远不会完成！我们（现在）还在那里画着呢。

教师：我们经常会问你们是否愿意在一个小组里工作，有时候（由）我们（指定）来形成共同体，但有时候我们让你们（自己）选择你们愿意与之一起做事的孩子来形成小组。你们有什么想法？

安德里亚：我们现在就在一个小组里——一个小点儿的组，看到了吗？我们现在有5个人（包括教师）。

弗朗西斯科（Francesco）：在一个群体中，你会做得更好一些。

尼古拉（Nicola）：你想得也更好一些。

弗朗西斯科：你们可以更好地互相帮助。比如，如果你必须做一架飞机，你又不知道从哪里开始做起，你的朋友可以帮你看一下怎么开始做，这样你就学得更好了。

教师：所以你们认为在一个小组里做得更加好，也学得更多，是吗？

安德里亚：是的，因为你变得更像一个专家。

尼古拉：但我不是一个专家，我的爸爸是，因为当他是一个孩子的时候，他的父亲——也就是我的祖父——向他解释了所有的事情，所以他就变成了一个专家。

卢卡：很多事情我们都正在学习如何去做，学得多了，也就变成专家了，学得再多……（就变成了）高级专家了！如果搭材料搭多了，就变成了专业建筑师，因为你花了很多时间来学习如何搭建东西。甚至于当你闭上眼睛时，你都会搭建。我知道怎样做些事情，但不是所有的事情，我勉强称得上是个机器人专家。

弗朗西斯科：当一起工作时，你从你的朋友们那里学到些东西。当选择小组时，必须选那些知道如何做事情又与自己所知不同的朋友，因为随后大家就都知道如何做相同的事情。

教师：你的意思是说在一个小组里可以学得更多一些，必须对朋友有所选择。

尼古拉：你必须知道如何做不同的事情，因为如果人人都知道如何做不同的事情，那整个小组就知道如何做所有的事情。甚至于最好的事情。

卢卡：但是一个小组里是不必有50个人的——稍微少一些。不需要太多的人……

弗朗西斯科：在一个班里是不需要只有一个由小朋友组成的组，需要许多个做不同事情的组。

卢卡：当然，但是如果有许多人，会做得快一些。

安德里亚：但是如果大家最开始没有取得一致意见，就会以打闹结束。

尼古拉：先是争论，然后就会不知道事情如何进行下去。不知道自己应该做什么，然后就会厌倦，最后就去做别的事情了。

弗朗西斯科：如果有许多人，就会不知道该怎样进行下去，但如果只有5个人，像我们（包括老师），你就会真正地去想。如果关于某件事情，我没有更多的想法，其他人会有……

安德里亚：那样的话，没有任何想法的人就可以从另一个有很多想法的人那里学到东西……

卢卡：再有一个对那件事情有想法的人，又有一个有想法的人……

安德里亚：然后所有的想法就都集中到一起了。

教师：想法集中到一起？

卢卡：它们集中在一起，就像是正在搭建某一个建筑的时候，听到想法从我们的嘴里出来，跑到了这里（桌子的中间），它们粘住了弗朗西斯科的想法，又粘住了尼古拉的……

尼古拉：但是想法上面是没有胶水的呀。

安德里亚：就像是你的内部有些东西。

弗朗西斯科：例如，当你和一组人在一起，你感觉到有些事情你不知道，因为你不是专家呀。其他人帮助了你，你学会了诸如建造墙这样的事情，你学会的这件事就会粘到里面再也出不来了，因为它和你已经有了的其他想法粘在了一起。

教师：这些想法都在哪儿呢？

安德里亚：在脑袋里。

弗朗西斯科：例如，我们的想法都在我们的脑袋里。现在我们知道的比以前多了——所有的想法粘在了一起，我们都知道它们。我们是知道不同事情的朋友。

尼古拉：有时候你会独自做事情。

教师：独自做什么样的事情？

弗朗西斯科：做只和你自己的记忆里内容有关的事情，或者必须由一个人去想的事。

教师：能给我举个例子吗？

弗朗西斯科：当头脑里有自己的想法的时候，只有你自己在想，小组其他人不会知道。

卢卡：当必须去做一些其他人不愿意去做的试验的时候。

安德里亚：嗯，但是你并不能够总是自己做事情，因为那样就会很烦，谁也不会知道什么事情。

卢卡：要是大家一起做事情，就会感到那些事情非常美好。就会有一种欣喜的感觉，还会说，看看我们做得这些事情多好呀，还想做点别的什么吗？

教师：当老师让组成小组时，你们是怎样做的？有没有用什么策略？

尼古拉：有时候我们只是互相看一下，看看是否有人愿意做件事，或者不愿意。

卢卡：你必须先说出来想做什么，然后就可以去找想做这件事和能够对自己提供帮助的小朋友。

尼古拉：我去找卢卡问问他是否愿意和我一起做某事，如果他说行，我们就可以去做这件事情了。

安德里亚：男孩和女孩知道的事情是不同的。

卢卡：我们愿意和男孩子组一起工作。

安德里亚：也愿意和女孩子组一起工作，她们的想法（和我们）不同。

卢卡：女孩子舞跳得好，她们的想法也更美些。

弗朗西斯科：跟女孩子形成小组后，必须想一些她们喜欢的事情，否则的话，就不知道该做什么了。

尼古拉：也不知道该说什么了。

卢卡：嗯，你必须说，"你们想做火车吗？"

教师：为什么要做火车？

卢卡：女孩子喜欢火车呀。必须喜欢一些其他人都喜欢的事情才行。

尼古拉：如果我们有一些丑陋的看起来像怪物似的机器人的话，嗯，她们就不会喜欢。

卢卡：只有我们才喜欢机器人。

尼古拉：我们喜欢它们。我们认为机器人很棒。

弗朗西斯科：跟女孩子在一个小组里做事的时候，有一个规则，那就是，不管我们做什么东西，人人都得喜欢。

教师：在小组里做事时，是有规则的吗？

卢卡：当然！有一个规则就是：不能打断别人的话。

弗朗西斯科：不能讲任何不必要去做的事情。

卢卡：必须有许多和自己想做什么有关的想法在头脑里，然后大家一起作决定。

米歇尔：让我来问个问题：自己一个人玩是没有意思的，但是当要写一些很难的东西时不知道会怎样？如果我必须写道，"我爱你，我最亲爱的，超过爱我自己"，要是写这些话时有别人在旁边，对我来说可是有点儿难。

卢卡：很容易！你注意力集中些就行了。

阿曼多（Armando）：要是有聪明的小朋友在旁边，我还可以集中精力；如果是不聪明的小朋友在旁边，我就做不到了。

教师：有不聪明的小朋友存在吗？

阿曼多：有一些的。

教师：我不认为有不聪明的小朋友存在。小朋友是不同的，有些很容易就可以集中精力，有些稍微差一点。当你们在小组里做事的时候，你们都学同样的东西吗？

卢卡：学不同的东西。

弗朗西斯科：我也这样想。

卢卡：嗯，比如我说，"别太小气"，可能有人就没学过。我学习其他小朋友说的事儿，其他小朋友也可以学习我说的事儿。

教师：一个小组要怎样做，才能开始干事情？

卢卡：首先大家必须决定做什么——比如，"桌子"，需要算出来它有多大，它的重量、宽度、长度……像游戏似的，一个小朋友问别的小朋友。

教师：在小组里工作并不容易，怎样才能做好？

伯纳德塔（Benedetta）：必须取得一致意见。

奥瑞丽亚（Aurelia）：如果你想做件事，别的小朋友想做另外的事情，你就说出你同意做哪件事。小组成员必须要听和服从。我甚至会用威胁的办法。

卡特里娜（Caterina）：和朋友们共享想法很容易，你会得到新的想法。如果有小朋友不懂某事，其他人可以来帮助她。当所有的想法都不懂时更好些：在小组里的目的是学习其他事情，而不是学自己已经知道的事。朋友们会有不同的想法，做朋友意味着能够从彼此说出的话里感到快乐。如果小组里有互相不了解的小朋友存在，作出解释就是最难的事情了，因为这样他们才能够听懂。

"等待不会给问题以满意答案"：教育研究的视角

史蒂夫·塞德尔

> 那些问的人，一定致力于回答的过程，实际上他们希望被他们提问的那些人也是这样。换句话说，等待不会给问题以满意答案。当然，任何问问题的人都希望得到一个答案，但是那些持批判性态度探索的人却希望质疑既有答案，并试图自己去寻找答案。
>
> ——保罗·弗莱雷（Paul Freire），《致克里斯蒂娜的信》

与孩子们在一起为我们提供了无数的时刻和情景来检验我们对他们的复杂世界的理解程度，检验我们自己，检验宽广范围内的涉及学和教的观点。这包括一些这样的时刻：孩子尽力想去抓住一个概念而我们又不能理解她或他的真正困难所在；或者一个孩子和另一个孩子正在闹矛盾，而我们又不确定在解决冲突时，我们应该扮演怎样的角色；孩子可能问了一个我们不熟悉的领域的问题，我们被自己的不确定给弄迷惑了，既包括主题又包括如何在孩子面前应对我们自己的困惑。

作为成年人，我们对这些时刻的反应，尤其是那些到了我们的领悟和理解的极限的时刻，能够揭示我们作为学习者和作为教师的真实态度。很清楚，我们的学生在看着我们。他们想明白当我们不知道答案的时候我们会怎样做。他们看的目的是想搞清楚我们怎么样收集资源——个人的、材料的和社会的，来领悟或者为我们不知道的事情寻求答案。他们想知道我们是否有兴趣或者意愿来获得我们不会的知识。

"每一个问题都揭示了一种不满……"

> 不能说每一个问题都是第一次提出。每一个问题都揭示了一种对先前提出问题的答案的不满。询问是那些追寻答案的人的好奇心的显现。
>
> ——保罗·弗莱雷，《致克里斯蒂娜的信》

什么时候算是一个学生完成了作品？在对一个描述历史的小说进行了一个小时的审查后，30个教师提出了这个问题，他们是零点方案中组织每月谈话和学习小组的那些人与哈佛教育学校毕业的人。会议从50个加利福尼亚的毕业生静静地阅读一个故事开始了，故事是关于中国唐朝一个年轻女孩的经历。讨论开始后，在座的每个人都描述了他们注意到的这个故事的特别的方面。从他们的描述中出现了一件非常复杂的文学作品，许多问题也被提了出来。最后，孩子们的老师讲了自己对于该作品的理解，并且回答了许多提出的问题，当然不是全部问题。

正如30个教师反应的一样，许多问题看起来抓住了大家共同的好奇心。

一群教师在审查一个学生的作品

年轻的作者认为这个故事已经完成了吗？

如果她认为已经完成了，是否意味着作品已经相当好了，无论如何都不会有所完善了？

是否作者完成写作了，作品也就完成了？

即使孩子认为这个故事已经完成了，老师是否应该提出来一些使作品更加完善的方法？

由谁来决定什么时候一件作品算是完成了？

提问在继续。有些问题是在座的每个人都会以某种方式遇到的，而且认为这些问题在学和教的领域里是非常有意义的。

真正的问题——正如弗莱雷所说的"等待不会给问题以满意答案"——和激起他们去表达的好奇心标志着教师教的行为同时转变成了教师探索的行为。这些问题对于某个孩子来说可能是特定的，这个孩子问："作者是怎样得出她的结论的？"这些问题也许和一个特定小组有关。某个孩子的想法怎样影响其他人？是否每个孩子都不能追随新的想法？这些问题可以作

讨论组

373

为一种特殊的训练，当孩子们早已见到过专业历史学家有关美国内战的一些相互矛盾的评论之后，他们怎样来证明自己从原始资料中得出的解释？材料可能引发疑问，比如孩子在玩泥土时受的精确技术训练会如何影响孩子以精确的方式来表达他的观点？

问题可能开放一些，而且会集中在教学的各种元素上：我在课堂上说得太多了吗？我在分配任务时交待得清楚吗？我怎样从学生那里学得他们对待自己工作的标准？他们可能会涉及学校的结构方面，比如怎样充分运用好长的课时？怎样充分运用有好多年龄孩子存在的班级的潜在优势或者问题还可能集中在认识论方面，比如，这些孩子们怎样理解一种现象？什么样的经验使得他们放弃了以前的理解？

很明显，有关学习小组怎样形成和起作用的问题一直是零点方案和瑞吉欧合作的中心所在。比如，我们问了有效的学习小组是怎样聚到一起的，孩子们之间怎样接受、欣赏并利用其他人的特殊观点和贡献。考虑到教师的角色，我们想知道对于一个教师来讲，什么时间把新的问题、观点和材料引入小组学习是最有用的。可能性可能不是无止境的，但也不是很容易就能穷尽的。

确实，这些问题和给他们造成紧迫的真实情景与决定是大多数教师都会在某个时间以某种方式遇到的，更有许多的教师每天都会遇到的。答案并不明显。仔细思考这些问题，提炼这些问题，考虑怎样独自或者与别人一起深入思考这些问题，收集那些与这些问题、视角可能有关的纪录，与别人争论对纪录的解释，共享一些观点。

总之，严肃地、理智地、精密地思考这些问题，看起来是面对"对先前提出问题的答案的不满"情况时的一个起点。在提高公共教育质量的竞技场上，如果没有成年人带着理性的好奇心去奋斗和研究的力量，很难想象会有明显的进步。

投身于回答的过程

> 研究是一种为了存在的行动。
>
> ——卡拉·里纳尔迪

无论是某个周六上午在剑桥的小组、马萨诸塞乡村一个小学的二年级组、一个大学的研究小组、瑞吉欧·埃米利亚黛安娜学校的全体教师，还是某个教室里的一个教师，人人都在为如何研究学的问题而努力奋斗。解决问题的方法更加复杂，它的解决与由谁来定问题、谁来做研究都有关系。

本书（和其他瑞吉欧出版物）列举的由瑞吉欧的同仁们实践而得的教育研究例子，既是一种启示又是一种范本。这些例子提醒我们在日常生活中和孩子们亲密接触的人具备研究优势。学和教的过程，在日常生活中紧密、微妙地交织在一起，教师需要捕捉住那些成为研究基本资料的瞬间细节。日常的亲密接触与对学校和教室生活、节奏、能量、生态的深层次浸入，为教师和学校的其他成年人提供了丰富的机会来研究瞬间特殊的学习。[1]

当然，在学校和教室中是有办法来研究学习的。不同的研究目的、问题和情况需要不同的研究方法。许多方法发展自哲学观点，是一些关于最佳地来理解现象和问题的哲学观点。同时，方法的发展与研究者可能达到什么目的直接有关。资金、接近、接触和时间进度明显地影响着方法的选择，影响程度远远超过研究者的喜好。局限性和规范还是会经常地引出创造性地解决方式或者引起方法的突破。

瑞吉欧在教育领域正在进行着一些项目，这些项目跨越几十年，基于日常生活，以合作小组（包括教师、美术教师、父母和其他）的形式存在着。现在，这些项目已经更多地融入了教室中的生活学习节奏，而非由外在的研究者在进行着研究。

将成为教师的研究者，将成为研究者的教师

在瑞吉欧，孩子们在工作和玩时的纪录，既被理解成是评价的工具，又被理解成是研究的方法。这些行为，没有被看作是彼此孤立的，而是被看作是交织在一起的。它们是同一的。在零点方案中，评价长期以来一直被认为是包含在作为"学习片段"的可能性中。[2] 从这个观点出发，一分为二地来看待课程和评价之间的关系是不合适且没有必要的。教学、评价、纪录和研究彼此包含在一起，这些行为不能够因某种实践而被分裂开来，它们是一体的。没有分开的教学和研究，评价和纪录也没有缺失的可能性。抛弃其中一个方面，就会影响另一个方面的效果。从这个意义上说，纪录和研究并不是附加到教学上的一种行为，它们本身就是教学行为的一部分。

许多人曾想重新定位教师的职业性，认为教师在教室中的教同时也是一种研究、调查和学习行为。我们瑞吉欧的同仁们在看待这种可能性上并不孤单，甚至可以说他们（同其他人一样）共同感受到了迫切性，需要呼吁教师职业发生深层次的变化。然而，很少有学前和婴幼儿中心能够像瑞吉欧·埃米利亚那样存在这么长时间，拥有这么大规模，做了那么多的纪录。很少有学前机构和婴幼儿中心能够在教师角色展望方面取得这么高的成就。

尽管在美国背景下，对有些人来说想象教师的这种转变是很困难的。爱莉诺·达克沃斯（Eleanor Duckworth）还是为我们描画了蓝图：

"我不是建议学校的教师在人类学习发展中单方面地变成研究者。我是在建议教师在教学过程中成为学习者，他们要理解这么做的意义，这也是进行研究的必要条件。

这种研究者将是关心世界的某部分，并努力工作以使别人能够了解世界这部分的教师；他或她将会着迷于怎样使人们参与进来，并能够使人们理解这些问题；将会根据他或她感兴趣的深度来花时间和找资源去追寻这些问题的答案，写下他或她学到了什么，为理论和教育学讨论会撰稿，这些讨论的主题是和人类学习的特性和发展有关的。"[3]

从零点方案三十年来关于人类学习和工作的最佳状态的研究来看，理解另一个人关于某件事情的理解是非常艰难的，因为这需要两个人都非常艰难、认真地去思索。从一个研究会而不是学校的角度出发，我们逐渐认识到了在指导研究方面与学校教师紧密合作的潜力。

为此，在这个新十年的开始时刻，我们将继续延伸与学校教师和管理者的合作。我们追随并加入美国那些人的队伍，这些人主要在攻击传统的做法，即把研究、教学和从事这些活动的人分裂开来。卡里尼（Carini）和布鲁克莱恩（Brookline）的教师组是特殊的，尽管在这个重新定义了研究、教学和从事这些活动的人并把这三者互相结合起来的领域里，冒险者还是极少数。[4]

在零点方案里，这种合作有着多种多样的形式。例如，在一个案例中，我们的全体研究人员在教室中与教师一起工作，共同调查学生们对物理学和生物学中复杂概念所暗含的因果关系的各种各样的理解。研究者试图通过和学生探索不同的因果行为来深化他们学术上（对因果关系的）理解。[5]在另一个项目中,教师们确立了有关他们自己教学实践的有效性和学生学习方式(之间关系)这样的问题。为了探索这些问题,这些教师定期和他们的同事以及来自零点方案的研究者会面,从他们的教室中收集各种形式的信息,共同参与分析他们带给研究组的诸如学生作业之类的资料。[6]

认识到在美国所建立的教和研究之间的关系,我们明白了(在美国)把这两个领域结合在一起是不可能的。确实,教育研究和教室里实际情况之间的巨大鸿沟引出了一些问题,这些问题是关于我们的现行政策的有效性、设想和两个领域结构等方面的。尽管我们受到了我们瑞吉欧同仁们所做的教育研究的鼓舞,并且渴望着(新的)政策和结构出现。这些政策和结构支持重新考虑怎样对"什么(因素)在教和学中起着作用"作出最好研究。

因此,我们必须以自己的传统文化和从瑞吉欧发展来的文化为基础,思考怎样才能最佳地继续我们美国的教育研究实验。无论如何,我们都应加速我们朝着"教和研究相结合"的美好理想前进的步伐。当然,这也是一个,如同弗莱雷观察到的那样,不能靠等待而得到满意答案的问题。[7]

瑞吉欧·埃米利亚城

最后的反思

让我们的学习看得见

霍华德·加德纳

　　文学批评认为，诗歌是最难翻译的文体。作为一名社会科学家，我对此提出异议。我坚持认为，学科的概念——从物理学、历史学、心理学或教育学中抽取出的概念——甚至更难翻译。在诗歌中，我们面对的是共同的人类经验。即使语言把世界经验分析得略有不同，仍然存在使用第二种自然语言再造基本的概念和形象的机会。相反，在大多数学科领域中，我们会面临新概念、新范例，像重力或相对论，进化或"跳跃的基因"，民主或电子商务等概念，并不只是难于描述。由于没有更早的经验或隐喻证明其真实的恰当性，所以它们展现的是新的发明。只是当科学家想去掌握一种新的范式时，他们就必须忘却自己所信奉的很多东西，[1]因此，如果普通读者要理解一个迄今还不很熟悉的概念，也必须去除那些令人误解的概念并建构新的知识。

　　我们与瑞吉欧·埃米利亚的朋友和同事的经验在概念翻译的挑战中形成了一种扩展的课程。这些术语表面上似乎是新的，如 pedagogista，或是读者都很熟悉的拉丁语言，如 apprendimento, insegnamento, valutazione，抑或是令人迷惑的同词源的词，如 documentazione，我们只能做简单的转移，但无奈之下最终我们也只能使用早已理解的概念并试图重新建构概念。我能确信，我们的同事在使用那些术语与零点方案的争执中曾经历过相似的困难——像智力、过程档案袋、理解的功能——不过，幸运的是这些是他们的问题而不是我们的。

概念不只是难以翻译、理解、建构的实体。至少不仅是那些长期存在的、被实践者认为全部是想当然的实践、学科和习惯的概念，而且还有局外人视而不见的或者先前被错误地吸收进明确的计划中的概念，都是一样难以翻译、理解、建构的。法国社会学家皮埃尔·布迪厄（Pierre Bourdieu）的缘故，使用术语变得很平常，我们可以用它来谈论某些对周围环境产生良好作用的惯例。在几十年的时间内，我们在瑞吉欧·埃米利亚的同事设计出了无数的程序，这些程序可以被参与者很好地认识和理解，而且新手被逐渐介绍到他们的国家意大利。这些意味着，偶然的突袭和掌握这些实践的努力以及如何将它们正确地实施是一项至少在口头上令人畏难的任务。

因此，在本书中，我们的目标可以被简单地陈述为：1. 反思我们自己的学习概念，我们自己最初对瑞吉欧习惯的理解；2. 使学习尽可能让我们自己和别人看得见。零点方案的专栏有效地表现了一种广泛的语言学上的"理解的功能"。

让我坦率地——或许对这类书不能表示特殊的坦率——谈谈至少对我或其他美国人来说理解瑞吉欧经验的三个障碍。

首先，作为一名受过科学训练的心理学家和学者，我倾向于从理论和定义出发，并在实践中检验它们。通常，我会特别重视由概念分析或理论主张而来的介绍。相反，多数关于瑞吉欧的特别介绍是来自于多年来一直在进行的颇有前途的实践。可以确信，在瑞吉欧的事业中存在一种明确的理论的超级结构，而理论的建构者恰当地坚持着掌握它的需求。但在某种意义上，仅仅这样理解对零点方案是完全不正确的，其实瑞吉欧事业的核心依赖于市政府的 34 个学校和婴儿—学步儿中心的日常实践。

第二点，我最喜欢的描绘信息的方式是语言和音乐——而这两种方式都是听觉支持的方式。相反，毫无疑问，瑞吉欧研究小组的智力核心是依赖于形象和图解的方式来描绘信息的——这种明确而客观的方式抑或是"头脑中最好的方式"。同样地，瑞吉欧可能用视觉导向的方式描绘它的多数人口。但这却使要点、纪录和方案的理解对我们这些并不主要使用视觉—意象方式思维的人来说更加困难。

最后，还有一个问题是一个人如何形成复杂形式的概念。就像许多学者尤其是美国的学者，我更安于做一个"分裂者"——一个制造区别，甚至是显著区别并试图从这些区别中学习的人。因而，如果只是作为例子，我愿意用一个像"纪录"这样的概念并立即询问它的意义，不管它是否能用相当的不同符号系统来纪录，它能被精简或详述多少，能被理解多少，它变化的目的是什么，它们怎样被最佳地评价等。

但是，在学问上还有一个同样令人肃然起敬的传统，而它也可以叫"整体思维"。我认为瑞吉欧的教育者更愿意将他们自己的创造放在一种整体的氛围中。他们强调相互联系——事实上就是不可分的——教学的、学习的、纪录的、评价的、个人的和小组的学习以及许多其他的术语与实践之间的联系，这样就相当于他们在怀疑尖锐地（他们可能会说太尖锐了）区别这种种因素之间联系的努力。

结果，这些或许还有其他的不同使我发现理解瑞吉欧的经验充满了挑战，其中之一是我认为当我们开始这种合作时我才会理解得恰到好处，但另外一点是我的困惑就像我对它的认识一样多。就像许多其他顺利实施但又能够深刻自省的实体一样，瑞吉欧被严加保护而不愿受外界影响。对它有一种"感觉"——就像1920年代的格林威治村，1940年代的好莱坞或是1990年代的硅谷——它们对当地居民而言是不证自明的，但对其他人而言则是不易理解的。诸如此类的一致性可以通过艺术和隐喻获得最好的理解，而且或许这就是为什么一百种语言、罂粟的故事、雨中的城市和鸟儿的娱乐公园会在瑞吉欧如此受欢迎。

瑞吉欧这种既不被人理解又广受欢迎的谜似的现象表明，对那些大脑老化的人而言，学习的最佳方式或许是利用人类神经系统的这种两面特征：同时具有"左半球（语言上的和分析的）"和"右半球"（意象的、形象的和整体的）这种教育事业的途径。令人高兴的是，那些勤勉的读者有机会既能用透镜（如果装配了可用的文本），又能实现必要的联系和整合。

对瑞吉欧的理解仍有一个焦点读者需铭记在心。这个焦点就是纪录和反思，这两个过程都被美国和意大利的研究小组结合在了一起，我们珍视它们在儿童身上的价值就像珍视与我们自身相关的远古认识的价值差不多。我们一直在寻找用多种方式传达我们关于这些过程的思想——尽管它们无法与一百种语言相比。我们努力用一种后现代的方式理解它；然而我认为其中的任何一个小组都未深陷于后现代的方法或疯狂，不过我们却不能避免少量后现代价值和敏感性的渗透。

我游历并了解了其他的地方、其他的人和其他的做事方式。当然，到最后，游历的最终原因和最终的酬劳是更加了解了自己。瑞吉欧从全世界到对某些共同特征／基本关系的颠覆中向个体提出挑战：描述和评价之间的关系；个体和小组的相对重要性；直觉和理性之间以及直觉和反思之间的张力；年轻人和老年人的知识与元知识之间的联系。

旅行总是以最初的无方向感开始的。我们承认一直没有方向感——无论是在身体上，还是想象力上——在我们历时三年在山丘和峡谷间，在埃米利亚·罗曼格纳的社区和乡村里进行的若干次冒险的较长一段时期内。

我们希望——我们相信——这种方向感的迷失正在消退，而作为结果的混合物却显著地大于它各部分的总和。我们希望，作为一个研究者或教育者，一个码头工人或分裂者，一个视觉型的或语言型的人，不论你是否了解瑞吉欧，这本书都会给你一种迷人的部分和极好的整体的感觉。

爬山

对话

在我写这个结论前阅读本书的各章节时,很多方面如此清晰地凸现在我面前,所以我很愿意和读者共同分享。

首先关注的是儿童和成人的学习过程。长期以来,皮亚杰的发生认识论在这方面一直占据主导地位,它从一种极为特殊而抽象的视角说明,成人的逻辑结构与儿童的很不相同。按照这个观点,当成人与儿童面临同样的问题时,他们将以不同的方式做出反应并采取行动。然而,如果我们将儿童和成人放在具体而不同的情境中,但要求他们全部进行与他们各自潜能相当的认知操作,似乎这个过程所表现出的区别便不再那么显著。已看到很多这种现象的描写。

卡拉·里纳尔迪

我们注意到,事实上,当成人和儿童面对反思与重新表现其现存知识的要求时,正像纪录中显示的,成人和儿童怎样发展出性质上相当的策略。在本质上,他们的策略包含了一种对理论的、道德的,有时甚至是对身体"姿态"的探索,它允许主题对正在发生的变化做更大的调节:而这是一种被提及但有时破坏先前简单陈述过的概念和价值系统的变化。出现的问题与必须解决问题的人之间的关系,在性质上是根本相似的,正像儿童和成人用于探索、定义、猜测和他们所经历的包含情感、热情、幽默感和快乐策略的性质是相似的一样。因此,一种学习的经历就是一种"教育的努力",不论它是否涉及成人、儿童还是这两者。

第二个方面我认为，本书可以收集到教师工作所关注的资料。感谢零点方案的同事，感谢他们在学校每天的活动中所钻研的问题及其严谨的方式。对我们而言，教师的"实践"工作是一种"解释性"理论甚至已变得更加清晰，这些理论使故事和微型故事的研究与真实生活的背景相结合。我们一直以来信任的这种高贵的教师实践工作，现在已经获得了更大的价值并与零点方案的同事共同分享。

这个研究方案和本书显示，尽管有人会看到它，但是，教师的工作——如果没有相关规则或大学组织的支持，他们是不可能独立提供的——不但产生了日常的经验和行动，而且变成为批判性地重新评价和进行理论重建的对象。以这种方式，实践不仅对理论的成功是个必要的行动领域，也是理论自身一个充满活力的部分：理论包括实践，产生实践并由实践形成。

更需认真考虑的方面是我们与零点方案的合作者进行对话的方式的变化。那是个复杂的过程，并不时地随语言和文化的不同而产生许多困难。然而，作为障碍的语言，从开始就被证明是一个"论坛"，它为提高我们对更深层次的审查和分类的理解提供了机会。事实上，大量的术语，似乎是不可能翻译的，因为他们所表达的概念是不易通过两种经验来传递的。

在瑞吉欧，我们使用一种形成于微观世界的语言，尽管这种语言对对话和交流是公开的，但它却必须并已经在寻求一种语言的建构，这种语言的建构既是由经验产生的也产生经验。事实上，这种高度形象和隐喻的语言通常不但对我们零点方案的同事极有吸引力，而且已经成为少数可理解的疑问的来源。

这其中首要的一个想法是我们可能正试图围绕问题、困惑甚至是要即刻将其去情境化。或许我们的同事是对的。有时我们有点太含糊，我们觉察到自己被包围在一种与含糊不清几乎差不多的朦胧状态中。但偶尔我们能感觉到他们那种违反常规式的坚持不懈和一丝不苟的质疑，我们感到这将会产生某种语言学上的和概念上的误传。

毋庸置疑，我们非常喜爱隐喻；而且这种喜爱是根本性的，因为儿童喜爱隐喻还经常使用它。我们把隐喻不仅看作是一种修辞或体裁的工具，还是一种真正的认知工具。像许多其他的研究和调查所证实的，我们早已注意到当新思想将出现在小组中时（也包括儿童小组）隐喻尤其有用，先前的概念和表达方式的使用可从根本上避免对其可能产生的误解。在这种情况下，隐喻的语言，正因为它未被定义而只是被间接地提到，因此，有时是不明确的，但同时它对新概念又是开放的，因此，它就成了进行新的理解的唯一工具，这种新的理解正试图显现出来并寻找它的观众。

或许，正是由于事实上我们在研究中一直试图寻找新的理解，因此，我们自己正在试图理解隐喻（并运用它，以它为例），这似乎提供了一种支持性的策略。对我而言我们能够组织——尽管读者可能对此有更佳的判断——肯尼斯·J·格根（Kenneth J. Gergen）所谓的一种"生成性的对话"；一种能转换成我们关系的对话，因而在某种程度上，也就转换成了我们专业和小组的认同。然而如果我们为每一个涉及的人提供一套事先定义好的相同的规则、道德规范和实践，并采用一种"组织管理严密的"方法，我们就会处于一种行动的领域中，在那儿儿童和成人像是在成功地进行斗争，而且似乎学习的问题是处于多样和冲突的背景中。因此，我们编撰了"经验的词典"，它能帮助我们反思、推断、假设和理解。

尽管如此，我还是要感谢马拉、史蒂夫和本：感谢他们启发式的技巧，参与的能力和使我们能够参与到他们的哲学思考、知识与经验中。我尤其要感谢霍华德·加德纳，因为在参加零点方案和瑞吉欧研究小组会议期间，他常常能用单个问题对我们已经积累的知识提出挑战，迫使我们参与积极的再思考过程。最后，我还特别感激我们的读者，因为他们对我们的信任；正是他们阅读本书，才使我们的研究得以继续下去。

附 录

附录 A

零点方案的历史和描述

零点方案是哈佛教育研究所的一个研究小组，致力于关于儿童、成人和团体的学习过程发展的调查研究已四十多年。当前，零点方案正在进行的这项研究是为了帮助创立反思和独立的学习者社区，为了加深学科间的理解，为了促进批评和创造性的思维。零点方案的任务是在个体和制度层面上理解与增强艺术和其他学科中的学习、思维和创造。

零点方案由哲学家纳尔逊·古德曼（Nelson Goodman）首创于1967年，目的是研究和改善艺术教育。古德曼认为，艺术学习应该被作为一个严肃的认知活动来研究，但是关于这个领域，"零点"已被稳固地确立，因此，这个方案就以此为名了。

1972年，戴维·帕金斯（David Perkins）和霍华德·加德纳（Howard Gardner）共同担任零点方案的主席。2000—2008年，史蒂夫·赛德尔(Steve Seidel)任主席，现在，是赛里·茨曼(Shari Tishman)在这个职位上。数年来，零点方案一直坚持其在艺术领域的研究，同时，也将关注的焦点逐步扩展到包括教育在内的所有其他领域，其中的研究不仅包括个体的，也包括整个班级的和学校的。这些研究中的大部分是在美国的公立学校中进行的，尤其是那些服务于处境不利人群的学校。越来越多的研究在其他教育和文化机构、商界和海外展开。

零点方案的研究方案是基于对艺术和其他领域中人类认知发展与学习过程的详尽理解。零点方案的研究者将学习者放在教育过程的中心，尊重个体在生命的各个阶段学习的不同方式，以及不同个体感知和表达他们思想的方式之间的区别。研究横跨各个年龄段、学术领域和场所，但所有研究都有一个共同的目标：发展新的手段帮助个体、小组和公共机构获得最佳的学习能力。当前的研究包括，但不限于这些：

- 探究如何为理解而教——换句话说，就是帮助学生学习如何使用知识去解决无法预料的问题，而不是仅仅背诵事实；

• 为创造一种教室里的"思考文化"设计策略，鼓励学生批判性地和创造性地思考；

• 评价正在进行的课程和整体的课程，目的是加强教学并指导学生反思其学习；

• 把课堂教学和学生在校外世界要面对的任务与经验联系起来；

• 汇集新技术尤其是计算机的力量，将改善学习并为使用新领域的知识提供机会。

零点方案的工作被各种出版物和材料广泛地记录。而且，零点方案还举行研讨会和工作坊，最著名的是研究所夏季的年会和校外的会议。

www.pz.harvard.edu

附录 B

市婴儿—学步儿中心和瑞吉欧·埃米利亚幼儿园

市婴儿—学步儿中心和瑞吉欧·埃米利亚幼儿园，以其理论思维的现代性和其扎根于研究与实验的深入性为根本特点。

这些早期儿童服务转化为每天可见的现实——这个0—6岁的教育项目，其儿童观是儿童是有着巨大潜能的权利主体。

因此，儿童、学习过程的观察和纪录、交流思想和讨论，得到了特别的关注。

其他突出的特点包括：基于关系的工作组织；强调环境和空间的重要性；家庭参与学校管理，与学校密切合作；与城市文化关系紧密，与意大利国内外重要研究关系紧密；教育者对儿童的创造性评价。

2003年，瑞吉欧·埃米利亚市政当局设计了一个工具，名为"Istituzione"，管理早期儿童服务，它有自己的课程和教学理念。其管理自治，且有自己的财务预算，其委员会和管理者由市长任命。"Istituzione"负责计划、管理与发展所有瑞吉欧·埃米利亚市婴幼儿中心和幼儿园的运营与资质的授予等事务。"Istituzione"不仅被看作是一个有效的管理工具，还保障当地的教育服务质量，并对其价值观进行创新，后者是其首要目的。

www.scuolenidi.ve.it

附录 C

社区—早期儿童教育理事会

参与是市婴儿—学步儿中心和瑞吉欧·埃米利亚幼儿园的显著特征。这种特征是通过与组织和自然环境有关的行动实现的，并在基于对话、交流和互惠的关系与信息的日常实践中转变为现实。参与是在日常基础上建构和巩固的，而且也是在大量的诸如社区—早期儿童教育理事会的组织中实现的。

社区—早期教育理事会是在每个婴儿—学步儿中心和幼儿园中推举产生的团体，由所有的教职员工（轮流参与）和父母以及其他在数量上不予限制的社区成员组成。该理事会是个民主的团体，它的任务是促进参与和社会管理，提升因教育问题而产生的家庭服务和市民的共同责任。因此，该理事会就具有组织和文化的双重责任。

为更有效地完成任务，理事会可以在成员数目、目标和时间框架等基础上，将自身组织成最恰当和功能最强的机构。理事会内部通常设有研究小组和工作委员会，它们有权选择是否呈现实际的结果。为使时间管理最优化，确保更多的时间——更有效的讨论，形成与每个成员的兴趣和能力更紧密协调的参与形式，理事会可以组织特别工作委员会。*

各委员会有着不同的功能。它们可以：
- 有教育学的目标；
- 促进文化的创新；
- 评价和反思一个婴儿—学步儿中心和幼儿园内外空间的特殊性质与设计；
- 设计和增加设施与材料；
- 参加学校和城市重大事件的组织；
- 确保维持与当地代理处和机构的密切关系（带着确定关于早期儿童及其家庭政策的目标）；
- 提出与早期儿童的市政管理政策有关的建议；
- 促进不同层次的教育和学术机构的接触，目的是保证更好的相互理解和教育的连贯性。

各委员会的工作并非是相互独立的；既为了理事会自身也为了学校的所有成员，它们会组织各种交换和发展思想的联合会议以及为正在进行的工作提供交换与反馈意见的机会。这些会议由婴儿—学步儿中心的教职工或理事会的成员——幼儿园和家长组成的一个秘书处安排和调整。这个秘书处负责确定问题和理事会需要优先安排的事宜，还承担理事会组织方面的责任（召集会议、发表公告、写备忘和报告、

---

* 节选自 Partecipazione e gestion sociale, Significati e finalit, Reggià Emilia, Italy: Municipality of Reggio Emilia, 1984.

调整日程等）。此外还举办涵盖理事会、婴儿—学步儿中心和幼儿园董事及教育主管的所有会议。

理事会每三年进行一次选举，家长也能在班级会议上通过表达各自的兴趣在每个新学年成为理事会的成员。

理事会选举的特征之一是候选人代表了一种团结的行动。选举不仅要选择和支持一个政党反对另一个政党，还要对那些自愿代表所有市民担当家长—市民角色的家长的积极和慷慨表示支持。按照角色的要求，家长不仅要考虑自己的孩子，也要考虑整个班级、学校和城市。选举过程由许多事件和特别倡议组成。"把选举看作一个途径，意味着要以真正的民主精神行事，这种精神让参与者参与进来（倾听、接纳和发展等），并允许每个人——通过吸收信息和构建共同的理解、意义和价值观——意识到自己投票的意义。"[*]

理事会的选举，不仅对市立的婴儿—学步儿中心和幼儿园，而且对许多市民和城市，都是一个重要的时刻。

附录 D

婴儿—学步儿中心和幼儿园的组织结构

在瑞吉欧·埃米利亚的市立婴儿—学步儿中心和幼儿园的教育方案中，组织是个基石。这是一种在理论和科学框架以及教育目标范围内的内容选择。瑞吉欧·埃米利亚教育方法的特征是，试图将工作的组织基础和教育研究的基础及以方案为基

---

[*] Paola Cagliari，理事会内部会议的介绍，瑞吉欧·埃米利亚，意大利：1999年10月27日（未出版）。

础的思维结合起来。

婴儿—学步儿中心和幼儿园的组织是以大学组织的工作为基础的，即肯定和利用那些在中心和幼儿园工作的人员的共同责任的价值。每周的工作时间是36个小时，包括与儿童直接接触的时间，以及为教师、厨师和其他辅助人员安排的工作人员会议时间，专业发展会议时间以及与家长沟通的时间。早上，学校全体员工（教师、辅助人员、厨师）都会到场，这会提高孩子体验的质量。

婴儿—学步儿中心和幼儿园的工作时间

星期一到星期五上午8:00至下午4:00，有时早上提前到7:30，下午延迟到6:20，这是为那些由于工作而提出特殊要求的家庭所做的调整。

儿童的年历

9月1日到6月30日。

很多婴儿—学步儿中心和幼儿园，会为那些由于工作而提出特殊要求的家庭持续开放到7月。

教职工的年历

8月27日到7月11日。

从8月27日到30日和7月1日到11日，所有人员（教师、厨师和助手）就要开始布置学校并接待那些有孩子第一次上婴儿—学步儿中心和幼儿园的家庭。

婴儿—学步儿中心的组织

儿童（4组）			
儿童总数	小组	儿童编号	年龄
70	婴儿	27	从3到9个月
	学步儿1		从10到18个月
	学步儿2	43	从19到24个月
	学步儿3		24个月以上
员　工			
教师			11
厨师			1
专职助手（积极参加中心全部活动的清洁工）			3
兼职助手			3

教职工工作时间表		
每周总时数	和儿童在一起	其他活动*
36	31	5
* 专业发展、计划、准备材料、团队管理、接待家庭和其他会议等。		

员工工作轮班		
角　色	时间表	
4个教师*	上午8：00	下午2：00
4个教师*	上午8：33	下午4：00
2个教师*	上午9：03	下午4：00
1个教师*	上午9：09	下午4：00
厨　师	上午8：00	下午3：21
专职助手*	上午8：00	下午3：21
专职助手*	上午8：30	下午3：51
专职助手*	上午9：39	下午5：00
兼职助手*	下午4：00	下午7：00
* 每周轮换		

幼儿园的组织

儿 童			
	2个班[1]	3个班[2]	4个班[3]
儿童	52	78	104
员 工			
教师	4	6	8
延长工作日的老师（兼职）	1*	1*	1*
美术教师	1	1	1
厨师	1	1	1
专职助手	2	2	2
兼职助手	1	3	4

* 第二个教师可以按照儿童的数量增加。

[1] 班级由两个年龄组的儿童组成，可能每年在变：3岁和4岁、3岁和5岁、4岁和5岁。
[2] 班级由相同年龄的儿童组成：3岁、4岁和5岁。
[3] 3个班级由相同年龄的儿童组成：3岁、4岁和5岁。第4个班级由每年在变的两个年龄组的儿童组成：3岁和4岁、3岁和5岁、4岁和5岁。

教职工工作时间表		
每周的总时数	和儿童在一起	其他活动*
36	30.5	5.5

* 专业发展、定计划、准备材料、团体管理、接待家庭、其他会议等。

在一个有三个班的幼儿园中员工工作轮班的一个实例	
角 色	时间表
教室教师*	上午8：00　下午1：48
教室教师*	上午8：27　下午4：00
美术教师*	上午8：30　下午3：33
厨 师	上午8：00　下午3：21
专职助手*	上午8：00　下午3：21

（续表）

在一个有三个班的幼儿园中员工工作轮班的一个实例		
角 色	时间表	
专职助手*	上午 9:00	下午 4:21
兼职助手*	上午 12:36	下午 4:30
兼职助手*	下午 4:00	下午 7:00
		*每周轮换

附录 E

瑞吉欧的儿童

  瑞吉欧儿童成立于 1994 年，旨在促进和捍卫儿童权利，并组织瑞吉欧·埃米利亚的市级幼儿中心和来自世界各地的教师、学者和研究人员之间开展教学与文化交流。在地方、国家和国际层面，通过其国际网络，瑞吉欧儿童：

- 组织专业发展倡议；
- 推进研究项目；
- 开展教育咨询活动；
- 参与和幼儿机构合作的倡议；
- 出版翻译成 19 种语言的文献；
- 管理"儿童的一百种语言"和"学习的奇迹"旅游展览；
- 与其他推动者合作，管理和协调劳瑞兹·马拉古奇国际中心的活动和项目。

  瑞吉欧·内尔·蒙多（Reggio nel Mondo）于 2000 年由瑞吉欧·埃米利亚市政

府与商会共同创建，旨在管理城市项目的国际合作，2012 年开始作为瑞吉欧儿童内部的一个单位运作。

www.reggiochildren.it

附录 F

瑞吉欧儿童—劳瑞兹·马拉古奇中心基金会

瑞吉欧儿童—劳瑞兹·马拉古奇中心基金会立于 2011 年，它是一个非营利组织，旨在推广瑞吉欧·埃米利亚和世界的高质量教育。瑞吉欧儿童之友国际协会成立于 1994 年，与婴幼儿中心、幼儿园和瑞吉欧儿童合作开展了许多活动，它现已成为瑞吉欧儿童—劳瑞兹·马拉古奇中心基金会的一部分。该基金会的目的是强化瑞吉欧的教育经验，使其能够继续保持其质量，响应许多交流和合作的请求，并与国家机构一起开发研究项目和国际伙伴。

www.reggiochildrenfoundation.org

附录 G

劳瑞兹·马拉古奇国际中心

劳瑞兹·马拉古奇国际中心于 2006 年开始创建，2012 年竣工，其创建旨在为瑞吉欧·埃米利亚的特色赋予更大的价值：能够倾听、关注和支持儿童、青年、家长与教师的权利和要求。由瑞吉欧·埃米利亚市、该市的学龄前儿童和婴幼儿中心研究所、瑞吉欧儿童和瑞吉欧儿童—劳瑞兹·马拉古奇中心基金会推动，这里汇集了致力于推动优质教育的人。这里提供了在各种知识领域对教育内容和过程进行研究和创新的大空间。劳瑞兹·马拉古奇国际中心包括：瑞吉欧儿童、瑞吉欧儿童—劳瑞兹·马拉古奇中心基金会、文献和教育研究中心、安娜玛丽亚和马尔科·格拉礼堂、马尔科·格拉展厅、光线工作室和城市工作室、研究中心以及创新空间、詹尼·罗德里剧院实验室、视频中心、口味工作室(咖啡馆、餐厅、书店)。

www.reggiochildren.it

参考书目与注释

Arnheim, R., *Art and Visual Perception: A Psychology of the Creative Eye* (Berkeley-Los Angeles: University of California Press, 1954).
Arnheim, R., *To the Rescue of Art. Twenty-Six Essays* (Berkeley-Los Angeles: University of California Press, 1992).
Balducci, E., *L'uomo planetario* (Firenze: Cultura della Pace, 1990).
Bateson, G., *Steps to an Ecology of Mind* (San Francisco: Chandler Publishing, 1972).
Bateson, G., *Mind and Nature. A Necessary Unit* (New York: E. P. Dutton, 1979).
Bateson, G. and Bateson, M. C., *Angels Fear: Towards an Epistemology of the Sacred* (New York: MacMillan, 1987).
Becchi, E., *I bambini nella storia* (Bari, Italy: Edizioni Laterza, 1994).
Berandi, F., *Mutazione e cyberpunk. Immaginario e tecnologia negli scenari di fine millennio* (Genova, Italy: Edizione Costa e Nolan, 1994).
Bocchi, G., Ceruti, M., Fabbri, D., and Munari, A., *Epistemologia genetica e teorie dell'evoluzione* (Bari, Italy: Dedalo, 1983).
Bocchi, G. et al., *L'altro Piaget. Strategie delle genesi* (Milano: Emme Edizione, 1983).
Bocchi, G. and Ceruti, M. (eds.), *La sfida della complessità* (Milano: Feltrinelli, 1985).
Bondioli, A., *Gioco e educazione* (Milano: Franco Angeli, 1996).
Borges, J. L., *Ficciones* (Buenos Aires: Emece Editores, 1956).
Branzi, A., *La crisi della qualità* (Milano: ArtBook, 1996).
Bronfenbrenner, U., *Ecology of Human Development* (Cambridge, MA: Harvard University Press, 1981).
Bruner, J. S., *On Knowing: Essays for the Left Hand* (Cambridge, MA: Harvard University Press, 1964).
Bruner, J. S., *The Relevance of Education* (New York: Norton, 1971).
Bruner, J. S., *Toward a Theory of Instruction* (Cambridge, MA: Harvard University Press, 1974).
Bruner, J. S., *The Process of Education* (Cambridge, MA: Harvard University Press, 1977).
Bruner, J. S., *Savoire faire, savoire dire. Le développement de l'enfant* (Paris: Presses Universitaires de France, 1983).
Bruner, J. S., *In Search of Mind: Essays in Autobiography* (New York, Harper & Row, 1983).
Bruner, J. S., *Actual Minds, Possible Worlds* (Cambridge, MA: Harvard University Press, 1986).
Bruner, J. S., *Acts of Meaning* (Cambridge, MA: Harvard University Press, 1990).
Bruner, J. S., *The Culture of Education* (Cambridge, MA: Harvard University Press, 1996).
Cagliari, P., *La partecipazione: valori, significati, problemi e strumenti* (Reggio Emilia, Italy: Comune di Reggio Emilia, 1994).
Calvino, I., *Le città invisibili* (Torino, Italy: Einaudi, 1972).
Calvino, I., *Lezioni Americane* (Torino, Italy: Einaudi, 1988).
Camaioni, L., *La prima infanzia* (Bologna, Italy: Il Mulino, 1980).
Camaioni, L. (ed.), *Manuale di psicologia dello sviluppo* (Bologna, Italy: Il Mulino, 1993).
Ceccato, S., *La fabbrica del bello* (Milano: Rizzoli, 1987).
Ceppi, G. and Zini, M. (eds.), *Children, spaces, relations – Metaproject for an Environment for Young Children* (Reggio Emilia, Italy: Reggio Children, 1998).
Ceruti, M., *La danza che crea* (Milano: Feltrinelli, 1989).
Ceruti, M., *Evoluzione senza fondamenta* (Bari, Italy: Laterza, 1995).
Chomsky, N., *Syntactic Structures* (Paris-The Hague, France: Mauton, 1957).

Chomsky, N., *Language and Mind* (New York: Harcourt, Brace and World, 1968).
Chomsky, N., *Rules and Representations* (New York: Columbia University Press, 1980).
Cornoldi, C., *Metacognizione e memoria* (Bologna, Italy: Il Mulino, 1995).
Dal Lago, A. and Rovatti, P. A., *Per gioco. Piccolo manuale dell'esperienza ludica* (Milano: Raffaello Cortina Editore, 1993).
Dewey, J., *Democracy and Education* (New York: MacMillan, 1916).
Dewey, J., *Education Today* (New York: Putnam, 1940).
Dewey, J., *Experience and Education* (New York: MacMillan, 1959).
Edelman, G. M., *The Remembered Present* (New York: Basic Books, 1989).
Edelman, G. M., *Bright Air, Brilliant Fire: On the Matter of the Mind* (New York: Basic Books - Harper Collins, 1992).
Edwards, C., Gandini, L., and Forman, G. (eds.), *The Hundred Languages of Children* (Norwood, NJ: Ablex, 1993).
Fabbri, D., *La memoria della regina* (Milano: Guerini e Associati, 1990).
Fabbri, D. and Munari, A., *Strategie del sapere. Verso una psicologia culturale* (Bari, Italy: Dedalo, 1984).
Fodor, J. A., *The Modularity of Mind: An Essay on Faculty Psychology* (Cambridge, MA: MIT Press, 1983).
Fodor, J. A., *Psychosemantics: The Problem of Meaning in the Philosophy of Mind* (Cambridge, MA: MIT Press, 1987).
Freinet, C., *Education through Work: A Model for Child Centered Learning* (Lewiston, NY: Edwin Mellen Press, 1960).
Galimberti, U., *Il corpo* (Milano: Feltrinelli, 1997).
Galimberti, U., *Psiche e techne. L'uomo nell'età della tecnica* (Milano: Feltrinelli, 1999).
Gardner, H., *Frames of Mind: The Theory of Multiple Intelligences* (New York: Basic Books, 1983).
Gardner, H., *The Mind's New Science* (New York: Basic Books, 1985).
Gardner, H., *To Open Minds* (New York: Basic Books, 1989).
Gardner, H., *The Disciplined Mind* (New York: Simon and Schuster, 1999).
Gergen, K. J., *Reality and Relationships: Soundings in Social Construction* (Cambridge, MA: Harvard University Press, 1994).
Gergen, K. J., "Verso un vocabolario del dialogo trasformativo," *Pluriverso*, 5(2) (aprile-giugno 2000): 100-113.
Goleman, D., *Emotional Intelligence* (New York: Bantam Books, 1995).
Gombrich, E. H., *The Story of Art* (London: Phaidon Press, 1966).
Harris, J., *The Nurture Assumption* (New York: Free Press, 1998).
Johnson, G., *In the Palaces of Memory* (New York: Alfred A. Knopf, 1991).
Katz, L. and Chard, S., *Engaging Children's Minds: The Project Approach* (Norwood, NJ: Ablex, 1989).
Katz, L. and Cesarone, B. (eds.), *Reflections on the Reggio Emilia Approach* (Urbana, IL: ERIC/EECE, 1994).
Kellog, R., *Analyzing Children's Art* (Mountain View, CA: Mayfield Publishing, 1969).
Lanzi, D. and Soncini, I., *I significati dell'educare oggi*, Lecture presented at the International Symposium "Learning About Learning," Reggio Emilia, June 16-18, 1999.
Levy, P., *L'intelligence collective. Pour une anthropologie du cyberspace* (Paris: Découverte, 1994).
Luria, A. R., *Cognitive Development: Its Cultural and Social Foundations* (Cambridge, MA: Harvard University Press, 1976).

Lussu, G., *La lettera uccide* (Roma: Stampa Alternativa e Graffiti, 1999).
Malaguzzi, L., "Il ruolo dell'ambiente nel processo educativo", *Arredo Scuola 75 - per la scuola che cambia* (Como, Italy: Luigi Massoni Editore, 1975).
Malaguzzi, L., "For an Education Based on Relationships," *Young Children* (1993, November): 9-13.
Malaguzzi, L., *Una carta per tre diritti* (Reggio Emilia, Italy: Comune di Reggio Emilia, 1995).
Malaguzzi, L., *The Hundred Languages of Children,* Catalogue of the Exhibition (Reggio Emilia, Italy: Reggio Children, 1996).
Manghi, S. (ed.), *Attraverso Bateson. Ecologia della mente e relazioni sociali* (Milano: Raffaello Cortina Editore, 1998).
Mantovani, S., *Asili Nido: psicologia e pedagogia* (Milano: Franco Angeli, 1975).
Mantovani, S., *La ricerca in Asilo Nido* (Bergamo, Italy: Juvenilia, 1983).
Mantovani, S. (ed.), *Nostalgia del futuro* (Bergamo, Italy: Junior, 1997).
Maturana, H. R. and Varela, F. J., *Autopoiesis and Cognition. The Realization of the Living* (Dordrecht, Holland: D. Reidel Publishing Company, 1980).
Maturana, H. R. and Varela, F. J., *El Árbol del Conocimiento–Las Bases Biologicas para el Entendimiento Humano* (Santiago, Chile: Editorial Universitaria, 1990).
Morin, E., *La méthode. La nature de la nature* (Paris: Editions du Seuil, 1977).
Morin, E., *Science avec conscience* (Paris: Editions du Seuil, 1982).
Morin, E., *La tête bien faite* (Paris: Editions du Seuil, 1999).
Munari, A., *Il sapere ritrovato. Conoscenza, apprendimento, formazione* (Milano: Edizioni Guerini e Associati, 1993).
Munari, B., *Fantasia* (Bari, Italy: Laterza, 1977).
Munari, B., *Da cosa nasce cosa* (Roma: Laterza, 1981).
Neisser, U., *Cognitive Psychology* (Englewood Cliffs, NJ: Prentice Hall, 1967).
Piaget, J., *Six études de Psychologie* (Paris: Editions Gouthier, 1964).
Piaget, J., *La situation des sciences de l'homme dans le système des sciences-Psychologie-problèmes généreaux de la recherche entredisciplinaire et mécanism communs* (Paris-The Hague: Mauton, 1970).
Piaget, J., *Psychologie et epistemologie* (Paris: Denoël, 1970).
Piaget, J., *L'équilibration des structures cognitives* (Paris: Ed. Presses Universitaires de France, 1975).
Pierantoni, R., *Verità a bassissima definizione. Critica e percezione del quotidiano* (Torino, Italy: Einaudi, 1998).
Pontecorvo, C. (ed.), *La condivisione della conoscenza* (Firenze, Italy: La Nuova Italia, 1993).
Popper, K. R., *Conjectures and Refutations* (London: Routledge, 1969).
Popper, K. R., *Objective Knowledge: An Evolutionary Approach* (Oxford, U.K.: Clarendon Press, 1972).
Popper, K. R., *Alles Leben ist Problemlösen. Über Erkenntnis, Geschichte und Politik* (Munchen: R. Piper, 1994).
Popper, K. R., *Knowledge and the Body-Mind Problem: In Defence of Interaction* (London: Routledge, 1994).
Rabitti, G., *Alla scoperta della dimensione perduta* (Bologna: CLUEB, 1994).
Read, H., *Education through Art* (London: Faber and Faber, 1943).
Rinaldi, C., *I pensieri che sostengono l'azione educativa* (Reggio Emilia, Italy: Comune di Reggio Emilia, 1994).
Rinaldi, C., *L'ascolto visibile* (Reggio Emilia, Italy: Comune di Reggio Emilia, 1999).
Rinaldi, C., *I processi di conoscenza dei bambini tra soggettività ed intersoggettività* (Reggio Emilia, Italy: Comune di Reggio Emilia, 1999).

Rinaldi, C., *Le domande dell'educare oggi* (Reggio Emilia, Italy: Comune di Reggio Emilia, 1999).
Rinaldi, C., "Organization as a Value," *Innovations* (Fall 2000): 2-7.
Rinaldi, C. and Cagliari, P., *Educazione e creatività* (Reggio Emilia, Italy: Comune di Reggio Emilia, 1994).
Rodari, G., *Grammatica della fantasia* (Torino: Einaudi, 1973).
Rogers, C. R., *Person to Person: The Problem of Being Human* (Lafayette, CA: Real People Press, 1969).
Schneider, M., "Die historischen Grundlagen der musikalischen Symbolik," *Musikforschung*, IV, 1951, 113-128.
Stein, E., *Zum Problem der Einfühlung* (2nd ed.) (Munich: Kaffke, 1980).
Süskind, P., *Das Parfum* (Zurich: Diogenes, 1994).
Tanizaki, J., *In Praise of Shadows* (New Haven, CT: Leete's Island Books, 1998).
Vattimo, G. and Rovatti, A. (eds.), *Il pensiero debole* (Milano: Feltrinelli, 1983).
Vecchi, V., "The Role of Atelierista" in *The Hundred Languages of Children*, ed. C. Edwards, L. Gandini, and G. Forman (Norwood, NJ: Ablex, 1993).
Vygotskij, L. S., *Istorijarazvitija vyssih psihiceskih funktcij* (Mosca, 1960).
Vygotskij, L. S., *Razvitie vysich psichiceskick funkcij* (Mosca, 1960).
Vygotskij, L. S., *Izbrannja psichologicakia issledovaya* (Mosca, 1970).
Vygotskij, L. S., *Mind in Society* (Cambridge, MA: Harvard University Press, 1978).
Vygotskij, L. S., *Thought and Language* (Cambridge, MA: MIT, 1986).
Weick, K., *The Social Psychology of Organizing* (2nd ed.) (Reading, MA: Addison-Wesley, 1969).
Zolla, E., *Lo stupore infantile* (Milano: Adelphi, 1994).

引言

1. **R. Putnam**, *Making Democracy Work: Civic Traditions in Modern Italy* (Princeton, NJ: Princeton University Press, 1993).

2. **H. Gardner**, *Frames of Mind: The Theory of Multiple Intelligences* (New York: Basic Books, 1983).

3. **H. Gardner**, *The Unschooled Mind* (New York: Basic Books, 1991);
H. Gardner, *Multiple Intelligences* (New York: Basic Books, 1993);
H. Gardner, *The Disciplined Mind* (New York: Simon and Schuster, 1999).

学习小组的形式、功能与理解：来自瑞吉欧课堂的启示

1. **C. Rinaldi**, *L'ascolto visibile* (Reggio Emilia, Italy: Comune di Reggio Emilia, 1999).

2. See also **J. Astington**, *The Child's Discovery of the Mind* (Cambridge, MA: Harvard University Press, 1993).

3. **L. Malaguzzi**, "For an Education Based on Relationships," *Young Children* (1993, November): 9-13.

4. **L. Malaguzzi**, "The Importance of Interaction among Children and of Work in Small Groups: A Conversation with Loris Malaguzzi" (June 21, 1990). Unpublished interview by B. Rankin at Reggio Emilia, Italy.

5. **Municipality of Reggio Emilia**, *The Little Ones of Silent Movies: Make-believe with Children and Fish at the Infant-toddler Center* (Reggio Emilia, Italy: Reggio Children, 1996); Cf. **E. Turiel**, "Stage Transition in Moral Development," in *Second Handbook of Research on Teaching*, ed. R. M. W. Travers (Chicago: Rand McNally, 1973), pp. 732-757.

6. **L. Vygotsky**, *Mind in Society* (Cambridge, MA: Harvard University Press, 1978).

7. See also **J. Benenson**, "Understanding Social Competence in Peer Relations in Middle Childhood through Patterns of Sex Differences." *Unpublished doctoral dissertation* (Cambridge, MA: Harvard University, 1988); **J. Lever**, "Sex Differences in the Games Children Play," *Social Problems, 23* (1976): 479-487; **B. Sutton-Smith**, "The Play of Girls," in *Becoming Female: Perspectives on Development*, ed. C. B. Kopp and M. Kirkpatrick (New York: Plenum, 1979), pp. 229-257.

8. See, e.g., **G. A. Fine**, "The Natural History of Preadolescent Male Friendship Groups," in *Friendship and Social Relations in Childhood*, ed. H. C. Foot, A. J. Chapman, and J. R. Smith (New York: Wiley, 1980); **W. Hartup**, "Peer Relations," in *Handbook of Child Psychology: V. 4, Socialization, Personality, and Social Development*, vol. ed. E. M. Hetherington, series ed. P. H. Mussen (New York: Wiley, 1983), pp. 103-196.

9. Cf. **E. H. Erikson**, "Sex Differences in the Play Configurations of American Pre-Adolescents," *American Journal of Orthopsychiatry, 21* (1951): 667-692.

10. **W. Hartup** and **B. Laursen**, "Conflict and Context in Peer Relations," in *Children on Playgrounds: Research Perspectives and Applications*, ed. C. Hart

(Albany: State University of New York Press, 1995).

11. Cf. J. J. Gibson, *The Ecological Approach to Visual Perception* (Boston: Houghton Mifflin, 1979).

12. B. Rankin, "Curriculum Development in Reggio Emilia: A Long-Term Curriculum Project about Dinosaurs," in *The Hundred Languages of Children: The Reggio Emilia Approach—Advanced Reflections*, ed. C. Edwards, L. Gandini, and G. Forman (Greenwich, CT: Ablex, 1998), pp. 215-237.

13. See also H. Gardner, *Frames of Mind: The Theory of Multiple Intelligences* (New York: Basic Books, 1983).

14. See also J. Harris, *The Nurture Assumption* (New York: Free Press, 1998); L. Kohlberg, "A Cognitive-developmental Analysis of Children's Sex-role Concepts and Attitudes," in *The Development of Sex Differences*, ed. E. Maccoby (Stanford, CA: Stanford University Press, 1966), pp. 82-183.

15. Municipality of Reggio Emilia, *The Hundred Languages of Children Catalogue* (Reggio Emilia, Italy: Reggio Children, 1996).

16. G. Bateson, *Mind and Nature* (New York: Bantam Books, 1979).

17. R. Nickerson, "On the Distribution of Cognition: Some Reflections," in *Distributed Cognitions: Psychological and Educational Considerations*, ed. G. Salomon (Cambridge, England: Cambridge University Press, 1993), pp. 229-261; quotation from pp. 223-224.

18. K. Popper, *Objective Knowledge: An Evolutionary Approach* (Oxford, England: Clarendon Press, 1972).

19. M. Scardamalia, C. Bereiter, and M. Lamon, "The CSILE Project: Trying to Bring the Classroom into World 3," in *Classroom Lessons: Integrating Cognitive Theory and Classroom Practice*, ed. K. McGilly (Cambridge, MA: MIT Press, 1994), pp. 201-228.

20. E. Duckworth, *The Having of Wonderful Ideas* (2nd ed.) (New York: Teachers College Press, 1996).

21. Municipality of Reggio Emilia, *The Fountains* (Reggio Emilia, Italy: Reggio Children, 1995).

22. Diana Preschool, *Paesaggi d'Ombra* [Shadow Landscapes: Explorations of Lights and Shadows] Unpublished manuscript (Reggio Emilia, Italy, 1995).

23. See, e.g., J. D. Bransford and D. L. Schwartz, "Rethinking Transfer: A Simple Proposal with Multiple Implications," *Review of Research in Education*, 24 (1999): 61-100; D. Perkins and G. Salomon, "Teaching for Transfer," *Educational Leadership*, 46(1) (1988): 22-32.

24. A. L. Brown, "Analogical Learning and Transfer: What Develops?" in *Similarity and Analogical Reasoning*, ed. S. Vosniadou and A. Ortony (Cambridge, England: Cambridge University Press, 1989), pp. 369-412; A. L. Brown and M. J. Kane, "Preschool Children Can Learn to Transfer: Learning to Learn and Learning from Example", *Cognitive Psychology*, 20 (1988): 493-523; A. L. Brown, M. J. Kane, and C. H. Echols, "Young Children's Mental Models Determine Analogical Transfer across Problems with a Common Goal Structure," *Cognitive Development*, 1 (1986): 103-121; M. A. Crisafi and A. L. Brown, "Analogical Transfer in Very Young Children: Combining Two Separately Learned Solutions to Reach a Goal," *Child Development*, 57 (1986): 953-968.

25. **Municipality of Reggio Emilia**, *The Hundred Languages of Children*, Catalogue of the Exhibition (Reggio Emilia, Italy: Reggio Children, 1996).

26. **L. B. Cadwell**, *Bringing Reggio Emilia Home* (New York: Teachers College Press, 1997), p. 41.

27. **V. G. Paley**, "On Listening to What the Children Say," *Harvard Educational Review, 56*(2) (1986): 122-131; quotation from pp. 123-124.

穿越大西洋

1. **R. Evans**, *The Human Side of School Change* (San Francisco: Jossey-Bass, 1996).

2. **J. Stevenson** and **J. Stigler**, *The Learning Gap: Why Our Schools Are Failing and What We Can Learn from Japanese and Chinese Education* (New York: Simon & Schuster, 1992).

3. **J. Nimmo**, "The Child in Community: Constraints from the Early Childhood Lore," in T*he Hundred Languages of Children: The Reggio Emilia Approach—Advanced Reflections*, ed. C. Edwards, L. Gandini, and G. Forman (Greenwich, CT: Ablex, 1998), pp. 295-312.

4. **M. Spiro**, "On the Strange and Familiar in Recent Anthropological Thought," in *Cultural Psychology: Essays on Comparative Human Development*, ed. J. Stigler, R. Shweder, and G. Herdt (New York: Cambridge University Press, 1990), pp. 47-61.

5. **G. Dahlberg**, "Understanding the Theoretical Traditions of Education in Sweden," *Innovations in Early Childhood Education: The International Reggio Exchange*, 6(4) (1999): 4-5.

6. **H. Gothson**, "The Experiences of Swedish Educators Inspired by Reggio Emilia: An Interview with Harold Gothson and Gunilla Dahlberg, Interviewed by J. Kaminsky," *Innovations in Early Childhood Education: The International Reggio Exchange, 6*(4) (1999): 1-3.

7. **I. Calvino**, *Invisible Cities*, trans. W. Weaver (San Diego: Harcourt Brace Jovanovich, 1972), p. 82.

在小组中学习的四个特征

1. **H. Gardner**, *Frames of Mind: The Theory of Multiple Intelligences.* (New York: Basic Books, 1983/93).

2. **G. Salomon** (ed.), *Distributed Cognitions: Psychological and Educational Considerations* (Cambridge, England: Cambridge University Press, 1993).

3. **J. V. Wertsch**, *Voices of the Mind: A Sociocultural Approach to Mediated Action* (Cambridge, MA: Harvard University Press, 1991); **B. Rogoff**, *Apprenticeship in Thinking: Cognitive Development in Social Context* (New York: Oxford University Press, 1990).

4. L. Vygotsky, *Mind in Society* (Cambridge, MA: Harvard University Press, 1978).

5. See, e.g., D. W. Johnson and R. T. Johnson, *Learning Together and Alone: Cooperative, Competitive, and Individualistic Learning* (4th ed.) (Boston: Allyn & Bacon, 1995); R. Slavin, *Cooperative Learning: Theory, Research, and Practice* (2nd ed.) (Boston: Allyn & Bacon, 1995).

6. R. Slavin, "Research for the Future: Research on Cooperative Learning and Achievement: What We Know, What We Need to Know," *Contemporary Educational Psychology, 21* (1996): 43-69.

7. W. Damon, "Peer Education: The Untapped Potential," *Journal of Applied Developmental Psychology, 5* (1984): 331-343; quotation from p. 341.

8. L. Gandini, "Celebrating Children Day by Day in Reggio Emilia: A Conversation with Amelia Gambetti by Lella Gandini," *Beginnings, Exchange 11/94* (1994): 52-55.

9. Municipality of Reggio Emilia, *Scarpa e Metro* [Shoe and Meter] (Reggio Emilia, Italy: Reggio Children, 1997).

10. C. Edwards, L. Gandini, and G. Forman (eds.), *The Hundred Languages of Children: The Reggio Emilia Approach—Advanced Reflections* (Greenwich, CT: Ablex, 1998).

11. E. Cohen, "Restructuring the Classroom: Conditions for Productive Small Groups," *Review of Educational Research, 64*(1) (1994): 1-35.

12. B. Rankin, "Curriculum Development in Reggio Emilia: A Long-Term Curriculum Project about Dinosaurs," in *The Hundred Languages of Children*, pp. 215-237.

13. N. M. Webb and A. S. Palincsar, "Group Processes in the Classroom," in *Handbook of Educational Psychology*, ed. D. C. Berliner and R. C. Calfee (New York: Simon & Schuster Macmillan, 1996), pp. 841-873.

14. Municipality of Reggio Emilia, *The Hundred Languages of Children* Catalogue (Reggio Emilia, Italy: Reggio Children, 1996).

15. L. Cadwell, *Bringing Reggio Emilia Home* (New York: Teachers College Press, 1997).

16. C. Edwards, L. Gandini, and J. Nimmo, "Promoting Collaborative Learning in the Early Childhood Classroom: Teachers' Contrasting Conceptualizations in Two Communities," in *Reflections on the Reggio Emilia Approach*, ed. L. Katz and B. Cesarone (Urbana, IL: ERIC, 1994), pp. 69-88.

17. D. W. Johnson, R. T. Johnson, and E. J. Holubec, *Cooperative Learning in the Classroom* (Alexandria, VA: Association for Supervision and Curriculum Development, 1994), p. 55.

18. E. Hutchins, "The Social Organization of Distributed Cognition," in *Perspectives on Socially Shared Cognition*, ed. L. B. Resnick, J. M. Levine, and S. D. Teasley (Washington, DC: American Psychological Association, 1991), pp. 283-307; J. M. Levine, L. B. Resnick, and E. T. Higgins, "Social Foundations of Cognition," *Annual Review of Psychology, 44* (1993): 585-612; J. L. Moore and T. R. Rocklin, "The Distribution of Distributed Cognition: Multiple Interpretations

and Uses," *Educational Psychology Review, 10*(1) (1998): 97-113; Salomon, *Distributed Cognitions*.

19. A. Brown and J. Campione, "Guided Discovery in a Community of Learners," in *Classroom Lessons: Integrating Cognitive Theory and Classroom Practice*, ed. K. McGilly (Cambridge, MA: MIT Press, 1994), pp. 229-270; A. Brown, D. Ash, M. Rutherford, K. Nakagawa, A. Gordon, and J. Campione, "Distributed Expertise in the Classroom," in Salomon, *Distributed Cognitions*, pp. 188-228.

20. J. Hewitt and M. Scardamalia, "Design Principles for Distributed Knowledge Building Processes," *Educational Psychology Review, 10*(1) (1998): 75-96; M. Scardamalia, C. Bereiter, and M. Lamon, "The CSILE Project: Trying to Bring the Classroom into World 3," in McGilly, *Classroom Lessons*, pp. 201-228.

21. R. Putnam, *Bowling Alone: The Collapse and Revival of American Community* (New York: Simon & Schuster, 2000); R. Putnam, "Bowling Alone: America's Declining Social Capital," *Journal of Democracy*, 6(1) (1995): 65-78.

22. R. Putnam, *Making Democracy Work: Civic Traditions in Modern Italy* (Princeton, NJ: Princeton University Press, 1993).

23. C. Rinaldi, Synthesis of February 17, 1998 Roundtable at Reggio Emilia, Italy; quotation from p. 6.

在美国理解纪录开始（运动）

1. H. Gardner, "Assessment in Context: The Alternative to Standardized Testing," in *Changing Assessments: Alternative Views of Aptitude, Achievement, and Instruction*, ed. B. R. Gifford and M. C. O'Conner (Weston, MA: Kluwer, 1991), pp. 77-119.

2. J. Q. Chen, M. Krechevsky, and J. Viens, *Building on Children's Strengths: The Experience of Project Spectrum* (New York: Teachers College Press, 1998).

3. W. S. Jackman, *Nature-Study* (Chicago: National Society for the Scientific Study of Education, Third Yearbook, 1904).

4. W. H. Kirkpatrick, *The Project Method* (1918), Teachers College Record, XIX.

5. E. C. Lagemann, *An Elusive Science: The Troubling History of Education Research* (Chicago: University of Chicago Press, 2000).

6. L. Cremin, *The Transformation of the School* (New York: Vintage Books, 1964).

7. H. Featherstone, *Changing Minds, Bulletin 13* (Spring 1998), College of Education, Michigan State University.

8. M. Himley and P. Carini, *From Another Angle* (New York: Teachers College Press, 2000).

9. E. Duckworth, *The Having of Wonderful Ideas* (2nd ed.) (New York: Teachers College Press, 1996).

10. T. Blythe and the researchers and teachers of the Teaching for Understanding Project, *The Teaching for Understanding Guide* (San Francisco: Jossey-Bass,

1998); **M. S. Wiske** (ed.), T*eaching for Understanding: Linking Research with Practice* (San Francisco: Jossey-Bass, 1998).

11. **S. Seidel** and **J. Walters**, "The Things Children Make in School: Disposable or Indispensable?" *Harvard Graduate School of Education Alumni Bulletin, 39*(1) (1994): 18-20.

12. **E. Winner**, *Arts Propel: An Introductory Handbook* (Educational Testing Service and Harvard Project Zero, 1991); **R. Zessoules** and **H. Gardner**, "Authentic Assessment: Beyond the Buzzword and into the Classroom," in *Expanding Student Assessment*, ed. V. Perrone (Yearbook of the Association for Supervision and Curriculum Development, 1991), pp. 47-71.

成为比自己大的整体的一部分

1. **S. Seidel**, *Stand and Unfold Yourself: A Report on the Shakespeare & Company Research Study. Unpublished manuscript* (Cambridge, MA: 1998), Project Zero, pp. 85-86.

2. Ibid, p. 87.

3. **A. Brown**, "The Advancement of Learning," *Educational Researcher, 23*(8), (November, 1994): 7.

4. **A. Brown** and **J. Campione**, "Guided Discovery in a Community of Learners," in *Classroom Lessons: Integrating Cognitive Theory and Classroom Practice*, ed. K. McGilly (Cambridge, MA: MIT Press, 1994), p. 261.

5. Ibid, p. 237.

6. Ibid, p. 229.

7. **I. Gaskell**, "An Economy of Seventeenth Century Clay Sculptors' Models," in "Sketches in Clay for Project by Gian Lorenzo Bernini," ed. I. Gaskell and H. Lie, *Harvard University Art Museums Bulletin, 6*(3) (Spring, 1999), p. 29.

"等待不会给问题以满意答案"：教育研究的视角

1. **W. Blake**, *The Complete Poetry and Prose of William Blake*, ed. D.V. Erdman (Berkeley: University of California Press, 1982).

2. **D. Wolf**, **J. Bixby**, **J. Glenn III**, and **H. Gardner**, "To Use Their Minds Well: Investigating New Forms of Student Assessment," in *Review of Research in Education*, ed. G. Grant (Washington, DC: American Educational Research Association, 1991), p. 57.

3. **E. Duckworth**, *The Having of Wonderful Ideas* (2nd ed.) (New York: Teachers College Press, 1996), p. 140.

4. **P. Carini**, *The Art of Seeing and the Visibility of the Person* (Grand Forks: North Dakota Study Group, 1979).

5. **T. A. Grotzer** and **B. Bell**, "Negotiating the Funnel: Guiding Students Toward

Understanding Elusive Generative Concepts," in *The Project Zero Classroom: Views on Understanding,* eds. L. Hetland and S. Veenema (Fellows and Trustees of Harvard, 1999).

6. Project Zero, The Evidence Process: A Collaborative Approach to Understanding and Improving Teaching and Learning, *24 Hours,* 2001, forthcoming.

7. P. Freire, *Letters to Cristina* (New York: Routledge, 1996).

让我们的学习看得见

1. T. Kuhn, *The Structure of Scientific Revolutions* (2nd ed.) (Chicago: University of Chicago Press, 1973).

INTRO "nJSB or ??"

C.R.

"让学习看得见"研究团队

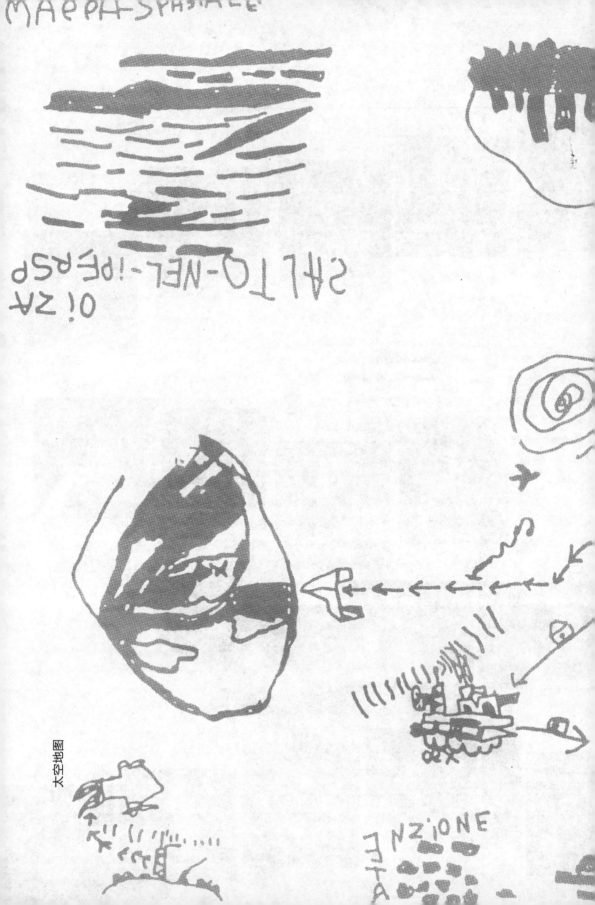